Bildungspolitik im Kaiserreich

Europäische Hochschulschriften

European University Studies

Publications Universitaires Européennes

Reihe II **Rechtswissenschaft**

Series II Law

Série II Droit

Band/Volume **5772**

Lars Maximilian Graf von Thun und Hohenstein

Bildungspolitik im Kaiserreich: Die Thun-Hohenstein´sche Universitätsreform insbesondere am Beispiel der Juristenausbildung in Österreich

PL ACADEMIC RESEARCH

Bibliografische Information der Deutschen Nationalbibliothek
Die Deutsche Nationalbibliothek verzeichnet diese Publikation in der Deutschen Nationalbibliografie; detaillierte bibliografische Daten sind im Internet über http://dnb.d-nb.de abrufbar.

ISSN 0531-7312
ISBN 978-3-631-66980-8 (Print)
E-ISBN 978-3-653-06115-4 (E-Book)
DOI 10.3726/978-3-653-06115-4

PL Academic Research ist ein Imprint der Peter Lang GmbH.
Peter Lang – Frankfurt am Main · Bern · Bruxelles · New York · Oxford · Warszawa · Wien

Diese Publikation wurde begutachtet.

www.peterlang.com

Denkmal von Leo Thun-Hohenstein im Arkadenhof der Universität Wien

Vorwort

Nur wenigen Doktoranden bietet sich die Gelegenheit, ein Mitglied der eigenen Familie zum Gegenstand ihrer Dissertation zu machen. Umso erfreulicher ist es, wenn die nachhaltige Wirkung, die von dieser Person ausgeht wie die posthume Wertschätzung, die sie auch weit mehr als ein Jahrhundert nach ihrem Tod noch erfährt, nie den Verdacht aufkommen lässt, mit der Wahl zum Gegenstand einer wissenschaftlichen Bearbeitung müsste ein geschätzter, aber ansonsten bedeutungsloser Verwandter vor dem Vergessen bewahrt werden. Tatsächlich zeigt das übergroße Standbild des Leo Graf Thun-Hohenstein, das den Arkadenhof der Universität Wien neben den Büsten anderer, für die Wissenschaft wie die Universität gewiss nicht bedeutungsloser, Persönlichkeiten ziert, den Stellenwert, den Leo Graf Thun-Hohenstein für das akademische Leben in Österreich eingenommen hat und auch heute noch einnimmt. Kaum eine der zahlreichen Diskussionen über die Qualität der Hochschulausbildung der Gegenwart und denkbare Reformen wird in Österreich ohne einen Hinweis auf das Wirken von Leo Graf Thun-Hohenstein geführt. Auch ohne den Vorzug, mit diesem bedeutenden Mann verwandt zu sein, wäre eine Aufarbeitung seines Lebens und Wirkens daher eine dankbare Aufgabe für eine wissenschaftliche Arbeit gewesen. Gerade der Blick auf die heutige Hochschullandschaft und die immerwährende Diskussion über deren Reform zeigt aber auch, dass selbst .eine noch so herausragende Persönlichkeit durch die in ihrer Epoche jeweils gegebenen gesellschaftlichen und politischen Umstände zwar beflügelt, vor allem aber begrenzt werden kann. Auch Leo Graf Thun-Hohenstein konnte nicht jede seiner Reformvorstellungen umsetzen und war in harte Auseinandersetzungen mit Anhängern eines überkommenen Hochschulwesens verwickelt. Daher kann sich die vorliegende Arbeit nicht alleine auf die Person und das Reformwerk des Leo Graf Thun-Hohenstein beschränken, sondern hat sich auch mit den politischen und gesellschaftlichen Rahmenbedingungen der Epoche zu beschäftigen, in denen er es geleistet hat. Eine glückliche Fügung unterstützte mich bei der Anfertigung der Dissertation auch insofern, dass Herr Professor Thomas Simon, den ich schon als Student an der Universität Köln kennen und schätzen gelernt hatte, im Jahr 2005 den Lehrstuhl für Rechtsgeschichte an der

Universität Wien übernommen hat und sich bereit erklärt hat, mein Promotionsvorhaben zu unterstützen und zu fördern. Dafür danke ich Herrn Professor Simon sehr herzlich; ebenso wie Herrn Professor Gerhard Luf, der die Zweitbetreuung übernommen hat.

München, im April 2015

Lars Maximilian Graf von Thun und Hohenstein

Meiner Mutter
Rita Gräfin von Thun und Hohenstein
in Dankbarkeit

Meinem Vater
Christian-Erwein Graf von Thun und Hohenstein (†)
in ehrendem Gedenken

Inhaltsverzeichnis

1. Einleitung

„Thun war der Mann, dieses Werk, welches darum zu Recht seinen Namen trägt, kühnen Mutes zu erfassen, im Wirrsal bewegter Zeiten es durchzuführen und (...) gegen den Ansturm widerstrebender Mächte siegreich zu behaupten“[1].

1.1. Einführung

Bei genauer Betrachtung des Begriffs führen *Studentenunruhen* seit Jahrhunderten zunächst vor allem zu Unruhe bei denen, die in der jeweils betroffenen Gesellschaft Macht ausüben. Selten war dies so unmittelbar wahrzunehmen wie im Jahr 1848, als in Wien, neben anderen gesellschaftlichen Gruppen, vor allem auch Studenten zur Revolution aufriefen und am 13. März 1848 unter der Führung eines renommierten Wiener Rechtsprofessors dem Kaiser persönlich eine Petition überreichten, in der sie neben zahlreichen anderen Forderungen wie etwa der Gewährung von Pressefreiheit vor allem eine Konstitution und, im akademischen Bereich, die Lehr- und Lernfreiheit geltend machten. Das Kaiserhaus reagierte, unter Berücksichtigung der damaligen Kommunikationsmittel, unverzüglich. In prompter Entsprechung einer ebenfalls lautstark vorgetragenen Forderung wurde noch am Abend des 13. März 1848 *Metternich*, dass verhasste Symbol des repressiven Staates des Vormärz, aus dem Amt entlassen; in den folgenden Tagen wurde die Gewährung einer Konstitution wie umfangreicher Reformen des Studiums versprochen und durch entsprechende administrative und personelle Maßnahmen die Umsetzung dieser Versprechen auch eingeleitet. Nach dem Ende der Revolution wurden die mit Schaffung des „Kremsierer Entwurfes“ weit vorangeschritten Arbeiten an einer durchaus fortschrittlichen Verfassung eingestellt und diese durch eine vom Kaiser oktroyierte Konstitution ersetzt, die in weiterer Folge bald wieder aufgehoben wurde. Die im März 1848 eingeleiteten Arbeiten an einer Reform der Studien waren jedoch über die gesamte Revolutionszeit hinweg weitergegangen und wurden auch nach Beginn des Neoabsolutismus, der schon auf das Jahr 1849 datiert werden kann, gegen teils heftigen Widerstand der Kräfte des Vormärz, die sich als „Sieger“ der Revolution fühlten, weitergeführt und bewirkten im Ergebnis eine Reform, die bis heute untrennbar mit dem Namen *Leo Thun-Hohenstein* verbunden und als

1 Hartel (1893) Festrede zur Enthüllung des Thun-Exner-Bonitz Denkmals in Wien 1893 S. 13. Wilhelm von Hartel war im Jahr 1893 Unterrichtsminister.

zentrale Reform der österreichischen Bildungsgeschichte zu verstehen ist[2]. *Ogris* schreibt dem Grafen nicht weniger zu, als die „*Rahmenbedingungen für ein Jahrhundert universitären Lebens in Österreich*" geschaffen zu haben[3].

Ausgehend von den Verwaltungs- und Justizreformen unter Maria Theresia über die josefinische Ära hatte sich in der Habsburgermonarchie ein streng utilitaristisches Unterrichts- und Studiensystem entwickelt, das vor allem darauf abzielte, den für die Organisation des Staates notwendigen Bedarf an akademisch gebildetem Personal zu decken, wozu schulisch strukturierte Ausbildungsanstalten, die staatlich vorgegebene Inhalte lehrten und den Schülern und Studenten deren Rezeption detailliert vorschrieben, nicht nur vollkommen ausreichten[4], sondern gerade durch die Verhinderung der Entwicklung geistiger Eigenständigkeit sicherstellten, dass kein kritischer Geist das Staatswesen des aufgeklärten Absolutismus störte[5]. Der weitgehende Ausschluss der Störung von *Innen* konnte jedoch nicht verhindern, dass schon gegen Ende des 18. Jahrhunderts, besonders aber in der ersten Hälfte des 19. Jahrhunderts, Störungen von *Außen* auf die Monarchie einwirkten[6]. Die Entwicklungen in Teilen Deutschlands blieben in den universitären Kreisen der Habsburgermonarchie, aber auch am Hof selbst, nicht unbemerkt. Vor allem an den protestantischen preußischen Universitäten entwickelte sich ein akademisches Leben, das mit den Schlagworten der *Lehrfreiheit* und der *Lernfreiheit* belegt wurde und auch im kaiserlichen Österreich an den Universitäten den Wunsch nach einem Studentenleben im deutschen Sinne weckten. Damit war die Hoffnung auf die Entwicklung wissenschaftlicher und nicht der bloßen Wissensvermittlung dienenden Arbeitsweisen und insgesamt nach staatsfern autonom verwalteten Hochschulen verbunden. Diese „Infizierung"[7] durch eine aus Sicht des Kaiserreichs die Autorität des Staates gefährdende geistige Selbstständigkeit versuchte die österreichische Monarchie im Vormärz durch weitgehende Abschottung des Landes und Maßnahmen wie der

2 Ausführlich zum Hintergrund der Revolution wie Thun-Hohensteins Beitrag im Reformprozess Lentze (1962), Die Universitätsreform des Ministers Graf Leo Thun-Hohenstein.

3 Ogris (1999) Die Universitätsreformen des Grafen Leo Thun-Hohenstein, S. 21.

4 Engelbrecht (1984), Zur Geschichte des österreichischen Bildungswesens, Band 3, S. 98 ff.

5 Engelbrecht (1984), Zur Geschichte des österreichischen Bildungswesens, Band 3, S. 98 ff.

6 Zum Repressionssystem des Vormärz Siemann (2013) Metternich, S. 61 ff.

7 Maria Theresia (1770) zit. nach Engelbrecht (1984), Zur Geschichte des österreichischen Bildungswesens, Band 3, S. 98.

Einschränkung der Reisefreiheit von Studierenden, die bis hin zu einem vollständigen Aus- und Einreiseverbot führte, zu verhindern. In der so entstehende Enge des akademischen Lebens, die durch Bespitzelung und strikte Kontrolle der Studierenden noch verschärft wurde, war es zumindest aus der Ex-Post Beurteilung eine Frage der Zeit, bis sich die über Jahrzehnte gewachsene Unzufriedenheit in der Studentenschaft, stark gefördert durch die trotz Abschottung der Grenzen aus den anderen Staaten des Deutschen Bundes dringende Nachrichten über das dort herrschende akademische Leben, das wohl auch im Kontrast zur Realität des Studentenlebens in der Habsburgermonarchie idealisiert worden sein mag, von der vorherrschenden Resignation in Gewalt umschlagen würde. Den Funken, der dazu erforderlich war, erzeugten die weite Teile Europas in unterschiedlicher Intensität betreffenden Unruhen des Revolutionsjahrs 1848; insbesondere der französischen Februarrevolution wird eine unmittelbare auslösende Wirkung auf die Anfang März 1848 im Kaiserreich ausgebrochene Revolution zugeschrieben[8]. Als die Revolution niedergeschlagen und die unmittelbare Gefährdung der Monarchie beseitigt war hielt der im November 1848 auf den Thron gelangte Kaiser Franz Josef am Vorhaben einer vollständigen Reform des Bildungssystems fest und ernannte am 28. Juli 1849 den Grafen Leo Thun-Hohenstein, der schon eine Vielzahl von Aufgaben im Dienst der Monarchie erledigt hatte und dessen Loyalität zum Kaiser außer Frage stand, zum Unterrichtsminister[9]. Zu diesem Zeitpunkt musste Thun nicht von Null beginnen; wichtige Vorarbeiten der Bildungsreform waren insbesondere von *Exner* bereits geleistet worden. Die schwierigste Aufgabe aber, die Konzepte gegen die Bildungselite des Vormärz, die in den Reformen das verhasste „*Kind der Revolution*“[10] sahen, durchzusetzen, war noch zu bewältigen. Dies trotz zahlreicher Abstriche an den ursprünglichen Reformvorhaben im Ergebnis erfolgreich bewältigt zu haben wurde, wie die einführend zitierten Worte von *Hartel* unterstreichen, zum bleibenden Verdienst des Grafen Leo von Thun-Hohenstein.

1.2. Ausgangslage und Ziel der Arbeit

Leben, Werk und Wirkung des Grafen Leo Thun-Hohenstein sind seit langem Gegen-stand der Forschung, wobei das unverändert umfassendste und grundlegende Werk von *Hans Lentze* aus dem Jahr 1962 stammt. Ein im Jahr 2010 an

8 Deinet (2001) Die narzisstische Revolution, S. 11 ff.

9 Lentze (1962), Die Universitätsreform des Ministers Graf Leo Thun-Hohenstein S. 28 ff.

10 Lentze (1962), Die Universitätsreform des Ministers Graf Leo Thun-Hohenstein S. 148.

der Universität Innsbruck initiiertes Projekt widmet sich der profunden Erforschung bisher weniger geklärter Fragen zur Person des Leo Thun-Hohenstein wie dessen Wirkung auf die österreichische Bildungslandschaft sowie der Digitalisierung seines Nachlasses. Im Rahmen einer im Juni 2013 abgehaltenen, Leo Thun-Hohenstein gewidmeten, Tagung mit dem programmatischen Titel *„Für Geist und Licht!... Das Dunkel schwand." Die Thun-Hohensteinschen Universitätsreformen 1849–1860. Konzeption – Umsetzung – Nachwirkungen*" wurden die bisher erzielten Forschungsergebnisse präsentiert; die Digitalisierung des Nachlasses wird permanent fortgeführt[11]. Dieses aufwendige Projekt, das auf die Erforschung der Wirkung Thun-Hohensteins auch in anderen Ländern der Monarchie zielt, illustriert die Bedeutung, die der Person und dem Werk von Leo Thun-Hohenstein auch mehr als 125 Jahre nach seinem Tod im Dezember 1888 beigemessen wird.

Die vorliegende Arbeit zielt in

→ **erster Linie** darauf, das mit dem Namen Thun-Hohenstein verbundene Reformwerk in die Entwicklung der Bildungspolitik im Kaiserreich seit Maria Theresia einzuordnen und legt den Schwerpunkt auf die Entwicklung der Juristenausbildung. In diesem Zusammenhang werden auch die unterschiedlichen Entwicklungen der Rechtswissenschaft im 19. Jahrhundert erörtert. Gezeigt werden soll auch, dass die allgemein mit Bildungspolitik und insbesondere mit der Juristenausbildung verbundenen staatlichen Ziele untrennbar auch mit den jeweiligen Staatszielen selbst verbunden sind.

Beispielhaft dargelegt werden soll aber auch, dass aus der ex-post Beurteilung als bahnbrechend gewürdigte Entwicklungen nicht gleichsam von selbst oder als zwingende Folge politischer Verhältnisse entstehen, sondern auch auf dem entschiedenen Kampf eines Einzelnen und seiner Unterstützer beruhen können, die ihre Überzeugung mit Geschick und Zähigkeit umsetzen. Die vorliegende Arbeit zielt daher in

→ **zweiter Linie** darauf die Persönlichkeit und, davon ausgehend, die wesentlichen Motive Leo Thun-Hohensteins wie seiner wesentlichen „Mitstreiter" zu untersuchen und festzustellen, welche besonderen persönlichen Eigenschaften, aber auch Haltungen und Erfahrungen, aus einem konservativen Katholiken einen engagierten Kämpfer für die Reform der Bildungspolitik im katholischen Kaiserreich werden ließen, der sich trotz heftiger Anwürfe nicht scheute,

11 Universität Innsbruck unter http://thun-korrespondenz.uibk.ac.at (14.01.2014)

Verantwortung auch an Protestanten zu übertragen. Mit Blick auf die Wirkung Leo Thun-Hohensteins soll in

→ **dritter Linie** ein weiterer Schwerpunkt der Arbeit auf der Untersuchung der Umstände liegen, unter denen es dem Grafen Leo Thun-Hohenstein gelingen konnte gegen die oft heftige Gegenwehr des im Vormärz ausgebildeten und sozialisierten akademischen und politischen „Establishments" des Kaiserreichs den Kaiser selbst weitgehend von seinen bildungspolitischen Konzepten zu überzeugen.

Da die Auseinandersetzung um die Thun-Hohensteinschen Reformen auch eine Auseinandersetzung zwischen der österreichischen Ausprägung des Katholizismus und den akademischen Errungenschaften des preußischen Protestantismus war und die Thun-Hohenstein'schen Reformen in diesem Zusammenhang nicht selten ohne kritische Reflexion als Umsetzung der preußischen „Humboldt'schen Reformen" in Österreich verstanden werden soll in

→ **vierter Linie** in Grundzügen die wesentliche verfassungsrechtliche und privatrechtliche Entwicklung in Preußen beleuchtet und deren Bedeutung in den Diskussionen um den österreichischen Weg der Bildungspolitik im Kaiserreich und der Ausrichtung der österreichischen Rechtswissenschaft in der Mitte des 19. Jahrhundert untersucht werden. Ausgangspunkt dabei ist die Frage, ob und in gegebenfalls welcher Bedeutung des Begriffs das Preußen des 19. Jahrhunderts als *liberal* verstanden und insofern von der österreichischen Monarchie abgegrenzt werden kann.

1.3. Aufbau der Arbeit

Kapitel 2 als erster Hauptteil der Arbeit skizziert die bildungspolitischen Entwicklungen im Kaiserreich bis zum Jahr 1792. Nach Darstellung der staatsrechtlichen Hintergründe der Theresianischen Reformen wird die Reform der Juristenausbildung unter Joseph II wie der Einfluss seines Nachfolgers Leopold beleuchtet.

Kapitel 3 als zweiter Hauptteil der Arbeit untersucht die Bildungspolitik und insbesondere das juridische Studium in der ersten Hälfte des 19. Jahrhunderts. Gezeigt wird, wie in dieser Epoche spätestens im Vormärz die Umstände geschaffen wurden, die 1848 zur österreichischen Märzrevolution führten.

Kapitel 4 als dritter Hauptteil der Arbeit untersucht die revolutionären Ereignisse des Jahres 1848, die zum Auslöser der noch im selben Jahr begonnenen Bildungsreformen wurden. Dabei wird auch die Haltung des Hofs zur Studentenschaft erörtert. In einem Exkurs wird rechtsvergleichend die Entwicklung des preußischen Konstitutionalismus in einen Überblick angesprochen.

Kapitel 5 als vierter Hauptteil beschreibt die Umsetzung der Bildungsreform von den ersten „Spontanmaßnahmen" des Frühjahrs 1848 bis zu den mit dem Namen Leo Thun-Hohenstein verknüpften Hochschulreformen sowie deren wesentliche Protagonisten.

Kapitel 6 als fünfter Hauptteil der Arbeit beschreibt die Reformen der juristischen Ausbildung sowohl in Bezug auf die Neugestaltung von Studien-und Prüfungsordnungen als auch die inhaltliche Neuausrichtung der Studien, die sich insbesondere auf die in Deutschland in der Epoche dominierende Rezeption des römischen Rechts und deren Implementierung in der österreichischen Rechtsordnung bezog. Gezeigt wird, dass es insbesondere Thun-Hohensteins persönlicher Einsatz war, der die Umsetzung zumindest wesentlicher Teile der Reformanliegen gesichert hat und den Kaiser überzeugen konnte.

Kapitel 7 als Schlussteil der Arbeit fasst die gewonnenen Ergebnisse zusammen und stellt diese in Bezug zur gegenwärtigen Studiensituation an Universitäten.

2. Bildung in der österreichischen Monarchie bis 1792

2.1. Bildungspolitik in Folge der theresianischen Reformen

2.1.1. Hintergründe der theresianischen Reformen

Als Karl VI. im Jahre 1713 die pragmatische Sanktion als *pactum mutuum successionis* erließ, wollte er für den Fall, dass ein männlicher Nachfolger für den Monarchen nicht zur Verfügung stehen sollte und mit dessen Tod nach den bis dahin geltenden Erbfolgeregelungen daher nicht nur die männliche Linie des Hauses Habsburg auszusterben, sondern auch dessen Machtverlust drohte, die Tochter des letzten männlichen Monarchen als erbberechtigt erklären[12]. Über einen nur Familieninteressen wahrenden Vertrag hinaus wurde die pragmatische Sanktion so zum Staatsgrundgesetz[13] des Habsburgerreiches[14] und bis 1918 Rechtsgrundlage der österreichischen Monarchie[15]. Karl VI. hatte mit der Sanktion erstmals die Unteilbarkeit und Untrennbarkeit der habsburgischen Länder verfügt und somit erst die Grundlagen für die Staatlichkeit der Habsburger Monarchie als österreichisches Kaiserreich in Form einer *Realunion* gelegt[16]. 1740 bestieg Maria Theresia auf Grundlage der pragmatischen Sanktion den Thron und verhinderte so das Auseinanderbrechen des Reiches[17]. Maria Theresia konnte ihre Stellung als österreichische Kaiserin im Österreichischen Erbfolgekrieg zwar erfolgreich, aber unter dem im Frieden von Dresden von 1745 besiegelten Verlust des Großteils Schlesiens und des im Frieden von Aachen 1748 zugestandenen Verzichts auf die norditalienischen Fürstentümer Parma, Piacenza und

12 Dass die pragmatische Sanktion bereits seine eigene Nachfolge regeln würde war für Karl VI. schon deshalb nicht abzusehen, da Maria Theresia erst 1717 geboren wurde.

13 Brauneder (1985) in Gutkas, Die pragmatische Sanktion, S. 141 ff.

14 Brauneder (1985) in Gutkas, Die pragmatische Sanktion, S. 141 ff.

15 Lentze (1964) Die pragmatische Sanktion und das Werden des österreichischen Staates, S. 3 ff.

16 Brauneder (1985) in Gutkas, Die pragmatische Sanktion, S. 141 ff.

17 Nicht anerkannt wurde die pragmatische Sanktion nach dem Tod Karls von den Töchtern seines Bruders Joseph I bzw. deren Ehemänner, der Kurfürsten von Bayern und Sachsen; vgl. dazu Lentze, Die pragmatische Sanktion und das Werden des österreichischen Staates, S. 3 ff.

Guastalla zugunsten der spanischen Bourbonen behaupten[18]. Die erzwungene Abtretung Schlesiens war für die Monarchie langfristig ein empfindlicher Verlust, da die Region innerhalb des Habsburger Reichs am weitesten industrialisiert war und nach der Abgabe großer Teile an Preußen kaum mehr als Motor der Industrialisierung dienen konnte[19]. Auch der Versuch der Rückeroberung Schlesiens im siebenjährigen Krieg zwischen 1756-1763 scheiterte trotz der Unterstützung Frankreichs, was die Überzeugung Maria Theresias, dass die Überlegenheit Preußens durch eine wesentlich effizientere Staatsorganisation bedingt sei ebenso verstärkte die ihr Bemühen, die innere Organisation der Monarchie entsprechend anzupassen[20]. *Wie* wichtig das Industriegebiet in Schlesien für Preussen später werden sollte zeigte sich etwa darin, dass die Königliche Eisengießerei in Gleiwitz bereits acht Jahre vor der in Berlin gegründet wurde[21]. Die *Königliche Eisengießerei* in Berlin war zwar nach der in Gleiwitz[22] bereits die zweite auf preußischem Gebiet und wurde 1804 eröffnet, zunächst aber ebenfalls vor allem vom schlesischen Erz abhängig[23].

Mit der Konstruktion einer Realunion hat die pragmatische Sanktion erstmals einen zentralen Staat auf österreichischem Boden geschaffen, der notgedrungen über eine zentrale Staatslenkung und damit eine Bürokratie verfügen musste um die kaiserliche Politik in den zum Teil weitab von deren Zentrum

18 Ausführlich aus zeitgenössischer Perspektive von Archenholz (1828; Reprint 2000) Geschichte des Siebenjährigen Krieges.

19 Ausführlich dazu Bein (1994) Schlesien in der habsburgischen Politik.

20 Kunisch, Johannes: (1975). Der Ausgang des Siebenjährigen Krieges, S. 173ff.

21 Ausführlich Schreiter/Pyritz (2007) Berliner Eisen. Die Königliche Eisengießerei Berlins.

22 Gleiwitz (heute Gliwice) war seit der Eröffnung der ersten Eisenhütte im Jahr 1796 Zentrum der Eisenindustrie; vgl. dazu Schreiter/Pyritz (2007). (1980), S. 19. In der Königlichen Eisengießerei Gleiwitz wurden insbesondere Waffen gefertigt. Die Eroberung Schlesiens gilt als maßgebliche Voraussetzung für den Aufstieg Preußens zur Industriemacht; vgl. dazu Guddat (1992), Kanoniere Bombardiere Pontoniere. Schlesien wurde so zur Waffenkammer Preußens, was das auch militärische Interesse Österreichs an der Eroberung des Gebiets zum Teil begründen mag. Allerdings musste Preußen für die schlesischen Kriege und auch in späteren Auseinandersetzungen auch in großen Mengen Waffen und Munition aus Schweden und Holland importieren.

23 Teile Schlesiens blieben jedoch beim Habsburgerreich wie etwa Bielitz, ein Zentrum des Tuchmacherhandwerks und später eines der ersten Zentren der Industrialisierung des Habsburgerreiches war. Bereits 1811 entstand in Bielitz die erste Textilfabrik; in der Folge wurde eine Vielzahl weiterer Fabriken errichtet. Ausführlich dazu Wurbs (1981) Die deutsche Sprachinsel Bielitz-Biala.

Wien gelegenen Regionen der Monarchie umsetzen zu können[24]. Dafür fehlten dem Staat vor allem Beamte, *„Bürokraten“*, die eine hinreichende Ausbildung aufwiesen. Ausgehend von der Notwendigkeit, neu entstandene und in der Verwaltungsreform umgesetzte Staatsfunktionen mit geeigneten Personen bekleiden zu können sollte eine *Bildungsreform* vor allem Beamte für den staatlichen Verwaltungsapparat ausbilden[25]. Damit griff der entstehende Zentralstaat notwendig nach Kompetenzen der katholischen Kirche, insbesondere des Jesuitenordens wie anderer Glaubensgemeinschaften, die bis zur theresianischen Reform überwiegend Träger des Schulsystems in der Monarchie gewesen waren und auch die Universitäten geprägt und geleitet hatten[26]. Versinnbildlicht wurde die neu beanspruchte staatliche Erziehungskompetenz durch Errichtung des 1748 eröffneten *Theresianums* in Wien, an dem weiterhin auch Jesuiten unterrichteten, dessen Zweck mit der Ausbildung der künftigen Elite der Monarchie jedoch sehr weltlich war. Die bescheidenen Erfolge des Erbfolgekriegs waren für Maria Theresia wesentlicher Grund zur *„Abänderung der bisherigen Verfassung nebst der Ausrottung so viel seit undenklichen Jahren an dem Höfen und in den Ländern in Übung gewesten Missbräuchen und Ordnungen“*[27]. Nach ersten Reformschritten im Jahr 1745 zielte eine umfassende Reform aus dem Jahr 1749 auf die Etablierung eines sachlich und nicht mehr regional gegliederten hierarchischen Behördenstaates, wozu zunächst Zentralbehörden und in der weiteren Folge Mittel- und Unterbehörden in einzelnen Regierungsbezirken geschaffen wurden. Ausübung von Staatsgewalt erfolgt in einem Behördensystem, wie Maria Theresia es für die österreichische Monarchie vorgesehen hatte in der Regel durch *Delegation der Entscheidungsgewalt* des Monarchen an die Behörde, die damit als *vollziehende Behörde* tätig wird. Die *Böhmisch - Österreichische Hofkanzlei* wurde „politisch-legislative“ Oberbehörde und damit Ministerium des Inneren wie für „Cultus“ und Unterricht[28]. Dazu wurden *„Stellen“* wie etwa die oberste Justizstelle als oberstes Gericht der Monarchie wie auch als Justizministerium eingerichtet. Als oberste Finanzbehörde agierte die allgemeine Hofkammer, während die *„Haus- Hof- und Staatskanzlei“* für die Leitung des Hofstaats wie für auswärtige Angelegenheiten zuständig war[29]. Eine *Studienhofkommission*

---

24 Brauneder (2009),Verfassungsgeschichte, S. 83 ff.

25 Ausführlich Walter (1950) Die österreichische Zentralverwaltung, Bd. 1, 1. Halbband.

26 Noch bis 1778 konnten nicht der katholischen Kirche angehörige Personen keinen akademischen Abschluss erwerben.

27 Maria Theresia, ohne Datum, zit. nach Brauneder (2009), S. 83.

28 Brauneder (2009) Verfassungsgeschichte, S. 92.

29 Walter (1950), Die österreichische Zentralverwaltung, S. 555.

wurde als eigene Zentralbehörde eingerichtet und mit umfassender Kompetenz für das gesamte Bildungswesen einschließlich der Universitäten ausgestattet. Die Einrichtung der Behörden erfolgte sukzessive; die für sämtliche Angelegenheiten des Universitätsstudiums zuständige *Studienhofkommission* wurde 1760 installiert[30].

2.1.2. Die Theresianischen Bildungsreformen

Mit Blick auf die Zielrichtung der theresianischen Reformen insgesamt verwundert es nicht, dass Maria Theresia Schule als *„Politikum"* verstand und damit als für staatliche Gesetzgebung und Verwaltung wesentliche Regelungsmaterie[31]. Die Theresianische Schulreform wurde in den Jahren Jahr 1749-1760 unter der Leitung *Gerard van Swietens* begonnen. Nach mehreren Zwischenschritten und umfassenden Diskussionen verschiedener Konzepte unterfertigte Maria Theresia aber erst am 6. Dezember 1774 das maßgeblich von *Felbiger*[32] beeinflusste Schulgesetz, das die Einführung öffentlicher Schulen, einheitlicher Lehrbücher und eine von der Schulordnung vorgegebene Strukturierung der Unterrichtsanstalten vorsah. *Trivialschulen* wurden als einklassige Volksschulen auf dem Land für 6-12 jährige Kinder dort eingerichtet, wo sich auch Pfarrkirchen oder Filialkirchen befanden[33]. Diese Trivialschulen oder, nach dem Text der Schulordnung, *gemeine deutsche Schulen* hatten Unterricht im Schreiben, Lesen und Rechnen sowie den Religionsunterricht zu erteilen. Größere Städte erhielten darüber hinaus dreizügige Hauptschulen, an denen Geschichte, Geographie und Zeichnen unterrichtet wurde. Eine derartige Schule sollte zumindest in jedem Viertel, Kreis oder Distrikt des Landes eingerichtet werden, wobei die Schulordnung auch die Einrichtung in Klöstern vorsah[34]. Ausdrücklich in den Landeshauptstädten bzw. dem Ort der Schulkommission sollten *Normalschulen* als *„Maßschulen"* eingerichtet werden, die den übrigen Schulen des Landes als Vorbild zu dienen hatten; zudem fungierten sie als Lehrerbildungsinstitut und Prüfungsamt. Die Schulordnung

---

30 Ausführlich dazu Brauneder (2009), S. 92 ff.

31 Maria Theresia (1770) zit. nach Engelbrecht (1984), Zur Geschichte des österreichischen Bildungswesens, Band 3, S. 98.

32 Johann Ignaz von Felbiger galt in der Epoche als führender Reformer des katholischen Schulwesen, wurde aber wegen der ihm vorgeworfenen Nähe seiner pädagogischen Konzepte zu evangelischen Schulen auch heftig kritisiert; vgl. zu Felbiger Schönebaum (1961), S. 65 ff.

33 Art. 2 der Allgemeinen Schulordnung vom 6. Dezember 1774.

34 Ausführlich dazu Engelbrecht (1984) Geschichte des österreichischen Bildungswesens, Bd. 3, S. 103 ff.

normierte zwar eine schulbezogene *Unterrichtspflicht* und die Schulpflicht; dennoch etablierte sich das System der Elementarschulen nur langsam. Eltern, die Kinder nicht zur Schule senden wollten hatte als Sanktion meist nur eine Ansprache durch den Pfarrer zu befürchten. Zudem agierten die lokalen Schulkommissionen häufig nach dem Grundsatz „*Wien ist weit*" und entfalteten nur wenig Nachdruck bei der Umsetzung der Schulordnung. Erst Josef II. verfügte 1781 eine Unterrichts- *und* Schulpflicht, die auch durch Strafdrohungen durchgesetzt werden sollte[35]. Umstrittene und tiefgreifende Veränderungen erfuhr unter Josef II. auch das Sekundarschulsystem[36].Die Veränderungen an den Universitäten schufen ein staatliches Hochschulsystem, das letztendlich vor allem ausreichend Beamte für die im Rahmen der neu entstandenen und entstehenden staatlichen Strukturen erforderlichen Beamtenfunktionen ausbilden sollte[37].

Lehre war, soweit sie sich von der staatlich sanktionierten Lehrinhalten entfernte, suspekt, da sie Studenten zu Gedanken anregen könnte, die eine kritikfreie Aufgabenerfüllung als Staatsdiener in Frage stellten. Ausgehend von diesem Ziel folgerichtige Maßnahme war die Umwandlung der Universitäten in Staatsanstalten und Aufhebung ihres ursprünglichen Charakters als Corporation[38]. Dementsprechend wurde auch die Ernennung von Professoren zur staatlichen Kompetenz ebenso wie die Verwaltung des Vermögens der Hochschulen, die damit ausschließlich als staatliche Bildungseinrichtungen positioniert worden, wozu auch eine Überwachung durch staatliche Fakultätsdirektoren zählte[39]. Die Stärkung des staatlichen Einflusses auf das Universitätswesen repräsentierte im Grundsatz eine Entwicklung, die auch in anderen deutschsprachigen Staaten zu beobachten war, jedoch nur in der Monarchie auf vollständige Aufhebung der korporativen Identität der Hochschule zielte[40] und sie funktionell als „Fachschulen" einrichtete. Die Strukturierung des Studiums in der theresianischen Epoche erscheint mit Blick auf die heute häufig monierte „Verschulung" des Studiums, die häufig mit dem Schlagwort „Bologna-Prozess" verbunden wird bemerkenswert. In der theresianischen Epoche war Anwesenheitspflicht selbstverständlich,

---

35 Prinz (1995), Epochen der österreichischen Bildungsgeschichte unter Berücksichtigung gesellschaftlicher Zusammenhänge S. 84.

36 Ficker (1873), Bericht über österreichisches Unterrichtswesen und Engelbrecht (1984), S. 154 ff.

37 Grimm (1987), Die Schulreform Maria Theresias 1747 bis 1775.

38 Grimm (1987), Die Schulreform Maria Theresias 1747 bis 1775.

39 Lentze (1962), Die Universitätsreform des Ministers Graf Leo Thun-Hohenstein, S. 20.

40 Gerber (1956) Der Wandel der Rechtsgestalt der Albert-Ludwigs-Universität zu Freiburg im Breisgau, Bd. I, S. 25 ff.

Studenten hatten über den Besuch der Vorlesungen ein „Frequentationszeugnis" zu erwerben. Die Durchführung der Vorlesungen folgte einem strikten Muster, das für jeden einzelnen Jahrgang durch staatlich autorisierte Studienpläne vorbestimmt war; ebenso wie die Bücher, aus denen die Professoren lesen mussten. Begriffe wie „Lehr- oder Lernfreiheit", die in weiterer Folge zu erörtern sind spielten an der theresianischen Universität keine Rolle.

2.1.3. Die theresianischen Justizreformen

Die Anerkennung der pragmatischen Sanktion vom 17. April 1713 durch die Landesfürsten war, wie ausgeführt, zu Recht als Beginn der Realunion und damit auch als Anerkennung eines Verfassungsgesetzes der Monarchie verstanden worden, mit dem die Unteilbarkeit und Untrennbarkeit sämtlicher Habsburger Länder festgelegt worden war; dass in diesen Ländern auch nur grundlegend vergleichbare Lebensverhältnisse herrschen sollten war damit jedoch nicht konstituiert. Zumindest im Bereich der Justiz konnte zur Zeit der Thronbesteigung durch Maria Theresia von einheitlichen Lebensverhältnissen nicht im Ansatz die Rede sein. Tatsächlich herrschte in Österreichs Erblanden ein Sammelsurium von Gerichtsbarkeiten vor, die wahlweise dem Kaiser, den Ständen, der Geistlichkeit oder andere Autoritäten unterstanden, unter sich vielfach verästelt waren oder auch in oft kaum zu durchdringender Konkurrenz zueinander standen[41]. Welches Gericht für welche Streitigkeit bei bestimmten Verfahrensbeteiligten zuständig war und ob die Urteile ohne weiteres gültig waren konnte kaum nachvollzogen werden[42]. Erhebliche Bedeutung für Streitigkeiten, in denen Obrigkeitsverhältnisse eine Rolle spielten hatte beispielsweise das landmarschallische Gericht[43], das für geistliche und weltliche Herren zuständig war[44]; die Urteile mussten aber von der Regierung bestätigt werden.

Ebenso uneinheitlich und oft schwer zu verstehen waren die Rechtsquellen, die teils auf Tradition, teils auf grundherrlicher Gerichtsbarkeit, aber auch auf Kirchenrecht und einem lückenhaftes Zivilrecht beruhten[45]. Oft überschritten sich Kompetenzen der Verwaltung und Rechtsprechung. Maria Theresia

---

41 Ausführlich dazu Loschelder (1978), Die österreichische Allgemeine Gerichtsordnung von 1781.

42 Kocher (1983), Rechtsreformen und Rechtsverständnis im aufgeklärten Absolutismus Österreichs, S. 54 ff.

43 Kocher, aaO.

44 Kocher, aaO.

45 Schmale (1996) Das heilige römische Reich und die Herrschaft des Rechts, S. 229 ff.

erkannte die Uneinheitlichkeit der Rechtsanwendung wie der Rechtsquellen als eine der vordringlichen Schwierigkeiten bei der Neuorganisation des Staates[46]. Schon 1749 wurde die *oberste Justizstelle* eingerichtet, die sowohl die Funktionen eines Obersten Gerichtshofs für die gesamte Monarchie als auch die der obersten Leitung der Justizverwaltung in sich vereinigte. Die oberste Justizstelle war vor allem zur Vereinheitlichung des Rechts in den großen Ländern als auch zur Entscheidung von Zuständigkeitskonflikten berufen. Im gesamten Reich bestand ihre Zuständigkeit aber erst ab 1782. Mit einem unabhängigen Gericht hat die Installation der obersten Justizstelle nichts zu tun; die Weisungsbefugnis der Monarchin bestand uneingeschränkt[47]. 1753 ordnete Maria Theresia die Abfassung eines einheitlichen Zivilrechts einschließlich Verfahrensordnung sowie eines einheitlichen Strafrechts, ebenfalls mit einheitlicher Verfahrensordnung, an. Zwar begann die Kodifikationsarbeit an einem einheitlichen Zivilrecht bereits 1753; der zunächst entstandene Codex Theresianus[48] kann jedoch nur als erster Vorentwurf[49]. eines unter Joseph kodifizierten Teil - ABGB aus dem Jahr 1786 verstanden werden[50]. Die Arbeiten am Zivilrecht insgesamt sollten aber noch bis 1811 dauern[51]. Das theresianische Strafgesetz wurde dagegen bereits durch an sämtliche Landgerichte adressierte Verordnung vom 15. März 1769 als mit Beginn des Jahres 1770 anwendbar erklärt[52]. Die Kodifikation erscheint

46 Kocher (1979) Höchstgerichtsbarkeit und Privatrechtskodifikationen.

47 Kocher (1983), Rechtsreformen und Rechtsverständnis im aufgeklärten Absolutismus Österreichs, 58.

48 Maria Theresia (1740–1780) installierte am 14. Februar 1753 eine Kompilationshofkommission, die ein für alle Erbländer geltendes Gesetzbuch, aber nicht das Privatrecht völlig neu schaffen sollte. Ziel war eine Kompilation der bestehenden Rechte. Die Kommission bestand aus dem Präsidenten und sechs Mitgliedern, die jeweils einen Landesteil repräsentierten; dazu Floßmann, Österreichische Privatrechtsgeschichte (2005), S. 13 f.

49 Der 1766 präsentierte und zuletzt von Horten überarbeitete Codex Theresianus bestand aus 7377 Paragraphen und stellte eine am römisch-gemeinen Recht orientierte kasuistische Regelsammlung, die in drei Teile (Von dem Recht der Personen; Von Sachen und dinglichen Rechten; Von persönlichen Verbindungen) gegliedert war; vgl. dazu ausführlich v. Harrasowsky (1883/1884) Der Codex Theresianus und seine Umarbeitungen. Bd. 1-3.; zur Geschichte des Entwurfs Bd. 1, S. 1 ff.

50 1798 trat das ABGB jedoch bereits in Galizien in Kraft; im gesamten Reich war ein Teil-ABGB und das Erbfolgepatent im Jahr 1787 in Kraft getreten.

51 Das „*Allgemeine Bürgerliche Gesetzbuch für die gesammten deutschen Erbländer der Österreichischen Monarchie*“ (ABGB) trat am 1. Januar 1812 in Kraft. Das ABGB setzte das gesamte bis dahin geltende Privatrecht außer Kraft.

52 Czech (2010) Der Kaiser ist ein Lump, S. 45 ff.

aus heutiger Sicht nicht aufklärerisch und die Strafen drakonisch, oft sachfremd wie die Pönalisierung der Hexerei und durch die Vielzahl der Delikte, für die Todesstrafe vorgesehen war auch besonders grausam, wenngleich alleine durch die Vorschrift, das schwere Verbrechen dem Hofe zu berichten waren und auch exzessiv Gnade angewandt werden konnte in der Praxis weit weniger grausame Urteile vollstreckt wurden als nach dem Wortlaut des Gesetzes zu erwarten und letztlich unter Maria Theresia die Folter sogar abgeschafft wurde.[53]. Dennoch hatte die *Theresiana* erhebliche Auswirkungen auf die Rechtsvereinheitlichung in der Monarchie[54].

2.1.4. Theresianische Reformen der Juristenausbildung

2.1.4.1. Ziel der Reformen

> *„Dem Gesamteindruck nach war die Universität Freiburg bis in die theresianische Zeit hinein unbedeutend, provinziell und eifersüchtig darauf bedacht, ihre Privilegien zu achten - alles in allem ein Stück lebendigen Mittelalters, mit manchem barockem Gewand überkleidet“*[55]

Die Universität in Freiburg im Breisgau, der *Zeeden* nach den zitierten Worten bis in die theresianische Epoche wenig Positives abgewinnen konnte, war der westliche Vorposten des österreichischen Universitätswesens, bis das Breisgau im Jahre 1805 unter dem Drängen Napoleons dem *Rheinischen Bund* beitreten und an das Großherzogtum Baden abgetreten werden musste[56]. Zudem war Freiburg geographisch die einzige katholische Universität innerhalb einer Reihe protestantische Universitäten wie die nahe gelegenen Fakultäten in Strasbourg, Heidelberg oder Tübingen, was seine Rückständigkeit erst recht sichtbar machte[57]. Der beschriebene Zustand der Freiburger Universität entsprach weitgehend dem

53 Czech (2010), aaO.; S. 45 ff.

54 Ausführlich dazu Kwiatkowski (1903) Die Constitutio Criminalis Theresiana.

55 Zeeden (1957) Die Freiburger philosophische Fakultät im Umbruch des 18. Jahrhunderts, S. 13.

56 Das Großherzogtum Baden bestand von 1806-1871 als souveräner Staat, der bis 1813 Mitglied des von Napoleon initiierten Rheinbunds war. Insgesamt 20 Jahre hielt in der Folge aber noch der französische Einfluss auf einzelne Gebiete Deutschlands an. Nach Abzug der französischen Besetzer im Jahr 1814 hinterließen sie in ihrem früheren Einflussgebiet nicht nur ihre Rechtsordnung, sondern auch in weiten Kreisen der Bevölkerung die Gewissheit über das „bessere Recht“ zu verfügen, was in der Folge auch die Angleichung der Rechtsordnungen im Deutschen erheblich erschwerte; vgl. dazu Wesel (2006), Geschichte des Rechts, S. 440 ff.

57 Boehm (1978) Wissenschaft-Wissenschaften-Universitätsreform, S. 7 ff.

der anderen Universitäten der Monarchie, war aber durch die naheliegende Vergleichbarkeit mit den protestantischen Nachbaruniversitäten wesentlich sichtbarer[58]. Ein Grund war die Mitte des 18. Jahrhunderts noch bestehende Dominanz des Jesuitenordens, der den Schwerpunkt der Entwicklung der Universität auf den philosophischen und theologischen Bereich legte, demgegenüber die juristische, aber auch die medizinische Fakultät keine große Bedeutung erlangen konnten[59]. Wegen der besonderen Nähe zu Frankreich, aber auch zu protestantischen Universitäten stand Freiburg, obwohl die Aufhebung der Universität letztendlich abgewendet werden konnte im besonderen Fokus der staatlichen Aufsicht, seit Franz 1792 zum Kaiser gekrönt worden war. Ein Gesichtspunkt, die Universität dennoch nicht aufzuheben war aber wohl gerade das Bestreben gewesen sie als katholischen „Außenposten" des Habsburgerreiches gegen andere weltanschauliche Modelle zu positionieren. Der Übergang unter die Herrschaft des Großherzogtums Baden im Jahr 1806 brachte die Universität im Übrigen erneut in die Gefahr der Aufhebung, da sie nun in Konkurrenz zur etablierten Universität in Heidelberg stand[60]. Ob es mit *Braubach* angemessen erscheint, die Universität Freiburg neben der Universität Wien gegen Ende des 18. Jahrhunderts als „*Brennpunkt der Aufklärung*" zu verstehen[61] mag jedoch bezweifelt werden. Aufgrund ihrer besonderen Lage und des nahen geistigen Umfelds protestantische Fakultäten mag sie jedoch als Brennpunkt der Auseinandersetzung zwischen verschiedenen Weltanschauungen verstanden werden, wofür aus österreichischer Sicht die theresianischen Reformen Voraussetzung waren.

Maria Theresias Staatsreformen gingen von Beginn an von der Annahme aus, dass eine Reform der Verwaltungsstruktur und insbesondere auch eine Rechtsvereinheitlichung nur dann zur angestrebten Verbesserung der Effektivität des Staates führen würden, wenn auch die Qualifikation derjenigen, die Reformen und die neu konzipierte Verwaltungs- und Rechtsordnung umzusetzen hatten ebenfalls gesteigert und vereinheitlicht würde[62]. Maria Theresia beauftragte daher Martini und Riegger mit der Reform des juristischen Studiums, die zunächst an der Universität Wien und in weiterer Folge den anderen Universitäten des Reichs umgesetzt werden sollte[63]. Ausgehend von dem Anspruch für einen ef-

58 Klingenstein: (1979) Bildungskrise. Gymnasien u. Universitäten im Spannungsfeld theresianischer Aufklärung, S. 213 ff.
59 Klingenstein (1979), aaO.
60 Rest (1941) Die Universitätsbibliothek Freiburg, 302.
61 Braubach (1934) Die kirchliche Aufklärung im katholischen Deutschland, S. 183 ff.
62 Engelbrecht (1984) Geschichte des österreichischen Bildungswesens, Bd. 3, S. 189 ff.
63 Ausführlich Seiffert (1973), Paul Josef Riegger, S. 170.

fektiv arbeitenden Staat effektiv arbeitende Staatsbeamte auszubilden lag der Schwerpunkt auf einer *verwendungsgerechten Ausbildung*. Lentze weist zu Recht darauf hin, dass die Sicht, die theresianische Reform sei *ausschließlich* der Sicherstellung der Erziehung von Beamten, die für die Führung des neu strukturierten Behörden- und Verwaltungsstaates benötigt wurden gewidmet gewesen zumindest verkürzt ist. Neben der strikten Verwendungszweckgebundenheit der mit dem neuen Studiensystem vermittelnden Ausbildungsinhalte sollte auch eine bestimmte *Weltanschauung* vermittelt werden[64]. Nach der Gegenreformation war Österreich ein absolutistischer, mehr oder minder konsequent der Aufklärung verschriebener, aber insbesondere auch *katholischer* Staat, was sich in den Ausbildungsinhalten wie dem Ausbildungssystem widerspiegeln sollte und auch wieder gespiegelt hat[65]. Im Ergebnis führte diese Ausrichtung zur Erschaffung des *„Josephinismus als Weltanschauung"*[66]. Der Josephinismus hat Generationen österreichische Juristen und durch diese die Rechtswirklichkeit in Österreich von der Mitte des 18. bis zur Mitte des 19. Jahrhunderts weit stärker geprägt hat als unmittelbare staatliche Einflussnahmen. wie die eine oder andere in dieser Zeit vorgenommene Veränderung von Zuständigkeiten innerhalb des universitären Systems, an Prüfungsordnungen oder der Studiendauer. Die unter Maria Theresia durchgeführten Hochschulreformen sind daher paradigmatisch für die Verknüpfung zwischen einer Staatsideologie und einen Ausbildungssystem. *„Josephinismus"* als Beschreibung einer Weltanschauung und insbesondere der Staatsideologie der Epoche von der Mitte des 18. bis zur Mitte des 19. Jahrhunderts verkörpert eine Haltung, die auf absolutistische wie katholische Lehren zurückgeht und in diese die österreichischen Tendenzen zur Säkularisierung wie auch den *Geist der Aufklärung* integrierte, der aber an den katholischen Einflüssen und insbesondere der hoch gehaltenen katholischen Tradition des Staates seine Grenzen fand[67].

Typisches Element des Josephinismus ist auch eine Ambivalenz zwischen repressiv durchgesetztem Herrschaftsanspruch, geleitet von den Zweifeln an einer *Mündigkeit* des Individuums und damit einem Element der theoretischen Fundierung des Absolutismus und den Ideen der Aufklärung[68]. Diese Ambivalenz prägte auch das Verhältnis der Bürger zum josephinischen Staat. *Zeitlich* do-

---

64 Lentze (1962), Die Universitätsreform des Ministers Graf Leo Thun-Hohenstein, S. 49.

65 Lentze (1962), aaO., S. 49.

66 Valjavec (1961) Geschichte der abendländischen Aufklärung, S. 180 ff.

67 Valjavec (1961), aaO.

68 Rettenwander (2008) Nachwirkungen des. Josephinismus in Reinalter (Hrsg.) Josephinismus als aufgeklärter Absolutismus, S. 425.

minierte die *Weltanschauung Josephinismus* die österreichische Universität bis zu den Thun-Hohensteinschen Reformen[69] was bereits ein Schlaglicht auf deren wahre und anhaltende Bedeutung für österreichische Hochschulwesen wirft.

2.1.4.2. *Einzelne Elemente der theresianischen Reform des juridischen Studiums*

Bereits vor Maria Theresia waren einzelne Schritte einer Neuordnung der Hochschulen außerhalb von Wien umgesetzt worden. So hatte Innsbruck etwa bereits 1733 eine fünfte Lehrkanzel für Naturrecht und deutsche Rechtsgeschichte erhalten[70]. Die Universität Wien stand jedoch zunächst im Zentrum der Theresianischen Reformen und sollte zu einer Musteruniversität werden, deren Erfahrungen an allen anderen Fakultäten sukzessive umgesetzt werden sollten. 1753 wurde in Wien Johann Franz *von Bourguignon* als juridischer Studiendirektor ernannt; ebenso fünf Professoren, darunter *Riegger* und *Martini* für die fünf Lehrkanzeln[71]. Die bisher in Wien lehrenden Professoren wurden schlicht abgesetzt ohne dass sie, soweit dies nach der heutigen Quellenlage beurteilbar ist, zu einer weiteren Verwendung im Zuge der juristischen Ausbildung herangezogen wurden. Bei der rechtswissenschaftlichen Fakultät der Universität Wien handelt es sich somit um eine *Neugründung*[72]. Die in der Habsburger Monarchie im Vergleich zum deutschen Reich rückständige Entwicklung der Rechtswissenschaften zeigte sich auch darin, dass geeignetes Personal für die zu besetzenden Lehrkanzeln nicht zur Verfügung stand und aus den katholischen Teilen Deutschlands rekrutiert werden musste. *Dass* nur Katholiken berufen werden sollten die zudem einen tadellosen Ruf mitbringen mussten stand außer Zweifel; soweit heute noch nachvollziehbar handelte es sich ausnahmslos um Vertreter der katholischen Aufklärung[73]. Die Biographie *Watteroths*, eines der neuen Professoren, ist immerhin erforscht; er stammte aus dem Eichsfeld, heute noch katholischer Diaspora im Westen des ansonsten evangelischen heutigen deutschen Bundeslandes Thüringen. Da die juridische Fakultät der Universität Wien zum damaligen Zeitpunkt über keinerlei Renommee im deutschsprachigen Raum verfügte musste sie die Hochschullehrer mit hohen Gehältern und klingenden

69 So auch Lentze (1962), aaO., S. 50.
70 Von Wretschko (1904), Geschichte der juristischen Fakultät der Universität Innsbruck, S. 117.
71 Hellbling (1974), Österreichische Verfassungs- und Verwaltungsgeschichte, S. 299 f.
72 Lentze (1962), Die Universitätsreform des Ministers Graf Leo Thun-Hohenstein, S. 45.
73 Ausführlich zur katholischen Aufklärung in Deutschland Brauchbach (1934), aaO.

Ehrentiteln animieren die Berufung anzunehmen[74]. Gerade die wenn auch ohnehin sachlich notwendige Neuberufung ausländischer Professoren verdeutlicht auch inhaltlich, dass an der Universität Wien ein vollständiger Neuanfang der österreichischen Rechtswissenschaft unternommen werden sollte.

Lentze weist darauf hin, dass die wesentlichen Kontroversen, die ein Jahrhundert später im Zuge der Thun - Hohensteinschen Reform geführt wurden auch schon zu Zeiten der Theresianischen Reform ausgetragen wurden. Dazu zählt neben der Frage des Kollegiengeldes insbesondere die der Gewährung der *Lehrfreiheit* und der *Lernfreiheit*, wie sie an deutschen Hochschulen in unterschiedlicher Ausprägung bereits in der Mitte des 18. Jahrhunderts gebräuchlich waren[75]. Unter *Lernfreiheit* ist in diesem Zusammenhang das Recht des Studenten zu verstehen, seinen Studienplan nach persönlichen Wünschen zu gestalten. Grundsätzlich stehen sich zwei diametral entgegengesetzte Konzeptionen gegenüber. Nachdem bereits im 18. Jahrhundert im Deutschen Reich üblichen Aufbau der juristischen Ausbildung hatten die Studenten am *Ende* ihrer Ausbildung eine Staatsprüfung zu bestehen, die den gesamten Studienstoff abdeckte. *Wann* die zum Erwerb der nötigen Fähigkeiten vorgesehenen Vorlesungen besucht wurden lag weitgehend im Ermessen des Studierenden[76]. Dieses System ist prinzipiell in Deutschland heute noch üblich[77]. Demgegenüber wurde in Österreich ein gebundenes Studiensystem mit obligatorischen Jahresprüfungen am Ende jedes Studienjahres als Voraussetzung für das Vorrücken in das nächste Studienjahr

74 Wahlberg, (1875) Die Reform der Rechtslehre (...) S. 9 ff.

75 Lentze (1962), Die Universitätsreform des Ministers Graf Leo Thun-Hohenstein, S. 48.

76 Wieacker (1887) Privatrechtsgeschichte, S. 111 ff.

77 Im Zuge einer Vielzahl von Studienreformen, die dadurch, dass Bildung im System des deutschen Grundgesetzes weitgehend Ländersache ist, eine nahezu unüberschaubare Zahl von Ausprägungen in den einzelnen Ländern fahren haben, wurde das Prinzip jedoch teilweise durchbrochen, wenn auch seit nicht mehr grundlegend reformiert, wie es in den 1970 Jahren an einigen Reform Hochschulen der Fall war. Zwischenzeitlich sehen einzelne Prüfungsordnungen jedoch vor, dass einzelne Elemente der früheren einzigen studienabschließenden Staatsprüfung als universitäre Prüfung durchgeführt werden, wodurch sich der Umfang des so genannten Referendarexamens reduziert hat. In anderen Bundesländern ist eine zeitliche Streckung der Erbringung der Prüfungsleistungen möglich, wobei auch bestimmte Reihenfolgen zur Absolvierung der Prüfungsleistungen vorgegeben sein können. Ein einheitliches Bild des Prüfungssystems für Juristen in Deutschland besteht nach wie vor nicht. Auch innerhalb eines Bundeslandes werden regelmäßig Änderungen vorgenommen; vgl. etwa beispielhaft JAPO des Landes Bayern vom 13.10.2013 unter http://www.justiz.bayern.de/media/pdf/ljpa/japo_gültig_ab_1.1.2015.pdf (18.06.2015).

eingeführt. Aus Sicht der Studierenden fehlt somit die Freiheit der autonomen und eigenverantwortlichen Studiengestaltung; aus Sicht des Staates liegt der Vorteil in der ständigen Kontrolle des Studierenden.

Der Kontrolle der Lehrenden dient in erster Linie dagegen die Verweigerung der Lehrfreiheit, die allerdings im 18. Jahrhundert in dem heutigen Begriffsverständnis auch in Deutschland noch nicht existierte. Verbindlich für die Lehrenden waren beispielsweise in Preussen die Beachtung bestimmter religiöser Lehrinhalte[78]. Bewusste staatliche Eingriffe in die Lehrinhalte selbst waren selten; *Büsch* geht davon aus, dass sie, soweit sie stattgefunden haben ohne besonderen Effekt blieben[79]. *Löwer* weist darauf hin, dass an einigen Universitäten wie Göttingen, Halle und Jena die Landesherrn schon Jahre vor der Formulierung des Prinzips der Lehrfreiheit davon ausgegangen sind, dass Universitäten nur dann „*gute Wissenschaftler heranziehen können, wenn sie diesen den Prozess des Erkenntnisgewinns selbst überlassen*" würde[80] und folgen damit Kant, der jedem Hochschullehrer außer Theologen in Amtsfunktion, da diese „*einen fremden Auftrag ausrichten*" würden[81] das Recht einer von der Regierung unbeeinflussten Kant führt in seiner Schrift „*Der Streit der Fakultäten*" aus dem Jahr 1798 dazu aus[82]:

> „*Eine Regierung, die sich mit den Lehren, also auch mit der Erweiterung oder Verbesserung der Wissenschaften befaßte, mithin selbst in höchster Person den Gelehrten spielen wollte, würde sich durch diese Pedanterei nur um die ihr schuldige Achtung bringen, und es ist unter ihrer Würde, sich mit dem Volk (dem Gelehrtenstande desselben) gemein zu machen, welches keinen Scherz versteht und alle, die sich mit Wissenschaften bemengen, über einen Kamm schiert*"

Insofern kann nach Löwer an einigen deutschen Fakultäten schon gegen Ende des 18. Jahrhunderts von einer partiellen Lehrfreiheit gesprochen werden, die allerdings im Einzelfall auf einer Opportunitätsentscheidung des jeweiligen Landesherren beruht. Dennoch hat sich im 18. Jahrhundert die vor allem administrative Einflussnahme verstärkt; dies bezog sich beispielswese auf die Besetzungspolitik der Universitäten. Von einigen Anhängern wurde die weitgehende der weitgehenden Umsetzung der Ideale der Aufklärung im Studiensystem auch für Österreich

78 Büsch (1992) Handbuch der preußischen Geschichte, S. 646.
79 Büsch (1992) Handbuch der preußischen Geschichte, S. 646.
80 Löwer in Merten/Papier, Handbuch der Grundrechte in Deutschland und Europa, Bd. 1 S. 746.
81 Löwer in Merten/Papier, Handbuch der Grundrechte in Deutschland und Europa, S. 746.
82 Kant (1798) Der Streit der Fakultäten.

gefordert. Ob die Kontrollierbarkeit der vermittelten Inhalte und damit des an den Universitäten weitergegebenen Gedankenguts die alleinige oder auch nur dominierende Erwägung bei Ausschluss der Lehrfreiheit war, mag unterschiedlich beurteilt werden. *Lentze* geht davon aus, dass die Vorgabe von Lehrinhalten insbesondere dem Zweck, funktionsspezifisches Rechtswissen zu vermitteln, diente. Bei einer alternativen Freigabe der Lehrinhalte habe man aus damaliger Sicht befürchten mussten, dass „*Weitschweifigkeit und Weltfremdheit barocker Kontroversen*" das Studium prägen würden, so dass aus Sicht des Staates nicht abzusehen sei, ob die Studenten die an sie gerichteten Anforderungen erfüllen würden können[83]. Überwacht wurde die Lehrtätigkeit durch Studiendirektoren, die jederzeit die Vorlesungen besuchen konnten und zudem die Prüfungen zu leiten und zu kontrollieren hatten[84]. Dem Ziel der Juristenausbildung entsprechend sollte der Schwerpunkt der gesamten Ausbildung auf *praktischen Erwägungen* liegen und der Student von Anfang an mit dem in den österreichischen Ländern geltenden Recht konfrontiert werden[85]. Auch rechtstheoretische und rechtsdogmatische Erwägungen wie beispielsweise das genaue Erlernen der Digesten sollte so weit wie möglich auch zu Gunsten des noch nicht kodifizierten Rechts verzichtet werden[86]: In einer Anweisung des Studiendirektors an die Lehrkörper der Universität Prag ist dieses Ausbildungsziel wie folgt formuliert worden:

> *„ (…) gleich wie aber auch diese Jura nur subsidiaria seynd und vieles davon heut zu Tage keinen Nutzen mehr hat, also muss die fürnehmste Sorge des Professors dahin gehen, nach Anleitung des Strickii überall den usum modernum anzuführen, und die hiesigen Jura Patria so viel wie möglich beizubringen, wozu dann in so lang, der in wesentlicher Ausarbeitung liegende Codex Theresianus zu Stande gekommen seyn wird, der Codex Austriacus" (…)"*

Diese Anweisungen des Prager Studiendirektors illustrieren, dass nach dem Konzept der theresianischen Reformen nicht nur eine neue Ordnung für die Ausbildung der Juristen, sondern auch eine neue Ordnung des Rechts in Form von Gesetzen als wesentlicher Ausbildungsgegenstand jedes juristischen Studiums neu geschaffen werden sollte und in der Folge auch geschaffen wurde, wenngleich der wohl pflichtschuldig angesprochene *Codex Theresianus* per se keine spürbare Wirkung in der österreichischen Kodifikationsgeschichte hinterlassen sollte.

---

83 Lentze (1962), Die Universitätsreform des Ministers Graf Leo Thun-Hohenstein, S. 49.

84 Dazu Unger (1840), Systematische Darstellung, Bd. III, S. 152 ff.

85 Lentze (1962), aaO., S. 49.

86 Prager Instruktionen für den Professor Digestorum et juris criminalis; zit. nach Schnabel (1827), Geschichte der juridischen Fakultät zu Prag, S. 123 f. Wie heute bekannt ist irrte der Studiendirektor zumindest in Hinblick auf die Prognose zum Schicksal des Codex Theresianus.

2.1.4.3. *Studienplan und Prüfungswesen*

Das Studium des Rechts war auf fünf Jahre angelegt; sowohl während des Studienjahres als auch zu dessen Abschluss wurden regelmäßige Prüfungen abgehalten, wobei die Anforderungen wie auch die individuelle Studiendauer danach differenziert wurden, in welchem Bereich der Studierende künftig arbeiten wollte. Ein *vollständiges Studium* wurde beispielsweise von künftigen Anwälten, Hofrichtern, Landgerichtsverwaltern oder auch Rechtsprofessoren gefordert. Studierende, die andere Verwendungen anstrebten wie etwa eine Tätigkeit als Grundbuchsführer, Notar oder Stadtschreiber hatten lediglich ein zweijähriges verkürztes Studium zu absolvieren und in der Folge eine zweijährige Praxis, die mit einer vom Ausbilder abgehaltenen, aber als *„staatlich"* bewerteten Prüfung endete[87]. Andere rechtsspezifische Tätigkeiten setzten ein dreijähriges Studium voraus[88]. Ausnahmslos das gesamte Studium von fünf Jahren hatte auch zu absolvieren, wer *Doctor* werden wollte[89]. Aus heutiger Sicht ist diese Lösung mit Blick auf die in Österreich, aber auch in Deutschland seit Jahrzehnten geführten Diskussionen um alternative, praxisbezogene Ausbildungsangebote im juristischen Bereich zumindest als pragmatisches Vorgehen zu verstehen, da nur das Maß an Ausbildung vermittelt und geprüft wurde, das in der späteren praktischen rechtlichen Tätigkeit auch benötigt wurde. In Deutschlands steht beispielsweise trotz einiger Modifikationen[90] der Ausbildungsordnungen heute noch das Konzept des *„Einheitsjuristen"*, das unabhängig von individuellen Berufswünschen einheitliche Prüfungen vorschreibt und von allen Studierenden die Erbringung vor allem am Richteramt orientierter Leistungsnachweisen erfordert, weitgehend außerhalb einer ernsthaften Diskussion.

Österreich widersetzte sich bisher weitgehend einer Übertragung des Bologna-Modells auf die Rechtswissenschaften.[91] In Deutschland scheiterte die Einführung der *einstufigen* Ausbildung zum Anwaltsjuristen nach mehren Mo-

87 Kink (1853), Die Rechtslehre, S. 69 ff.

88 Kink (1853), aaO., S. 69 ff.

89 Kink (1853), aaO., S. 69 ff.

90 Zuletzt wurde bei einer Studienreform des Jahres 2003 versucht, die Ausbildungsinhalte dem Bedarf der Rechtspraxis und vor allem der Anwaltschaft anzupassen, wozu bestimmte „Soft Skills" als Schlüsselqualifikationen definiert und in die Ausbildungsordnungen übernommen wurden; vgl. dazu Gilles/Fischer, NJW 2003, S. 707.

91 Ausführlich Von Münch (1997), Flut und Ebbe der Juristenausbildungsreform, NJW 1997, 2576; zur Diskussion auch auf europäischer Ebene Mager in Baldus/Finkenauer/Rüfner (2008) (Hrsg.), Juristenausbildung in Europa zwischen Tradition und Reform, S. 321 ff.

dellversuchen beispielsweise 2003 am Veto der Landesfinanzminister, die diese nicht bezahlen wollten; eine statt dessen durchgeführte Reform des bisherigen Ausbildungs- und Prüfungssystems brachte kaum als substantiell bewertete Änderungen[92]. Die Motive der zum Erlass der Ausbildungsordnungen berufenen Gesetz- bzw. Verordnungsgeber, soweit diese heute einzelne Adaptionen der Ausbildungsinhalte vornehmen oder dies unterlassen, sind mit denen ihrer Vorgänger im 18. und 19. Jahrhundert womöglich sogar vergleichbar. Nach der ausschließlich an der *Nützlichkeit* des Vorgangs Studium für den Staat orientierten josefinischen Haltung sollte nicht den Studenten erspart werden, Unnützes zu erlernen, sondern dem Staat, das Erlernen des aus seiner Sicht Unnützen zu bezahlen und aufwendig zu administrieren. Nicht anders werden Reformdiskussionen heute oft geführt.

Schon 1758 und in einem zweiten Schritt 1766 wurden die Aufnahmevoraussetzungen in einzelne Funktionen des Staatsdienstes verschärft, da die Übernahme von bestimmten Noten abhängig gemacht wurde, wodurch auch die Anforderungen an die Studierenden stiegen, die einen mit dieser theresianischen Form des Numerus Clausus belegten Dienstposten anstrebten[93]. *Wolf* urteilte mit etwas mehr als einem Jahrhundert Abstand, dass die theresianischen Reformen die Studienqualität deutlich verbessert hätten, wenn auch die Rechtswissenschaft selbst davon wenig profitieren konnte, da die Fakultäten nur den Zweck verfolgten die für den Staat benötigten Juristen heranzuziehen[94]. Wesentlichen Anteil an der Qualitätsverbesserung trage auch die straffe Führung der Universitäten durch den Staat. Die staatliche Kontrolle wurde, wie bereits erörtert, seit 1760 durch die Studienhofkommission ausgeübt, die unter Maria Theresia von *Gerard van Swieten* dominiert wurde[95]. Entscheidungen galten nicht nur für einzelne Universitäten, sondern für alle Universitäten des Reichs, was die Vereinheitlichung der Ausbildung erheblich förderte[96]. Nach Gerard van Swietens Tod im Jahr 1772 erarbeitete die Studienhofkommission zunächst unter wesentlicher Beteiligung von *Martini* einen Reformplan für das juristische Studium, der jedoch zur erheblichen Verärgerung Martinis in aus dessen Sicht erheblichen Punkten abgeändert wurde, so das Martini um seine Abberufung

92 Gilles/Fischer (2003), NJW 2003, S. 707.

93 Lentze (1962), Die Universitätsreform des Ministers Graf Leo Thun-Hohenstein, S. 49.

94 Von Wretschko (1094), Geschichte, S. 125.

95 Wolf (1880) Das Unterrichtswesen in Österreich, S. 60 ff.

96 Lentze (1962), Die Universitätsreform des Ministers Graf Leo Thun-Hohenstein, S. 21 ff.

ersuchte[97]. Die Reform wurde schließlich unter Federführung des neu bestellten juristischen Studiendirektors *Schrötter* konzipiert, der nach Aufhebung des Jesuitenordens im Jahr 1773 Veränderungen im Kirchenrecht vorsah sowie die weitgehendere Berücksichtigung des deutschen Rechts bei der Reichs- und Staatengeschichte, so dass auch in gewissem, engen Umfang Einflüsse von außerhalb Österreichs in der Ausbildung einbezogen werden konnten. Schrötter verstand dies als politische Notwendigkeit, um Österreich nicht von der akademischen Jugend Deutschlands zu isolieren[98]. Ein weiterer Ansatz Schrötters war, dass die Zahl der Prüfungen, die sich kontraproduktiv auf die für die Wissensvermittlung verbleibende Zeit auswirkte verringert werden sollte. Der Ausbildungskatalog nach der Schrötter'schen Reform beinhaltete[99]:

- ***erstes Ausbildungsjahr***: Naturrecht, Geschichte des Römischen Rechtes, Institutionen;
- ***zweites Ausbildungsjahr***: Pandekten, Codex Theresianus mit ius germanicum und drei Monate Kriminalrecht;
- ***drittens Ausbildungsjahr***: Kirchenrecht, geistliches Staatsrecht und Geschichte des Kirchenrechtes;
- ***viertes Ausbildungsjahr***: deutsches Staatsrecht, einzelne Einheiten Recht der Erbländer, Völkerrecht und Lehensrecht
- ***fünftes Ausbildungsjahr***: Reichsgeschichte mit Österreichische Besonderheiten und Verfassung der europäischen Staaten.

Sämtliche Vorlesungen für die genannten Fächer waren unentgeltlich[100], aber offensichtlich nicht ausreichend, um angesichts der Zahl und der Schwierigkeit der Prüfungen diese ohne weiteres bestehen zu können. Deshalb entwickelte sich bereits mit der Schrötter'schen Studienreform das heute noch bekannte und als *Repetitorium* insbesondere in Deutschland, aber meist mit der Bezeichnung *Rechtskurs* auch in Österreich allgemein genutzte, kostenpflichtige Parallelsystem mit Privatkolloquien, die außerordentliche Professoren gegen Honorar in sämtlichen für Studenten schwierigen Fächer anboten. Auch der Vorwurf, dass die Angebote der juristischen Fakultät alleine nicht ausreichen, um die Prüfungsanforderungen zu erfüllen ist somit alles andere als neu. Für das *juristische Doktorat* waren drei Rigorosen aus nachfolgenden Fächern bzw. Fächerkombinationen zu absolvieren:

---

97 Seiffert (1973), Paul Josef Riegger, S. 170.
98 Kink (1854), Geschichte der kaiserlichen Universität zu Wien, S. 519.
99 Kink (1854), Geschichte der kaiserlichen Universität zu Wien, S. 521.
100 Lentze (1962), Die Universitätsreform des Ministers Graf Leo Thun-Hohenstein, S. 58.

- Naturrecht und Kirchenrecht
- Römisches Recht und deutsches Privatrecht
- Deutsche Staatsrecht, Lehensrecht; Staaten- und. Reichsgeschichte.

Seiffert lobt die entscheidend von *Schrötter* formulierten Ansätze wie insbesondere die Ausgestaltung der Lehre des Kirchenrechts und die Einführung des deutschen Zivilrechts[101]. Letztlich sei sie jedoch erfolglos geblieben, da unter den gegebenen Umständen kaum erstklassige Professoren bereit gewesen seien, sich der theresianischen Form von Staatserziehung zu unterwerfen. Insbesondere konnten Lehrkräfte, die in der Lage sein sollten, die Schrötter'sche Reform mit Geist zu füllen nicht an die Universität Wien verpflichtet werden, solange sie der Willkür der Direktoren, bürokratischen Hemmnissen und standardisierten Lehrbüchern ausgesetzt gewesen seien[102]. Am Rückstand der österreichischen Universitäten gegenüber den protestantischen Fakultäten des Deutschen Reiches änderte sich daher trotz der anerkannten Konzeption Schrötter's naturgemäß nichts, was der Monarchin und ihren Bildungsfunktionären offensichtlich auch bekannt war. So entsandte Fürst *von Kaunitz-Rietberg*, Staatskanzler, enger Vertrauter von Maria Theresia und erklärter Anhänger der Aufklärung[103], den Hofsekretär *von Birkenstock* an die Universität Göttingen, die zum damaligen Zeitpunkt im deutschsprachigen Raum im Ruf der besonderen Qualität und der besonders fortschrittlichen wissenschaftlichen Forschung stand, um Erkenntnisse über die Organisation der Universität zu gewinnen. Göttingen mit seinem lebendigen Wissenschaftsbetrieb und seiner im gesamten Reich bestehenden erstklassigen Reputation insbesondere als juristische Fakultät galt schon lange manchen aufgeklärten Hochschulen Politikern in der Monarchie als anzustrebendes Ideal, dem die Wiener Fakultät nacheifern sollte. Göttingen war aber insbesondere auch ein Paradebeispiel für die Freiheit der Wissenschaft. Hochschullehrer waren dort kaum durch einschränkende Weisungen des Landesfürsten daran gehindert, eine freie Lehre zu entfalten. Umsetzbare Erkenntnisse aus den Besuch seiner Mitarbeiter in Göttingen dürfte *von Kaunitz* kaum gewonnen haben; Reformen mit dem Ziel einer spürbaren Zurückdrängung des Einflusses des Staates und der Förderung der Freiheit von Wissenschaft und Lehre wurden in der Habsburger Monarchie in dieser Epoche nicht vorgenommen[104]. Versuche,

101 Seiffert (1973), Paul Josef Riegger, S. 172.

102 Wahlberg (1875), Die Reform der Rechtslehre (...) S. 15.

103 Elemér (1937) Kaunitz über die Kulturpolitik der Habsburgermonarchie S. 1 ff.

104 Lhotsky (1772) Ein Bericht über die Universität Göttingen für den Staatskanzler Fürsten Kaunitz-Rietberg, S. 42 ff.

unmittelbar Wissenschaftler aus Göttingen anzusprechen, die in Wien lehren hätte sollen, scheiterten aber schon daran, dass *von Bourguignon* aus einem „Inländerdünkel“ heraus eine ausländische Lösung ablehnte[105]. Der Reputation der Wiener juristischen Fakultät war diese Entwicklung nicht zuträglich; Beobachter aus ausländischen Universitäten pflegten sich über den Versuch, mit den Vorgaben der theresianischen Staatsbildungsanstalten universitäre Wissenschaft zu betreiben, eher zu amüsieren[106]. Wenig hilfreich waren insofern auch spätere mit Vehemenz ausgetragen Auseinandersetzungen über die im Kirchenrecht anzuwendenden Lehrbücher[107]. In der späteren Rezeption hält etwa Perkmann fest, dass *„die Wiener Hochschule (...) nicht eine einzige Leistung aufzuweisen hat, welche wirklichen kulturgeschichtlichen Werth hätte oder einen bemerkenswerten Fortschritt in irgend einem Zweige der Wissenschaft bezeichnen könnte“*[108]. Seiffert weist jedoch darauf hin, dass dieses harsche Urteil vom Kirchenhass des Verfassers getragen sei[109].

2.2. Die Bildungspolitik unter Joseph II.

2.2.1. Ziele der josephinischen Bildungspolitik

In der Praxis stieß die gegen den Widerstand der Kirchen versuchte Übernahme der Bildungshoheit durch den Staat rasch an personelle Grenzen, da kaum nicht kirchliche ausgebildete Personen zur Verfügung standen, die glaubwürdig eine kirchenferne, an den Bedürfnissen des Staates orientierte Bildungspolitik umsetzen hätten können. Joseph II. unternahm deshalb im Jahr 1782 einen weiteren Versuch, den Einfluss der Kirche zurückzudrängen, wobei sich am Ziel des Staates, dem Monarchen ergebene und daher in einem von ihm bereitgestellten Bildungssystem ausgebildete, *Staatsdiener* zu erziehen seit Maria Theresia nichts geändert hatte[110]. Joseph II. ließ in einer Resolution vom 25.11.1782 an den Zielen eines staatlichen Bildungssystems, insbesondere auch den Aufgaben der Universitäten keine Zweifel[111]:

105 Seiffert (1973), Paul Josef Riegger, S. 172.
106 Seiffert (1973), aaO., S. 173 ff.
107 Seiffert (1973), aaO., S. 175 ff.
108 Perkmann (1865), Zur Geschichte der Wiener Universität, S. VII f.
109 Seiffert (1973), aaO., S. 172.
110 Von Mitrofanow (1910), Joseph II, Teil 2, S. 673 ff.
111 Joseph II (1782) Resolution zum Vortrag der Studienhofkommission v. 25.11.1782, zit. nach Wangermann (1978b), S. 25 f..

„Es muß nichts den jungen Leuten gelehrt werden, was sie nachher als seltsam, oder gar nicht zum Besten des Staates gebrauchen, oder anwenden können, da die wesentlichen Studien in Universitäten für die Bildung der Staats Beamten nur dienen, nicht aber der Erziehung Gelehrter gewidmet seyn müssen, welche, wenn sie die ersten Grundsätze wohl eingenommen haben, nachher sich selbst ausbilden müssen, und glaube nicht, daß ein Beispiel seye, daß von der blossen Catheder herab einer so geworden seye (…)

Im Gegensatz zu vielen späteren Bildungsreformen, insbesondere denen, die in Teilen des deutschsprachigen Raums nach 1848/49 versucht wurden, und erst recht im Gegensatz zur in der Nachkriegszeit bis zur Gegenwart mit dem Begriff der Bildungsreform verbundenen Vorstellung eines auf die Auszubildenden fokussierten und so letztlich humanistischen Anspruchs, verfolgte Josef erklärtermaßen kein humanitäres Bildungsziel und auch nicht eine *Auflösung der Standesgrenzen durch Bildung*, sondern die *Unterstützung der Staatsinteressen durch Bildung*. Eine zeitgenössische Denkschrift trägt daher folgerichtig den Titel „*Vom Einfluss der Erziehung auf die Glückseligkeit des Staates*“[112]. Auch die flächendeckende Errichtung von Elementarschulen, an denen vor allem die „Trivia“ Lesen, Rechnen und Schreiben gelehrt wurden, was zur Bezeichnung der *Trivialschule* geführt hatte, war Teil des Konzepts, die natürlichen Fähigkeiten jedes Menschen dem Staat zugänglich zu machen, aber nicht im heutigen Sinne ein Programm zur Schaffung sozialer Gleichheit durch Schaffung identischer Ausgangsbedingungen[113]. Zur Steigerung der Akzeptanz der Trivialschulen bediente sich Joseph II. der Kirchen, die ihre über das gesamte Gebiet der Monarchie ausgedehnte Organisationsstruktur dazu nutzen sollten, die Schulerrichtung vor Ort durchzuführen und auch zu überwachen. Herangezogen wurden Pfarrer somit wegen der Ressourcen, auf die sie zugreifen konnten und der bestehenden Organisation der Kirche, nicht um deren Botschaft durch ein Ausbildungsmonopol für die Elementarschulen zu verbreiten. Dass sich beide Interessen in praxi nicht widersprechen liegt auf der Hand, so dass davon ausgegangen werden kann, das die Kirche dem Wunsch des Kaisers gerne nachkam, da so ein unmittelbarer Kontakt der Kirche zu sämtliche Schulkindern und deren Familien durch kaiserliche Anordnung gegeben war. Anders als Maria Theresia versuchte Joseph auch Sanktionen gegen die Eltern von schulsäumigen

---

112 Zit. nach Wangermann, (1978a) S. 223.

113 Ob dieses Ziel inzwischen erreicht wurde ist umstritten; je nach politische Ausrichtung wird auch heute immer wieder angenommen, dass trotz eines flächendeckenden Schulnetzes die Ausgangsbedingungen für Schüler aus sozial schwachen Kreisen verhältnismäßig schlecht sind.

Kindern durchzusetzen, was aber auch unter seiner Regierung immer wieder am geringen Engagement der Behörden scheiterte[114].

Obwohl Joseph II. in der Bildungspolitik den streng utilitaristischen theresianischen Ansatz weiter verfolgte wäre es vermutlich eine Verkürzung, ihm jeden sozialen oder humanistischen Ansatz abzusprechen. Ein *Handbillet*, in dem Joseph II bereits 1786 nach dem Besuch in einer Seidenfabrik in Traiskirchen grundlegende Maßnahmen zum Schutz der dort arbeitenden Kinder insbesondere in medizinischer und hygienischer Hinsicht angeordnet hatte[115] war seiner Zeit weit voraus, bleib jedoch weitgehend wirkungslos[116]. Beachtung verdient dieses Handbillet aber nicht nur wegen des frühen, vor entsprechenden englischen und preußischen Regelungen liegenden Zeitpunkt seines Ergehens, sondern auch deshalb, weil der Kaiser darin auch die Durchführung regelmäßiger, wenn auch weitmaschiger Inspektionen[117] der Fabrik durch den Kreisphysikus angeordnet und damit einen, wen auch sehr zaghaften und offensichtlich durch persönliche Erschütterung über die bei seiner Visite vorgefundenen Arbeitsbedingungen der Kinder veranlassten Versuch der Einmischung in die Produktionsbedingungen von Unternehmen vorgenommen hat. Diese Begebenheit zeigt aber auch, dass sich der Kaiser nicht grundlegend gegen die Auswüchse des Wirtschaftsliberalismus, die zu seiner Zeit auch im Kaiserreich bereits eingesetzt hatten stellte; auch nicht, um der allgemeinen Schulpflicht zur Durchsetzung zu verhelfen. Von einem energischen kaiserlichen Vorgehen, Kinderarbeit in Fabriken zu Gunsten des Schulbesuchs vollständig zu verbieten oder zumindest den Schulbesuch auch für arbeitende Kinder sicherzustellen ist nichts bekannt.

Auswirkungen hatte die auf die Kinderarbeit bezogene kaiserliche Intervention daher kaum; den beauftragten Kreisämtern waren die Kontrollen zu teuer[118]. Beschwerden waren weder von den Kindern noch den Eltern, die deren bescheidenes Einkommen dringend zum Überleben benötigten zu erwarten. Es dauerte

---

114 Stachel (1999), Geschichte der österreichischen Humanwissenschaften, S. 115.

115 Der Kaiser hatte zudem etwa angeordnet, dass jedem Kind ein eigenes Bett zur Verfügung stehen müsse. Insofern war das Kaiserliche Bestreben aus dem Jahr 1786 zwar im Ergebnis frustran, aber im Ansatz seiner Zeit voraus. Eine entsprechende englische Regelung hatte noch zwei Kinder pro Bett erlaubt; vgl. dazu Mayer-Maly (1991), Ausgewählte Schriften zum Arbeitsrecht, S. 87.

116 Von Mises, (1905) Zur Geschichte der Österreichischen Fabrikgesetzgebung, S. 230ff.

117 Die Inspektionen sollten zweimal jährlich stattfinden; vgl dazu Kröschell, Deutsche Rechtsgeschichte, III, S. 86ff.

118 Mayer-Maly (1991) Die Arbeitsgerichtsbarkeit im Nationalsozialismus S. 137ff.

noch nahezu ein Jahrhundert, bis mit dem *Gesetz über die Gewerbeinspektoren* von 1883 eine wirksame Fabrikenaufsicht installiert wurde. Dieser hatte nicht nur die hygienische, sondern auch die „sozialen" Arbeitsbedingungen in den Fabriken zu überprüfen und auch die Kompetenz, Maßnahmen zur Verbesserung vorzuschreiben; zu ihren Kompetenzen gehörte ausdrücklich auch die Überprüfung der Einhaltung der Schulpflicht[119]. Auszugehen ist aber davon, dass trotz der im Zuge der Gewerbeordnung 1883 entlassenen Vorschriften von wesentlichen Verbesserungen beim Schulbesuch nicht ausgegangen werden kann, da sich zumindest im ländlichen Raum mit der häufigen Dominanz eines Arbeitgebers an der Alternativlosigkeit der Beschäftigungssituation vieler Menschen nur sehr langsam etwas änderte.

2.2.2. Einfluss der Toleranzpatente auf die josephinische Bildungspolitik

Nach dem josephinischen Verständnis eines Staatskirchentums eigneten sich Pfarrer, die insofern als Staatsbeamte tätig wurden, besonders die aufklärerische Absicht des Staates umzusetzen. Um sie dazu zu befähigen wurde auch die theologische Ausbildung neu ausgerichtet und die Lehrtätigkeit als neue Aufgabe der Absolventen zu einem ihrer Schwerpunkte erklärt. Die dazu neu konzipierten Generalseminare hatten darüber hinaus auch die Aufgabe, den angehenden Pfarrern und Lehrern praktische Fertigkeiten etwa in der Landwirtschaft zu vermitteln, da auch deren Weitergabe in Entsprechung des Prinzips, jeden letztendlich im Dienste des Staates einzusetzen, Aufgabe von Pfarrern war, die damit Schüler befähigten Kenntnisse zur Gewährleistung einer effektiven Lebensmittelversorgung zu erlangen[120]. Ob die Kirchen, die sich um die Errichtung der Trivialschulen kümmerten *katholisch* waren sollte nach Joseph II. und der Konzeption Gottfried van Swietens hingegen keine Rolle spielen. Nach dem *Toleranzpatent* von 1781[121] verfügte Joseph die Errichtung von Schulen ohne Ansehen der Glaubensgemeinschaft:

---

119 Brusatti et al. (1979),) Betrachtungen zur Wirtschafts- und Sozialgeschichte Berlin S. 62.

120 Zur Rolle der böhmischen Kirchen im Josephinismus Walf (1974) Kirchliche Aufklärung, S. 154 fff.; ausführlich dazu auch Kovács (1979) Katholische Aufklärung und Josephinismus.

121 Joseph II. erließ am 13.10.1781 ein Toleranzedikt gegenüber den Protestanten wie griechisch-orthodoxen Glaubensangehörigen, das freie Religionsausübung erlaubte und am 02.1.1782 ein Toleranzpatent für die Wiener Juden; vgl. dazu Schwarz (1981) Vom Nutzen einer christlichen Toleranz für den Staat in Barton (Hrsg.) S. 76 ff.

„Es mag von der katholischen oder katholischen Gemeinde geschehen, weil Lesen und Schreiben und Rechnen in jeder erlernt werden kann und es dort besser ist, eine katholische Schule in einem Orte zu haben als gar keine"[122].

Dass nicht die Förderung der Bildung eine Aufgabe des Staates sondern die Förderung des Staates eine Aufgabe der Bildung sein sollte illustriert auch ein Detail zur vom Monarchen beabsichtigten Finanzierung des Trivialschulsystems. Diese sollte nicht durch Mittel aus anderen staatlichen Ausgabenbereichen erfolgen, sondern durch Umschichtungen der Ausgaben von den Universitäten zu den Elementarschulen. Gottfried van Swieten, Sohn Gerard van Swietens, unter Josef II. Leiter der Studienhofkommission und treibende Kraft hinter den Josephinischen Bildungsreformen konnte den Monarchen zumindest zum Teil davon überzeugen, dass mit den ohnehin geringen Mitteln der Hochschulen nicht nur diese des notwendigsten beraubt, sondern die Bedürfnisse der Trivialschulen keineswegs erfüllt werden könnten[123].

2.2.3. Die Reform der Gymnasien und Einrichtung der Lycees

Gottfried van Swieten identifizierte auch die damals auf sehr niedrigem Niveau meist unter kirchlicher Leitung erteilte Gymnasialausbildung als wesentliche „*Schwachstelle im Bildungssystem der Monarchie*"[124]. Die gymnasiale Ausbildung umfasste lediglich sechs Jahre bei einer Wochenstundenzahl von höchstens 18 Stunden, die zu mehr als der Hälfte der lateinischen Sprache vorbehalten waren[125]. Latein war bis 1824 Unterrichtssprache an höheren Schulen; in Ungarn sogar bis 1844, während Joseph an den Universitäten Deutsch als Unterrichtssprache einführte, was den Sinn des Gymnasiums in Frage stellte[126]. Das *Klassenlehrersystem* bewirkte zudem, dass es vom Zufall abhing, in welchen Gegenständen die Schüler auf hinnehmbarem Niveau ausgebildet wurden. Es galt als allgemein bekannt, dass die Klassenlehrer in ihnen fremden Fächern oft kaum Unterricht auf dem damals niedrigen Gymnasialniveau erteilen konnten[127]. Auch hier setzte Gottfried van Swieten an und bewirkte die Einrichtung

---

122 Joseph II (1785) in Kancellera Hungarica Aulica, No. 12807.

123 Stachel (1999), Das österreichische Bildungssystem zwischen 1749 und 1918, S. 115 ff.

124 Zit. nach Stachel (1999), aaO.

125 Stachel (1999), aaO.

126 Hanslik (1951),: Das österreichische humanistische Gymnasium in seinem Werden und gegenwärtigen Sein S. 3.

127 Engelbrecht (1984), Geschichte des österreichischen Bildungswesens. Bd. 3, S. 100 ff.

eines dreijährigen *„Philosophiestudiums"*, das den Zweck eines Propädeutikums vor dem eigentlichen Hochschulstudium erfüllte und das Wissen der Absolventen der Gymnasien zum Nutzen der Monarchie erst auf ein universitäres Niveau bringen sollte. In den Worten eines Kaiserlichen Handbillets aus dem Jahr 1805 wurde die Philosophie bezeichnet als[128]

> *„(...) Grundlegungs-Wissenschaft zu allen übrigen Berufs-Wissenschaften angesehen (...) welche ihrer Natur und Bestimmung nach eine nähere Beziehung auf einen besonderen Beruf im Staate, folglich auf ein besonderes Berufs-Studium haben".*

Orts dieses Studiums waren einerseits die Hochschulen selbst, von denen es jedoch nach den von Joseph verfügten Aufhebungen viel zu wenige gab wie auch in den Städten eigens etablierte *„Lycees"*. Philosophie wurde in diesem neu konzipierten „Philosophiestudium" weniger gelehrt, vermittelt werden sollte Grundlagenwissen für die drei klassisch an Universitäten gelehrten Fächer Medizin, Theologie und Rechtswissenschaft[129]. Unterrichtsfächer waren Mathematik, Latein, Physik, Naturgeschichte und Weltgeschichte sowie Kameralwissenschaften, ein praxisbezogenes Fach, das den Bedürfnissen des Staates entsprach und Grundlagen der Rechtswissenschaften, der Wirtschaftskunde und der Geographie umfasste; später wurde jedoch nur noch Geographie anstelle der Kamerawissenschaften gelehrt[130]. Fächer, die nicht einem späteren Studium und nicht der späteren Übernahme von Aufgaben im Staat dienten wie etwa moderne Literatur wurden nicht gelehrt. Eine Notwendigkeit, dass künftige Staatsdiener sich mit moderner, aus absolutistische Sicht aufrührerischer Literatur beschäftigen sollte bestand aus Sicht auch *van Swietens* nicht, der keineswegs den absolutistischen Staat in Frage stellen oder Wissen, dass dazu anregen konnte vermitteln wollte, sondern das Wissen vermitteln, das für das Funktionieren des Staates erforderlich war[131]. Aus diesem Grund wurden auch aktuelle Strömungen der Philosophie ebenso wenig unterrichtet wie die Geschichte der Philosophie, da dies nach einem Gutachten, das die Unterrichtsbehörden im Jahr 1795 in Auftrag gegeben hatten die Gefahr des Missbrauchs durch den noch *„jugendlichen Verstand"* beinhalte[132]. Nicht zum

---

128 Zit. nach Meister (1963) Entwicklung und Reformen des österreichischen Studienwesens, S. 33.

129 Stachel (1999), Das österreichische Bildungssystem zwischen 1749 und 1918, S. 115 ff.

130 Stachel (1999), aaO.

131 Jäger (1979) Zur literarischen Gymnasialbildung in Österreich von der Aufklärung bis zum Vormärz in Zeman (Hrsg.) S. 85 ff.

132 Hammer (1795) Von dem ordentlichen akademischen Unterricht in der Philosophie. Zit. n. Rüdegger (1964) S. 80. Franz Hammer, ein Professor der alten Sprachen

Vorteil gereichte die Einführung des obligatorischen propädeutischen Philosophiestudiums der traditionellen universitären Philosophie selbst, deren Bedeutung als Gegenstand des Hochschulstudiums selbst zurückging.

Gottfried van Swieten war schon in den letzten Jahren der Regentschaft von Joseph II. immer häufiger im Gegensatz zum Monarchen und des konservativen Ratgebern gestanden. Die Bedenken gegen van Swietens Schulpolitik kreisten immer um das Maß, indem Schülern und Studenten die „Freiheit zu Denken" gestattet werden könne. Konservative Ratgeber des Monarchen war das Konzept der Bildung für weite Kreise der Bevölkerung insgesamt suspekt; sie befürchteten, dass zu viel Bildung zu *„übermäßigem Raisonieren"*[133] und damit dazu führen müsste, die Grundlagen des Staates infrage zu stellen; zudem würden die höheren Bildungseinrichtungen durch Angehörige niedriger Stände *„überflutet"*. Diese Befürchtung verstand jedoch schon wegen der hohen Kosten für den Schul-und Universitätsbesuch als weitgehend rhetorisch, wenn auch eine Schulgeldbefreiung für mittellose, aber begabte Studenten möglich war[134]. Van Swieten argumentierte dagegen mit aus heutiger Sicht nicht zwingender Logik, dass gerade Bildung den Schülern und Studenten die Grenzen des eigenen Standes verdeutlichen würden[135].

Wenn auch Gottfried van Swieten das Verdienst der Einführung des dreijährigen Philosophiestudiums und damit der Verbreiterung der allgemeinen Bildung und Stärkung der Studierfähigkeit zugeschrieben wird konnte er doch sich in wesentlichen Fragen der Unterrichtsinhalte und der Didaktik nicht durchsetzen. Der Unterricht war unverändert geprägt vom Erlernen vorgegebener Lehrsätze. Im Religionsunterricht war der Katechismus auswendig zu lernen, ohne katholische Lehren in irgendeiner Weise zu hinterfragen[136]. Der Kaiser regierte unmittelbar in die Schulpolitik hinein und gängelte Lehrer wie Schüler. Gescheitert war Gottfried van Swieten auch mit dem Versuch, Deutsch bzw. die jeweilige Muttersprache der Schüler als Unterrichtssprache auch an Gymnasien einzuführen; bis 1824

---

warnte allgemeinen vor den schädlichen Einfluss philosophischer Ideen, weswegen sich der Philosophieunterricht auf die *„formelle Vervollkommnung* der *jugendlichen Denkkräfte"* und die Fertigkeit, *„richtig, ordentlich zusammenhängend zu denken"* beschränken solle.

133 Kindermann (1788). Zit. n. Wangermann (1978b), Aufklärung und staatsbürgerliche Erziehung S. 1.

134 Dazu Grimm, G. (1987), Die Schulreform Maria Theresias 1747 bis 1775 S. 220.

135 Stachel (1999), Das österreichische Bildungssystem zwischen 1749 und 1918, S. 115 ff.

136 Ficker (1873), Bericht über österreichisches Unterrichtswesen, S. 23.

und in Ungarn bis 1844 war dies jedoch nicht durchsetzbar. Dass diese Restriktion des Sprachgebrauchs auch Diskussionen zwischen Lehrern und Schülern, soweit Lehrer diese im Einzelfall zugelassen haben, und damit den Austausch eigener Meinungen erheblich erschwerte liegt auf der Hand. Lange Zeit war Schülern und Studenten auch die Mitschrift des Vortrags des Lehrkörpers untersagt, um so eine Verbreitung von unerwünschten Lehren unter Umgehung der allgegenwärtigen Zensur zu verhindern. Später wurde dieses Verbot aufgehoben; um Lehrern nachweisen zu können, dass sie von der vorgeschriebenen Lehre abgewichen waren[137].

2.2.4. Änderungen der juristischen Ausbildung unter Joseph

Joseph II dokumentierte unmissverständlich, welche Rolle er den Universitäten künftig zuzuweisen beabsichtigte: Diese sollten *„nach Maaß des blossen Bedarfs zur Bildung guter Staatsdiener"* eingerichtet werden[138]. Als eine der ersten Amtshandlungen im Bildungswesen forderte er einen Bericht über die Lage der einzelnen Universitäten wie deren Bedarf an finanzieller Unterstützung, den Lehrkörper und die Lehrgegenstände an; als zweiten Schritt verfügte er nach Sichtung der Unterlagen, dass die Universitäten in Freiburg, Innsbruck und Brünn aufgehoben und in Lycees umgewandelt werden sollten[139]. Die Universität Freiburg konnte dieses Schicksal verhindern; die anderen genannten Universitäten wurden tatsächlich aufgehoben[140]. Unter Joseph wurden auch einige Aspekte der juristischen Studien- und Prüfungsordnung geändert[141]; Professoren wurden angewiesen nur das zu lehren was unbedingt zur Übernahme eines Staatsamtes erforderlich sei. Der unverändert *fünfjährige* josephinische Studienplan sah das Studium der folgenden Fächer vor[142]:

- ***erstes Ausbildungsjahr***: römische Rechtsgeschichte und Institutionen;
- ***zweites Ausbildungsjahr***: römisches Recht, Pandekten und Kriminalrecht sowie deutsches Privatrecht und die österreichische gemeine Rechtspraxis;
- ***drittes Ausbildungsjahr***: Kirchenrecht, deutsche Reichsgeschichte und österreichisches Recht;

---

137 Hanslik (1951), Das österreichische humanistische Gymnasium (...).

138 Zit. nach Wangermann (1978a), S. 25 f.

139 Klingenstein (1976), Despotismus und Wissenschaft S. 126 ff.

140 Kink (1853) Geschichte der kaiserlichen Universität zu Wien, S. 546 ff.

141 Schnabel. (1827) Geschichte der juridischen Fakultät zu Prag, Bd. 3, S. 116.

142 Ausführlich Wesener (2006) Zum juridisch-politischen Studium an österreichischen Lyzeen und Universitäten in der Zeit von 1782 bis 1848 – Studienordnung und Lehrämter.

- ***viertes Ausbildungsjahr***: allgemeines Staats- und Völkerrecht, Lehenrecht sowie deutsches Staatsrecht und Staatenkunde;
- ***fünftes Ausbildungsjahr***: politischen Wissenschaften sowie „österreichischer Geschäftsstil".

Während der Ausbildung waren drei Rigorosen mit folgenden Prüfungsfächern vorgesehen, womit keine wesentliche Änderung im Vergleich zur Schrötter'schen Reform vorgenommen wurde; bereits in deren Zuge war im Jahr 1774 die Zahl der Rigorosen auf drei reduziert worden. Geändert wurde jedoch die Reihenfolge, in der die Fächer in den einzelnen Rigorosen geprüft wurden:

- ***erstes Rigorosum***: Natur-, allgemeines Staats- und Völkerrecht,
- ***zweites Rigorosum***: Bürgerliches Recht und Kriminalrecht,
- ***drittes Rigorosum***: Lehens- und deutsches Staatsrecht, Geschichte des römischen Rechtes und seit 1784 *politische Wissenschaften*. Unter diesem Sammelbegriff wurden zusammengefasst Polizeiwissenschaft, Handlungswissenschaft, Landwirtschaft, Manufakturen, Steuerwesen, Verfassung des Landes, partikulare Landesstatistik und Geschäftsstil[143].

Zusätzliche Prüfungen mussten angehende Anwälte sowie Kandidaten absolvieren, die in den Staatsdienst eintreten wollten. Joseph bezweckte mit seinen Reformen eine Verbesserung des Bildungswesens im Sinne der erklärten Politik, die Universität alleine als *Ausbildungsstätte* für künftige qualifizierte Staatsdiener verstehen zu wollen und mit dem an den Hochschulen eingesparten Mitteln die Zahl der Elementarschulen weiter stark zu erhöhen. Durch *A.H. Reskript* waren Professoren vom Kaiser angewiesen worden, keinerlei Änderungen an den vorgeschriebenen Lehrbüchern ohne ausdrückliche Genehmigung durch die Studienhofkommission vorzunehmen. Insgesamt verfolgte Josef konsequent den Ansatz, keine Wissenschaftler, sondern Staatsdiener heranziehen zu wollen; dass die Monarchie dadurch einen Standortnachteil gegenüber anderen deutschsprachigen Ländern im Kampf um die besten Köpfe, der auch zur damaligen Zeit bereits ausgetragen wurde erleiden musste war für Josef offensichtlich irrelevant. *Lentze* bewertet die josephinische Epoche daher auch zu Recht als „*dunkle Epoche*" in der Geschichte der österreichischen Universitäten[144]; aus Sicht der allgemeinen Schulbildung im Elementarschulbereich mag dies anders bewertet werden.

---

143 Kink (1853) Geschichte der kaiserlichen Universität zu Wien, S. 546 ff.

144 Lentze (1962), Die Universitätsreform des Ministers Graf Leo Thun-Hohenstein, S. 61.

2.3. Der Einfluss Leopolds auf die Bildungspolitik

2.3.1. Die Selbstverwaltung der Hochschulen unter Leopold

Gottfried van Swieten, alles andere als ein Bildungsrevolutionär, musste in seiner Funktion als Vorsitzender der Studienhofkommission schon 1791 unter Josephs Nachfolger Leopold dem als konservativ bekannten Johann Melchior *von Birkenstock* weichen[145]. Leopold, der nur zwei Jahre regierte galt im Vergleich zu seinem Nachfolger Franz II./I. als immer noch liberal; immerhin wurden den Hochschulen gewisse Rechte der Autonomie zugestanden[146]. Bleibenden Eindruck im Bildungswesen hinterließ Leopold aber vor allem dadurch, dass er 1791 die Studienhofkommission abschaffte und deren Agenden unmittelbar der Hofkanzlei übertragen wurden[147]. Diese Maßnahme war Teil eines Systemwechsels, der auf Carl Anton *Martini*, einem maßgeblichen Rechtsgelehrten der Epoche zurückging, der sich schon lange für Reformen eingesetzt hatte, mit seinen Vorstellungen aber bisher nicht durchgedrungen war.[148]. Martini beabsichtigte, die Leiter jede Unterrichtseinrichtung von Trivialschulen bis zu Universitätsfakultäten selbst mit der Leitung und Verwaltung des Ihnen jeweils anvertrauten Unterrichts zu verpflichten, wobei dies unter der Aufsicht eines *Studienkonseß*, einer Behörde, deren Mitglieder von Unterrichtsanstalten der jeweiligen Provinz gewählt werden sollten zu geschehen hatte. Vorsitzender des Präsidiums war der jeweilige Rektor der Universität. Weiterer Schritt der Selbstverwaltung sollte die eigenständige Entscheidung über die Einstellung von Lehrern durch den Studienkonseß auf Vorschlag der Lehrerversammlung sein. Die Hofkanzlei wurde damit unmittelbar zuständig für die Leitung des Studienwesens, so dass die, wie *Stachel* vermeint, *überraschende*[149] Auflösung der Studienhofkommission so überraschend nicht war, sondern mit Blick auf das von Martini eingeführte System durchaus systemkonform. Auch sollte eine Finanzierung der Universitäten über *liegende Güter* erfolgen, um künftig die finanzielle Unabhängigkeit der Universitäten zu sichern[150]. Nicht übersehen werden darf auch, dass der Studienhofkom-

---

145 Stachel (1999), Das österreichische Bildungssystem zwischen 1749 und 1918, S. 115 ff.

146 Dazu Stachel (1999), aaO.

147 Walter, Die öffentliche Zentralverwaltung, Bd. IV/2, S. 180 ff.

148 Klein-Bruckenschwaiger (1950). K.A. v. Martini in der Zeit des späten Naturrechts, S. 120 ff.

149 Ferz (2000), Ewige Universitätsreform, S. 149 ff.

150 Lentze (1962), Die Universitätsreform des Ministers Graf Leo Thun-Hohenstein, S. 24.

mission auch die Zensur sämtlicher Bücher und Manuskripte unterlegen war, so dass die Aufhebung der Kommission auch zu einer Zentralisierung der Zensur bei der Hofkanzlei führte, was womöglich ein Motiv der Maßnahme war[151].

Auch in anderer Hinsicht bemühte sich Leopold um rasche Korrektur der Maßnahmen seines Vorgängers. So hatte Joseph II. enge Kontakte zu Vertretern des aufklärerischen Reformkatholizismus in Böhmen unterhalten, die nach *Walf*[152] maßgeblich dafür waren, dass sich der „*Geist der Aufklärung*", der Joseph zugeschrieben wird, in *Josephs Jahrzehnt* von 1780 bis 1790 in den habsburgischen Landen verbreiten konnte. Dieser „Geist" manifestierte sich auch in Personalien. So hatte Joseph den böhmischen Geistlichen Franz Stephan *Rautenstrauch*, Abt des Benediktinerklosters in Broumov, zum für den Fachbereich Theologie zuständigen Mitglied der Studienhofkommission bestimmt. Rautenstrauch richtete 1783 in Böhmen ein erstes Generalseminar ein, das wie alle anderen Generalseminarien von Leopold sofort nach seiner Inthronisierung geschlossen wurde[153]. Nach Rautenstrauchs Tod war ein Geistlicher aus dessen engeren Umfeld, Augustin Zippe, sein Nachfolger in der Studienhofkommission geworden. Mit der Änderung der Strukturen entledigte sich Leopold somit auch der Personen, die für den Geist der Aufklärung im österreichischen Bildungssystem standen bzw. die besorgen ließen, diesen Geist noch nicht aufgegeben zu haben. Grundlagen einer absolutistischen Bildungspolitik hatten sich aber auch zu Josephs Zeiten längst abgezeichnet. Franz Josef *von Heinke*, zu diesem Zeitpunkt Direktor der Juristenausbildung in der Studienhofkommission, hatte bereits 1789 erklärt, dass irgendeine Freiheit „*willkürliche Sisteme in den Wissenschaften aufzustellen*" dort ende, wo der Staat die Lehrer aus öffentlichen Mitteln besolde[154]. Der Lehrer sei daher nur „*das Sprachrohr des Staates*", mit dessen Hilfe sich dieser an die Bürger wende, die vom Staat gebildet werden wollten. Jede andere Funktion von Bildung würde nur *dem Staat das Geld und der Jugend die Zeit rauben*[155].

---

151 Schels (1837), Kaiser Leopold II.: Geschichte Oestreichs unter seiner Regierung, 1790-1792, S. 32.

152 Walf (1974), Kirchliche Aufklärung, S. 154.

153 Stachel (1999), Das österreichische Bildungssystem zwischen 1749 und 1918, S. 115 ff.

154 Franz Joseph von Heinke v. 23.09.1789. Zit. n. Wangermann (1978a), S. 78.

155 Franz Joseph von Heinke v. 23.09.1789. Zit. n. Wangermann (1978a), S. 78.

2.3.2. Änderungen der juristischen Ausbildung unter Leopold

Wie sein Vorgänger Josef II. führte sich nach dessen unerwartetem Tod auch sein Sohn Leopold rasch mit einem neuen Studienplan in die Hochschullandschaft der Monarchie ein. Der Amtsantritt durch Leopold im Jahr 1790 wurde zugleich zur Rehabilitation von Martini, dem der Kaiser weitgehend freie Hand bei der Neugestaltung des juristischen Studiums einräumte[156]. Martini setzte zunächst eine neue Kommission durch, die zumindest als Gegengewicht zur zunächst noch bestehenden Studienhofkommission konzipiert war; diese wurde 1791 schließlich aufgelöst[157]. Zur Neugestaltung des Studienplans wurde so die *Studieneinrichtungskommission* unter der Führung von Martini errichtet[158]. Martini nahm eine neue Einteilung der Studieninhalte vor, die insbesondere auf eine „*Entrümpelung*" des nach seiner Auffassung stark überfrachteten und zersplitterten Studienplans zielte. Auch sollten die umfassende Gesamtprüfungen auf mehrere kleine Prüfungen verteilt werden, wie es schon Schrötter im Grundsatz beabsichtigt hatte. Der neue Studienplan war auf vier Jahre angelegt und wie folgt aufgebaut:

- ***erstes Ausbildungsjahr***: Naturrecht, allgemeines Staats- und Völkerrecht, Strafrecht und deutsche Rechtsgeschichte;
- ***zweites Ausbildungsjahr***: Geschichte des Römischen Rechts, Instituten und Digesten und öffentliches Kirchenrecht;
- ***drittes Ausbildungsjahr***: Privatkirchenrecht, das Lehenrecht, das deutsche Staatsrecht und österreichische Privatrecht;
- ***viertes Ausbildungsjahr***: politische Wissenschaften und allgemeine und österreichische Statistik.

Bedeutung entfaltete die Reform nicht, da nach dem frühen Tod Leopolds im Jahr 1792 sukzessive das josephinische System wieder eingeführt wurde. 1804 wurde schließlich eine wieder neue Fächereinteilung für das juristische Studium kundgetan und 1808 die Studienhofkommission erneut errichtet.

---

156 Engelbrecht (1984) Geschichte des österreichischen Bildungswesens, Bd. 3, S. 199 ff.

157 Lentze (1962), Die Universitätsreform des Ministers Graf Leo Thun-Hohenstein, S. 20.

158 Ebert (1969) Die Grazer Juristenfakultät im Vormärz, S. 29.

3. Bildungspolitik in der ersten Hälfte des 19. Jahrhunderts

3.1. Staatsrechtlicher und politischer Hintergrund

In den ersten Jahren des 19. Jahrhunderts hatte Kaiser Franz, pointiert ausgedrückt, andere Probleme als die Bildungspolitik, woran sich im Grunde während seiner gesamten Regentschaft wenig änderte. Die Bedrohung der Existenz der Monarchie, gegen die der Kaiser bis zu seinem Tod im Jahre 1835 kämpfte hatte sich jedoch 1805 als unmittelbare Bedrohung *von außen* im Zuge der Napoleonischen Kriege realisiert. Am 14. November 1805 marschierte Napoleon in Wien ein und besiegte die vereinigten Armeen Österreichs und Russlands drei Wochen später, am 2. Dezember, dem Jahrestag seiner Krönung zum Kaiser Frankreichs, in der „Dreikaiserschlacht" von Austerlitz[159]. Im Frieden von Pressburg musste Kaiser Franz Napoleon als Kaiser Frankreichs anerkennen, Gebiete im Westen abtreten, darunter Vorderösterreich, in dem das Breisgau mit der westlichsten Universität des Habsburgerreiches in Freiburg lag und den *Rheinbund*, ein erst 1806 besiegeltes aber bereits zuvor geplante Bündnis zwischen Napoleon und einigen deutschen Staatenanerkennen[160]. Dadurch war das *Heilige Römische Reich Deutscher Nation*, dessen Kaiser Franz als Franz II. war seiner Existenzgrundlage beraubt bzw. drohte an Napoleon zu fallen. Franz legte daher am 6. August 1806 den Titel als Kaiser des Heiligen Römischen Reichs zurück und blieb als Franz I. Kaiser des neu gegründeten österreichischen Kaisertums[161].

Weitere Kriege wie der von 1809[162] und Friedenschlüsse, die meist mit Kontributionen verbunden waren, belasteten die österreichische Monarchie finanziell so stark, dass es 1811 sogar zum Staatsbankrott kam[163]; nicht dem einzigen in der Epoche. Auch 1816 war die Monarchie de facto zahlungsunfähig[164]. Napoleon wurde erst im Jahr 1815, als der Wiener Kongress bereits zusammengetreten war,

159 Mayerhoffer von Vedropolje (1905) Der Krieg der dritten Koalition gegen Napoleon.

160 Walter, G. (1980) Der Zusammenbruch des Heiligen römischen Reiches Deutscher Nation und die Problematik seiner Restauration in den Jahren 1814/1815.

161 Napoleon war zwar erst am 2. Dezember 1804 zum Kaiser gekrönt worden; dazu ernannt hatte sich aber bereits am 18. Mai 1804; vgl. dazu ausführlich Walter (1980), aaO.

162 Binder von Krieglstein (1907) Der Krieg Napoleons gegen Österreich 1809.

163 Kraft (1927) Die Finanzreform des Grafen Wallis und der Staatsbankrott von 1811.

164 Beer (1875) Österreich und Russland in den Jahren 1804 und 1805, AÖG 53.

in der Schlacht von Waterloo endgültig besiegt[165]. Als ein wesentliches Ergebnis des Wiener Kongresses wurde der *Deutsche Bund* gegründet, in dem Österreich den Vorsitz des Bundestags und damit eine führende Position im Machtgefüge des Staatenbundes übernahm. Österreich war wie auch Preußen nur mit den Gebieten Mitglied im Deutschen Bund, die zuvor zum Heiligen Römischen Reich gehört hatten. Die zur Vermeidung künftiger Bedrohungen geschaffene neue Sicherheitsarchitektur in Europa, die im wesentlichen auf der Gründung des Deutschen Bundes durch die Bundesakte aus dem Jahr 1815 bzw. die Wiener Schlussakte aus dem Jahr 1820 beruhte[166] bot zunächst Schutz vor einer weiteren Bedrohung der Monarchie *von außen*. Ausdrücklich war die Bundesakte aber auch als Schutz gegen Bedrohungen *von innen* konzipiert, wie sie nicht nur Österreich, sondern auch zahlreiche andere Staaten des neu gegründeten Staatenbunds befürchteten[167]. Die maßgeblichen Bestimmungen der Bundesakte lauten[168]:

> *Art. 1. Die souverainen Fürsten und freien Städte Deutschlands (…) vereinigen sich zu einem beständigen Bunde, welcher der deutsche Bund heißen soll.*
>
> *Art. 2. Der Zweck desselben ist die Erhaltung der äußeren und inneren Sicherheit Deutschlands und der Unabhängigkeit und Unverletzbarkeit der einzelnen deutschen Staaten.*
>
> *Art. 3. Alle Bundes-Glieder haben als solche gleiche Rechte.*

Auch Franz fürchtete eine Bedrohung von innen durch liberale Strömungen, die als Nachwirkung der französischen Revolution, aber auch durch die bereits eingesetzten liberalen Entwicklungen in einzelnen Mitgliedstaaten des Deutschen Bunds nach Österreich getragen werden und die Monarchie in Frage stellen könnten. Oberstes Ziel von Franz und insbesondere seinem „Chefstrategen" *Metternich* war die Vermeidung revolutionärer Unruhen durch die Schaffung von *Stabilität*, was als Ausschluss jeder Veränderung zu verstehen war, die seine Herrschaft infrage stellen hätte können[169]. Aus seiner Sicht bedrohten Forderungen nach Demokratie, der Nationalismus und der Liberalismus die bestehende staatliche Ordnung gleichermaßen, wobei dem Kaiser die Bedrohung durch nationalistische Extremisten zumindest ebenso gefährlich für die Monarchie erschien wie freiheitliche Gesinnung und demokratische Ideen

---

165 Landauer (1933) Die Einverleibung Salzburgs durch Österreich.

166 Ausführlich Rumpler (1990) Deutscher Bund und Deutsche Frage 1815 - 1866.

167 Zöllner (1990) Geschichte Österreichs von den Anfängen bis zur Gegenwart, S. 350 ff.

168 Ausführlich zur Gründung des Deutschen Bundes und dessen Konzeption einer Abwehrarchitektur gegen innere und äußere Bedrohungen Burg (1984) Der Wiener Kongreß.

169 Zöllner (1990), aaO.

der Untertanen[170]. Mit Deutschland und Russland, ab 1818 auch mit Frankreich, versuchten die großen Monarchien die Entwicklungen aufzuhalten, von denen sie die Zerstörung der hergebrachten Staatenordnung befürchteten. Gelungen ist es auf Dauer nicht; der Bildung der Heiligen Allianz folgte aber ein für die Epoche vergleichsweise langes Intervall des Friedens im Sinne des Fehlens „großer" Kriege[171]. Metternich wie Repräsentanten der anderen Staaten der Heiligen Allianz konzentrierten sich daher auf Bekämpfung der inneren Feinde[172]. Metternich wandte sich vor allem gegen den aufkommenden Konstitutionalismus in den Gebieten des deutschen Bundes[173]. Mit Verfassungen im heutigen Sinne, die oft, aber wie die österreichische Bundesverfassung nicht notwendig integrierte Grundrechtskataloge beinhalten hatten die Verfassungen der Epoche wenig gemein, da sie ausnahmslos keine Grundrechtskataloge enthielten[174] und vor allem Rechte und Pflichten des Staatsbürgers festschrieben[175]. Insofern war die Paulskirchenverfassung von 1848 mit ihrem ordnungspolitischen Ansatz der gleichzeitigen Normierung von Grundrechten und Grundpflichten beispielhaft[176]. Stolleis formuliert die Wirkung der in der Paulskirchenverfassung angewandten Regelungstechnik wie folgt:[177]:

> *„Die moralische Diskreditierung einer Regierung oder gar eines Monarchen, denen verfassungswidriges Verhalten vorgeworfen werden konnte, war erheblich; denn hier war die Heiligkeit des gegebenen Wortes und feierlicher Deklarationen berührt".*

170 Rantzau (1946) Rückblick auf die „Heilige Allianz" Die Zeit vom 4.4.1946 Nr. 7.

171 Rantzau (1946), aaO.

172 Zöllner (1990) Geschichte Österreichs von den Anfängen bis zur Gegenwart, S. 350 ff.

173 In der von 1815 bis zum Ende des deutschen Kaiserreichs reichenden Phase des Konstitutionalismus wurden über 200 Verfassungen gezählt, die allerdings auch formal nicht mit dem heutigen Verfassungsverständnis zu beurteilen sind. Es handelte sich ihrer Erlassnachform nach um Verordnungen, Gesetze, Manifeste oder Erlässe, die teils als Verfassung erlassen wurden; vgl. dazu Heun (Hrsg.), Deutsche Verfassungsdokumente 1806 -1849, Teil I, 2006. Gemein ist diese Verfassungstexten, die insgesamt einen deutlichen staatsorganisatorischen Ausrichtung gemeint haben, dass sie selber nicht in einem herausgehobenen Gesetzgebungsverfahren erlassen worden sind bzw. unter einen besonderen Änderungsvorbehalt gestellt wurden; vgl. dazu Heun (2006).

174 Kühne (1985), Die Reichsverfassung der Paulskirche, S. 157 ff.

175 Hofmann in Isensee/Kirchhoff, (2007) Handbuch des Staatsrechts, § 195, Rn. 10.

176 Hofmann in Isensee/Kirchhoff, aaO.

177 Stolleis (1992), Geschichte des öffentlichen Rechts, Band 2. S. 116.

Gerade diese Konsequenz, im Falle der Schaffung einer Verfassung an Verfassungszusagen gebunden zu sein und ansonsten revolutionäre Unruhen gewärtigen zu müssen, hatte Metternich wohl bei seinem im Ergebnis erfolglosen Kampf gegen die Schaffung von Verfassungen im Auge. Beispiel für einen folgenreichen Verfassungsbruch durch einen Landesfürsten waren etwa das Vorgehen von König Ernst August im Königreich Hannover, der im Jahr 1837 das geltende Staatsgrundgesetz aus dem Jahr 1833 außer Kraft setzte und die alte Verfassung von 1819 wieder installierte[178]. Dieses Vorgehen führte zum Protest einiger Hochschullehrer der Universität Göttingen wie der Gebrüder Grimm, die in der Erklärung der „Göttinger Sieben"offen gegen den König protestierten. Zunächst hat dieser Protest nichts bewirkt; er gilt jedoch als in weiterer Folge wesentlicher Beitrag der liberalen Verfassungsbewegung. Entwicklungen wie in Göttingen bestärkte Metternich und den Kaiser wohl in ihrer Auffassung, dass von der Hochschulen eine gefährliche Vorbildwirkung ausgehen könne, der daher mit äußerster Repression und der Unterbindung jeder politischer Betätigung begegnet werden müsse. Im Grundsatz verdeutlicht sowohl der aus damaliger Sicht persönlich mutige Protest durchaus nicht als revolutionär beleumundeter Hochschullehrer[179] wie auch der offene Verfassungsbruch des Königs, der damit insbesondere der Verpflichtung entgehen wollte die Treue zur Verfassung zu schwören[180], dass es sich bei den Verfassungen des deutschen Frühkonstitutionalismus genauso wenig um Verfassungen im heutigen, vom deutschen Grundgesetz geprägten Begriffsverständnis handelte wie es sich bei den in diesen Verfassungen festgeschriebenen Grundrechten um Grundrechte im Sinne der französischen Menschenrechtserklärung von 1789 handelt. Als wesentlich wurden diese Verfassungen jedoch im Sinne einer grundlegenden Regelung der Rechte und Pflichten im Über- bzw. Unterordnungsverhältnis zwischen Monarchen und Bürgern angesehen. Trefflich drückt dies nach *Hofmann*[181] der Titel der Verfassungen der Länder Kurhessen und Sachsen aus, die ihren Verfassungen jeweils den Titel *„Von den Rechten und Pflichten der Untertanen"* gaben. Die Verfassungen des frühen Konstitutionalismus, wie es etwa die 1831 verabschiedete Kurhessische Verfassung war,[182] galten dennoch zur damaligen Zeit als wesentliche Schritte zur Neuordnung der *Spielregeln* im Staatswesen, die vom

---

178 Ausführlich dazu Frotscher (2008), Die kurhessische Verfassung von 1831 im konstitutionellen System des Deutschen Bundes, ZNR 2008, S. 45 ff.

179 Frotscher (2008), aaO.

180 Hofmann in Isensee/Kirchhoff (2007), Handbuch des Staatsrechts, § 195, Rn. 10.

181 Hofmann in Isensee/Kirchhoff, aaO.

182 Frotscher (2008), aaO.

Monarchen freilich meist einseitig oder mithilfe eines ihm dienenden Parlaments widerrufen werden konnten. Metternich und der Kaiser versuchten, es gar nicht zu irgendeiner Form von Konstitution kommen zu lassen.

Der innere Zusammenhalt der Habsburger Monarchie war aber auch durch deren Struktur als Vielvölkerstaat ständig gefährdet. Nationalistische Bewegungen etwa unter Tschechen, Slowaken und ohnehin in Ungarn begleiteten die Monarchie ständig. Die dieses vielfältige Konstrukt verschiedener Nationen überspannende Integrationskraft der Dynastie konnte den nationalistischen Bestrebungen zu Beginn des 19. Jahrhunderts noch mit Mühe standhalten[183]. Funktionieren konnte der dynastische Vielvölkerstaat nur durch die inzwischen hoch entwickelte Bürokratie, die auf nahezu sämtliche Lebensverhältnisse der Menschen Einfluss nahm und als „*verbindende Klammer*" zwischen den auseinanderstrebenden Nationen einen nicht zu unterschätzenden Stabilisierungseffekt entfaltete, aber auch zur Stagnation der gesellschaftlichen Entwicklung beitrug[184]. Die wenigen ständischen Rechte, die von der Monarchie gewährt wurden[185], setzen ebenfalls auf die Bewahrung des Status Quo. Die Untertanen des Kaiserreichs, über weite Phasen des Vormärz auch das Bürgertum, zeigten nur wenig Interesse an Veränderung[186]. Die Monarchie funktionierte somit kaum angefochten nach den Prinzipien, die von Maria Theresia und Joseph II. bestimmt worden waren[187]. *Rudolf Smend*, ein bedeutender Verfassungsrechtler der Weimarer Republik, konstatierte retrospektiv[188]:

> *„Eine Wissenschaft von Staat und Staatsrecht und ihre Pflege und Lehre gab es im vormärzlichen Österreich nicht".*

---

183 Stolleis (1992), Geschichte des öffentlichen Rechts in Deutschland, Bd. 2, S. 225.

184 Stolleis (1992), aaO.

185 Die Schaffung von Verfassungen hatte Art. 13 der Deutschen Bundesakte in Aussicht gestellt. Was die Vorschrift genau regelte blieb jedoch umstritten, so dass sich im Deutschen Bund verschiedene Arten von Staaten bildeten, die entweder eine altertümliche altständische Verfassung besaßen wie etwa im Jahr 1808, modifiziert 1818, Bayern oder Staaten wie Österreich und Preußen, in denen eine Verfassung durch die Restauration und insbesondere dass Betreiben Metternichs verhindert wurde. In Preußen bestanden jedoch starke Bestrebungen nach Schaffung einer derartigen Verfassung, die insbesondere mit dem Namen Hardenberg verbunden sind; vgl. dazu Obenaus: Anfänge des Parlamentarismus in Preußen bis 1848. Düsseldorf, 1984. v. a. S. 55–150.

186 Bibl (1911) Die niederösterreichischen Stände im Vormärz.

187 Stolleis (1992), Geschichte des öffentlichen Rechts in Deutschland, Bd. 2, S. 225.

188 Smend (1928), Verfassung und Verfassungsrecht, S. 119ff.

3.2. Das Gefahrenpotential der Bildung für den Staat des Vormärz

3.2.1. Die Karlsbader Beschlüsse

Franz I./II., der einzige Doppelkaiser der Weltgeschichte, wurde nach dem frühen Tod seines Vaters Leopold schon im Alter von 24 Jahren Kaiser. Liberale Anwandlungen, wie sie seinem Vater zum Teil zugeschrieben wurden[189] waren ihm fremd. Heute gilt er als exemplarischer Vertreter des Absolutismus und des Polizeistaats[190]. Wieweit diese Haltung seinen persönlichen Anschauungen entspricht mag dahinstehen[191]; als gesichert gilt, dass Franz unter dem starken Einfluss von Beratern wie insbesondere Metternich stand, dem er wohl weitgehend freie Hand

---

189 Ausführlich zur historischen Bewertung von Franz II./I. Nipperdey (1993) Deutsche Geschichte 1800-1866. Bürgerwelt und starker Staat.

190 Ausführlich zur Bewertung Leopolds Peham (1987): Leopold II. Herrscher mit weiser Hand.

191 Falsch wäre wohl die Annahme, dass Metternich gegen den Willen oder die Überzeugung von Franz handelte; dieser war nach weitgehend einhelliger Auffassung von seinem Gottesgnadentum überzeugt und daher bemüht, jegliche Infragestellung des absoluten Staates, wie es etwa die Einräumung von autonomen Rechten der Universitäten oder gar der Lehrfreiheit aus seiner Sicht gewesen wäre, zu verhindern. Dennoch bleibt die Frage, wie stark angesichts des jugendlichen Alters der Einfluss von Personen wie Metternich auf den jungen Kaiser war. Vertreten wird auch die Auffassung, dass Franz von seinem Vater Leopold die Haltung, jeden Versuch der Infragestellung des autonomen Staates zu bestrafen und zur Vermeidung eines Aufruhrs ein System an Spitzeln, eingebettet in einen rigiden Polizeistaat, zu unterhalten übernommen und auch auf Versuche autonomes Lehrens und Lernen angewendet hat. Auf die Bildungspolitik bezog sich diese Haltung aber jedenfalls bei Leopold kaum, da diesem einerseits durchaus noch eine liberale Grundhaltung in Bildungsfragen zugeschrieben wurde, aber Bildung bei Leopold insgesamt in seiner kurzen Amtszeit nur eine sehr geringe Rolle spielte. Dominierend waren außenpolitische Konflikte, mit denen auch der junge Kaiser Franz gleichsam seit seiner Amtseinführung befasst sein musste; diese wurde von der Kriegserklärung Frankreichs am 20. April 1792 überschattet. Vgl dazu Hattenhauer (1995), Wahl und Krönung Franz II. AD 1792; ausführlich zu Franz II. / I. Drimmel (1981 / 1982) Kaiser Franz (zweibändig). Insgesamt muss die Bildungspolitik in der Epoche auch unter dem Aspekt gesehen werden, dass sie angesichts der weltpolitischen Umwälzungen in den ersten Jahren des 19. Jahrhunderts wie insbesondere der Machtentfaltung Napoleons und dem Ende des HRR nicht an erster Stelle der Agenda des Monarchen stehen konnte.

ließ[192]. Metternich definierte seit 1809 in der Funktion als Minister, ab 1821 als Haus- Hof- und Staatskanzler die kaiserliche Politik[193]. Die Angst vor einer Revolution, wie sie wenige Jahre zuvor in Frankreich ausgebrochen war und das absolutistische Regime beseitigt hatte prägte die Politik des Kaisers wie seiner Berater. Die Unterdrückung jeder freien, nicht vom Regime kontrollierten geistigen Regung in der Bevölkerung mag aus dieser Sicht nachvollzogen werden. In den ersten Jahrzehnten des 19. Jahrhunderts, im *Vormärz*, herrschte aber nicht nur in der österreichischen Monarchie sondern in weiten Teilen des Deutschen Bundes noch die Auffassung, dass die Unterdrückung eines liberalen Geistes durch Polizeigewalt und restriktive Gesetzgebung ausreichen könnte, jeden liberalen Einfluss auf die Gesellschaft und deren Herrschaftsstrukturen zu verhindern. Neben einer freien Presse galt die Besorgnis der Verbreitung liberalen Gedankenguts vor allem den Universitäten. Im Wesentlichen auf Bestreben Metternichs und von diesem inhaltlich konzipiert[194] wurden daher 1819 die „Karlsbader Beschlüsse“ zwischen den Führern des Deutschen Bundes vereinbart, die neben einem strengen „Preßgesetz“ vor allem die Disziplinierung des an den Universitäten im Gebiet des Deutschen Bundes befürchteten freien akademischen Geistes vorsahen[195]. § 2 des „*Provisorischen Bundesbeschlusses über die in Ansehung der Universitäten zu ergreifenden Maßregeln*“ vom 20. September 1819 lautete[196]:

> *Die Bundesregierungen verpflichten sich gegeneinander, Universitäts- und andere öffentliche Lehrer, die durch erweisliche Abweichung von ihrer Pflicht oder Ueberschreitung der Grenzen ihres Berufes, durch Mißbrauch ihres rechtmäßigen Einflusses auf die Gemüther der Jugend, durch Verbreitung verderblicher, der öffentlichen Ordnung und Ruhe feindseliger oder die Grundlagen der bestehenden Staatseinrichtungen untergrabender Lehren, ihre Unfähigkeit zu Verwaltung des ihnen anvertrauten wichtigen Amtes unverkennbar an den Tag gelegt haben, von den Universitäten und sonstigen Lehranstalten zu entfernen, ohne daß ihnen hierbei, so lange der gegenwärtige Beschluß in Wirksamkeit bleibt, und bis über diesen Punkt definitive Anordnungen ausgesprochen sein werden, irgend ein Hinderniß im Wege stehen könne. Jedoch soll eine Maßregel dieser Art nie anders, als auf den vollständig motivirten Antrag des der Universität vorgesetzten Regierungs-Bevollmächtigten oder*

192 Nipperdey (1993), aaO.
193 Zur Rolle Metternichs in der und für die Restauration Siemann (2013), Metternich.
194 Siemann (2013) Metternich, S. 61 ff.
195 Zum Preßgesetz und zur Zensur, die sich nach der General- Zensur-Verordnung vom 22. Februar 1795 richtete vgl. Czech (2010), Der Kaiser ist ein Lump und Spitzbube, S. 53 ff.
196 Ausführlich zu den Karlsbader Beschlüssen Büssem (1974), Die Karlsbader Beschlüsse von 1819; Huber, (1961) Dokumente zur deutschen Verfassungsgeschichte, Bd. 1, S. 95 ff.

von demselben vorher eingeforderten Bericht beschlossen werden. Ein auf solche Weise ausgeschlossener Lehrer darf in keinem andern Bundesstaate bei irgend einem öffentlichen Lehr-Institute wieder angestellt werden.

Als Anlass der Karlsbader Beschlüsse diente die Ermordung des reaktionären Schriftstellers und russischen Staatsrats *August von Kotzebue* durch den Studenten und Burschenschafter *Sand*, der ein Signal als *Märtyrer* gegen die Unterdrückung des liberalen Geistes durch die Reaktionäre der Epoche setzen wollte und damit sogar in den höchsten Kreisen der österreichischen Monarchie erfolgreich war. So notierte Erzherzog Johann, der Bruder des Kaisers, in seinem Tagebuch[197]:

"Sand scheint mir einer der größten Heroen meines Jahrhunderts. Für einen Heldentod hat er sich erwählt zu des Vaterlandes Heil, die größte Tat der Menschheit (...) darum wird sein Name gefeiert werden von der Nachwelt (...)"„

Metternich fürchtete, auch persönlich Opfer eines Attentats zu werden. Wie sich selbst sah er auch den Kaiser als denkbares Ziel eines Anschlags anderer „Sande“[198]. Aufgefundene Aufzeichnungen Wiener Studenten bestätigten Metternich in seiner Annahme, dass eine Gefahr für die absolutistische Monarchie vor allem von den Universitäten ausgehen würde. Die Furcht zum Opfer eines anderen Märtyrers zu werden und die aus ihr resultierende Entschlossenheit jeden liberalen Gedanken zu unterdrücken, die sich in den Karlsbader Beschlüssen ausdrückt prägte die Bildungspolitik der Epoche. Die heute herrschende Erkenntnis, dass sich Bewegungen, die das gesamte Volk erfassen, nicht auf Dauer unterdrücken lassen ist eine ex-post Erkenntnis. Aus der Perspektive des frühen 19. Jahrhunderts mag auch der Erfolg der französischen Revolution so verstanden worden sein, dass die Gegenwehr des Regimes nicht entschlossen genug war. Aus Sicht eines absolutistischen Herrschers, der die absolute Herrschaftsgewalt bewahren wollte, war die Unterdrückung jedes kritischen Gedankens zum damaligen Zeitpunkt die naheliegende Strategie. Die *einzige* Strategie war sie nicht, wie die folgenden Jahrzehnte zeigen sollten. So war etwa die belgische Verfassung von 1831 als *„Frühwarnsystem“* konzipiert, das bei für die Monarchie bedrohlichen Unruhen Konzessionen an revolutionäre Gruppen vorsah[199]. In Belgien hatte die Strategie der *antizipierten Flexibilität* funktioniert, so dass die Revolutionen von 1848 Belgien kaum betrafen.

---

197 Zitiert nach Siemann (2013), aaO., S. 64.

198 Siemann (2013), S. 64.

199 Ebel (1998) „Der papierne Wisch“, S. 11.

3.2.2. Der Einfluss des Monarchen auf das Bildungswesen des Vormärz

In der Bildungspolitik prägte aus den erörterten Gründen das Ziel der Verteidigung des Gottesgnadentums vor Unbotmäßigkeiten wie liberalem Gedankengut durch Ausschluss aller Entscheidungsspielräume vor allem der Universitäten und damit der Bekämpfung eigenständiger Ideen das Vorgehen des Kaisers. Durch Dekret vom 29. April 1802 wurden die Studienkonsesse aufgehobenen und an den vier Fakultäten der Universität das System der Studiendirektoren mit Weisungsgebundenheit gegenüber dem Hof und Weisungsbefugnis gegenüber den Fakultäten wieder eingeführt. Die Studienhofkommission wurde mit Dekret vom 20. Juni 1808 erneut errichtet. Auch Franz II./I. verstand seine Maßnahmen als notwendig zur Verbesserung des öffentlichen Unterrichtswesens[200]. *Stachel* bewertet die Entwicklungen der Epoche als „*Einzementieren des politischen und sozialen Status quo mit den Mitteln des Polizeistaates*“[201]. Im Laufe seiner Regentschaft von immerhin mehr als vier Jahrzehnten nahm Franz sämtliche Maßnahmen der Unterrichtsreformen von Josef und Leopold zurück. Lediglich das Philosophiestudium als Propädeutikum vor Aufnahme eines „richtigen“ Universitätsstudium blieb erhalten, wenn es auch 1824 auf zwei Jahre verkürzt und in seinen Inhalten verändert wurde. Ziel des in heutiger Terminologie als *obligate Studieneinführungsphase* zu verstehenden Ausbildungsabschnitts war weiterhin die Herstellung der Studienfähigkeit für akademisch ausgebildete Staatsdiener. Dazu diente auch die Stärkung der Stellung meist in der Praxis tätiger *Doktoren* an den Fakultäten. Während an den Universitäten in anderen Ländern des Deutschen Bundes, aber auch österreichischen Universitäten wie Innsbruck, der Lehrkörper ausschließlich aus Ordinarien bestand kam unter Franz II./I. in Prag und Wien Doktoren zunehmender Einfluss zu, was die Praxisbezogenheit des Studiensystems verstärkt und dessen Orientierung an der Wissenschaft, die ohnehin stark im Hintergrund stand weiter verringert hat[202]. Nach Verordnungen aus dem Jahr 1817 waren alle praktizierenden Ärzte und Rechtsanwälte verpflichtet, die kostenpflichtige Aufnahme in die Fakultät zu beantragen[203].

---

200 Von Eggers (1808) Nachrichten von der Verbesserung des öffentlichen Unterrichtswesens in den österreichischen Staaten mit authentischen Belegen; dazu Weitensfelder (1996) Studium und Staat.

201 Stachel (1999), Das österreichische Bildungssystem zwischen 1749 und 1918, S. 115 ff.

202 Stachel (1999), aaO.

203 Kink (1853) Geschichte der kaiserlichen Universität zu Wien, S. 600.

Die reaktionäre Grundhaltung des Staates manifestierte sich auch in der bereits angesprochenen rigiden Überwachungsstaatspolitik, die sich in der Epoche nicht nur, aber wegen der ausgeprägten Angst vor dem zumindest in Deutschland manifestierten Freigeist von Studenten besonders auf das Bildungswesen bezog und beispielsweise die Nutzung sämtlicher Unterrichtsmaterialien, die nicht staatlich überprüft worden waren noch konsequenter bekämpfte als dies schon zuvor der Fall gewesen war[204]. Professoren, die nur in Details von ihren eigenen Texten abwichen oder diese ergänzten drohte der Entzug der Lehrbefugnis[205]. *Lernen* wurde verstanden als wörtliche Aufnahme des vom Professor vorgelesenen und vom Staat zuvor überprüften Lehrbuchinhalts. Der Stellenwert auch des Philosophiestudiums hatte sich gewandelt; erzogen werden sollten vor allem *„gute Christen und rechtschaffene Bürger“*[206]. Dazu reichte es aber nicht, Denkinhalte vorzugeben. Vor allem Studierende waren auch Gegenstand ständiger persönlicher Bespitzelung und Kontrolle. Der staatliche Regulierungsanspruch manifestierte sich auch in zahlreichen aus heutiger Sicht teils skurril anmutenden gesetzlichen Vorgaben. So mussten die Namen von Studenten, die nicht ordnungsgemäß alle Vorlesungen besuchten, am Semesterende von der Universität der Polizeidirektion mitgeteilt werden, worauf der Lebenswandel der säumigen Studierenden von Amts wegen überprüft wurde. Der Ausbildung zu enger persönlicher Kontakte zwischen Studierenden, woraus sich aus Sicht eines paranoiden Überwachungsstaates leicht Zusammenschlüsse mit womöglich staatsfeindlicher Zielrichtung ergeben konnten, wurde durch eine ständig wechselnde *Sitzordnung* in den Kollegien ein Riegel vorgeschoben. Zur Erleichterung der Anwesenheitskontrolle hatte jeder Student einen nummerierten Sitz einzunehmen. Diese vorgegebene Sitzzuteilung wurde halbjährlich geändert. Die heilige Messe war täglich von jedem Studenten zu besuchen und Verstöße von den Lehrern schriftlich zu dokumentieren. *Stachel* weist darauf hin, dass womöglich nicht sämtliche Vorgaben des Staates von Studierenden und Lehrenden immer beachtet wurden. Da aber in beiden Gruppen auch zahlreiche „Spitzel“ tätig waren, die den Polizeidirektionen Unregelmäßigkeiten berichteten, ist

---

204 Lentze (1962), Die Universitätsreform des Ministers Graf Leo Thun-Hohenstein, S. 21.

205 Stachel (1999), Das österreichische Bildungssystem zwischen 1749 und 1918, S. 115 ff.

206 Zit. nach Sauer (1982) Österreichische Philosophie zwischen Aufklärung und Restauration. Beiträge zur Geschichte des Frühkantianismus in der Donaumonarchie; S. 304.

davon auszugehen, dass die Bereitschaft diese zu wagen zumindest in den ersten Jahrzehnten der Restauration eher gering war.

3.2.3. Reformversuche im Vormärz

Studieren in der ersten Hälfte des 19. Jahrhunderts fand somit in einem engen Korsett staatlicher Vorgaben und Überwachung statt, die wegen des intensiven Spitzelsystems wohl tatsächlich weitgehend eingehalten wurden[207] und in den ersten Jahrzehnten des 19. Jahrhunderts die Manifestation revolutionärer Gedanken, wenn auch nicht diese selbst, weitgehend von den österreichischen Universitäten fernhielten. Dazu, dass das reaktionäre Habsburgerreich von revolutionären Ideen in dieser Epoche nicht behelligt wurde sorgte auch ein weitgehendes Verbot des Auslandsstudiums um zu verhindern, dass österreichische Studenten infiziert mit liberalen reichsdeutschen Ideen in das Habsburgerreich zurückkehren und diese dort weiterverbreiten würden[208]. Dabei wurde zeitweise der Begriff des Auslandsstudiums sehr weit ausgelegt und auch auf Auslandsreisen von Studierenden während ihrer gesamten Studienzeit bezogen[209]. Studieren an einer österreichischen Fakultät bedeutet daher in der Praxis ein jahrelanges Verbot jeder Art von Auslandsreisen und damit auch eine Beschränkung auf das intellektuelle Angebot innerhalb der Monarchie. Ausländische Prüfungen wurden konsequenterweise grundsätzlich nicht anerkannt, so dass auch kein Anreiz bestehen konnte illegal im Ausland zu studieren[210]. Ausnahmegenehmigungen wurden nur Studierenden aus Ungarn erteilt, die ein Studium der Evangelischen Theologie absolvieren wollten, da es Studienangebote für sie in der Monarchie nicht gab. Um auch diese Gefahr der Konfrontation mit ausländischem Gedankengut zu verringern wurde 1817 an der Universität Wien eine Fakultät für evangelische Theologie eingerichtet. Allerdings bestanden für ungarische Studenten einige weitere Ausnahmen bzw. wurden die aus Wien kommenden Vorgaben in Ungarn wohl gelegentlich weniger rigide eingehalten und überwacht[211]. Trotz dem Versuch der akademischen Abschottung gegen „deutsche Ideen“ gab es kritische Literatur auch von Österreichern, die allerdings meist in Deutschland

207 Stachel. (1999), Das österreichische Bildungssystem zwischen 1749 und 1918, S. 115 ff.

208 Stachel (1999), aaO.

209 Stachel (1999), aaO.

210 Stachel (1999), aaO.

211 Czech (2010), Der Kaiser ist ein Lump und Spitzbube, S. 57. Czech geht aber davon aus, dass die Zahl der Spitzel in der Bevölkerung weit überschätzt wurde, was aber, sollte dies so sein, gerade die Effektivität der Einschüchterungsstrategie illustriert.

publiziert und teils auf konspirativen Wegen wieder in die Monarchie eingeführt wurde[212].

Die französische Julirevolution 1830 führte zu einer weiteren Intensivierung des Kampfes gegen *Umstürzler*, was die langsame Erosion der Autorität des absoluten Herrschers aber nicht verhindern konnte[213].

Dass der absolutistische Umgang mit Studium und Studierenden die Qualität des österreichischen Studiums stark beeinträchtigte und auch dazu führte, dass Österreich im beginnenden 19. Jahrhunderts auch mit Blick auf industriell nutzbare technische Entwicklungen gegenüber beispielsweise Preußen zurücklag blieb auch den kaiserlichen Bildungspolitikern nicht verborgen. Halbherzige Reformversuche, die Wiedereinführung des Deutschen als Unterrichtssprache im Jahr 1824 sowie die im selben Jahr verfügte Verkürzung des Philosophiestudiums auf zwei Jahre ändert aber nichts an der Verschulung des Studiums, der Kontrolle des Studierenden, der Unterdrückung jeder akademischen Diskussion und somit insgesamt der mangelnden Eignung des Studiums, eine zeitgemäße Ausbildung zu gewährleisten. 1841 wurde eine Reformkommission eingerichtet, die jedoch bis zu Beginn der Revolution von 1848 keinen einzigen in der Folge auch umgesetzten Vorschlag erstattete[214]. *Stachel* weist zu Recht darauf hin, dass das „*Kurieren von Symptomen*" an einem kranken System kaum erfolgreich sein konnte, solange der Blick auf die tatsächlichen Ursachen der Schwächen des österreichischen Studiensystems bei strenger Strafe verboten war[215]. In den 1840er Jahren ließ sich der Einfluss der deutschen Studentenbewegung in Österreich aber trotz aller Zensurmaßnahmen nicht mehr auf Dauer zurückdrängen. Lentze geht davon aus, dass das deutsche Studentenleben für österreichische Studierende auch deshalb eine starke Anziehung entfaltete, da sie die Begriffe der Lehrfreiheit und Lernmittelfreiheit nicht richtig verstanden[216]. Alleine der Begriff der *Freiheit* war jedoch stark genug, österreichischen Studierenden, die unter der Verschulung des Studiums, der allgegenwärtigen Kontrolle des Staates und insbesondere der fehlenden Möglichkeit, ein freies Studentenleben in dem Sinne zu führen, wie das „Burschenleben" an deutschen Universitäten in

---

212 Krasa-Florian (2007) Die Allegorie der Austria, S. 65 ff.

213 Czech (2010), Der Kaiser ist ein Lump und Spitzbube, S. 56.

214 Lentze (1962), Die Universitätsreform des Ministers Graf Leo Thun-Hohenstein, S. 22.

215 Stachel (1999), Das österreichische Bildungssystem zwischen 1749 und 1918, S. 115 ff.

216 Lentze (1962), aaO., S. 28.

Österreich verstanden wurde die Angst vor dem repressiven Staat zu nehmen und um *„die Masse der Studenten zu flammender Begeisterung hinzureißen“*[217].

3.3. Das juridische Studium bis Mitte des 19. Jahrhunderts

3.3.1. Die juristische Ausbildung unter Franz II./I. und Ferdinand

Nach dem Tod Leopolds sank Martinis Stern bei Hofe erneut. Die Studienhofkommission war zwar aufgelöst worden und wurde erst 1808 wieder etabliert; ihre früheren Mitglieder nutzen aber die Gelegenheit des erneuten Wechsels des Kaisers um erneut für die von ihnen früher unterstützte Studienordnung und damit im Ergebnis die Rückkehr zum josefinischen Studiensystem zu werben. Eine neu berufene Studienrevisionskommission begann 1798 mit den Beratungen über eine erneute Neuformulierung der Studienordnung, die an der vierjährigen Ausbildung festhielt, die Studienschwerpunkte jedoch ebenso änderte wie die Reihenfolge, in der die Fächer gelesen werden sollten[218]. Grund dafür, dass im Jahr 1804 nach sechsjährigen Beratungen eine neue Kodifikation erlassen wurde war letztendlich die 1803 erfolgte Kundmachung des neuen Strafgesetzbuches, das zu einer Zweiteilung der Lehre des Strafrechts führte. Der Studienplan 1804 sah folgende Systematik vor[219]:

- ***erstes Ausbildungsjahr***: Naturrecht, allgemeines Staats- und Völkerrecht und der als *peinliches Recht bezeichnete* Teil des Strafrechts;
- ***zweites Ausbildungsjahr***: Römischen Recht einschließlich der Geschichte des römischen Rechts und Reichsgeschichte;
- ***drittes Ausbildungsjahr***: Kirchenrecht, das Lehenrecht, das deutsche Staatsrecht und österreichische Privatrecht; mit diesem wurden auch die Prozessordnungen sowie das Wechselrecht gelesen[220]
- ***viertes Ausbildungsjahr***: österreichisches Privatrecht, Geschäftsstil und politische Wissenschaften einschließlich des Polizeiübertretungen betreffenden Teil des Strafrechts[221].

---

217 Lentze (1962), aaO., S. 28.

218 Lentze (1962), Die Universitätsreform des Ministers Graf Leo Thun-Hohenstein, S. 60 f.

219 Lentze (1982), aaO.,, S. 60.

220 Lentze, (1982), aaO., S. 60.

221 Kink (1854), Geschichte, S. 611; zu den Sonderbestimmungen für die Fakultät in Prag vgl. Schnabel, aaO, S. 104.

3.3.2. Einfluss politischer Entwicklungen auf die Ausbildungsinhalte

Die politischen Umwälzungen der Jahre 1804-1806 führten dazu, dass die Neugestaltung des Lehrplans im Jahr 1804, in die bereits die im Vorjahr verkündete Kodifikation des Strafrechts wie des Strafprozessrechtes eingearbeitet war als „Vorspiel" zu einer viel weiter reichenden Reform der österreichischen Juristenausbildung verstanden werden kann. Mit dem Ende des Heiligen Römischen Reichs im Jahr 1806 setzte sich die Auffassung durch, dass das gemeine deutsche Recht im künftigen Rechtsunterricht keine Rolle mehr spielen sollte und sich dieser auf die neuen *österreichischen* Kodifikationen der wesentlichen Rechtsgebiete, die teils schon entstanden waren, teils im Entstehen begriffen waren und somit *nationales österreichisches Recht* konzentrieren sollte. Der Kaiser verfügte mittels A.H. Entschließung vom 8. März 1808, dass keine Vorlesungen über deutsches Staatsrecht und deutsche Rechtsgeschichte mehr abgehalten werden durften. Nicht ganz aufgegeben wurde das römische Recht, da aus damaliger Sicht auch nach dem sich noch im Kodifikationsprozess befindlichen ABGB in einzelnen Fällen weiterhin gemeines Recht anzuwenden sein würde. Für die Zukunft wurde jedoch erwogen, auf das römische Recht ganz zu verzichten[222]. Deutlich reduziert wurde auch der Umfang des Kirchenrechts.

In Stein gemeißelt war die Neuorientierung des Studiums zunächst nicht. Noch 1807 hatte die Hofkanzlei vorgeschlagen, zumindest teilweise zum deutschen Recht zurückzukehren um nicht die Beziehungen zu anderen deutschen Staaten zu zerstören[223]. Auch nach Gründung des Deutschen Bundes blieb die Studienordnung aber unverändert. Damit hatte sich letztendlich die Auffassung durchgesetzt, dass weder eine Rechtsordnung noch eine bestimmte Form der rechtlichen Ausbildung sich kurzfristig entstehenden politischen Allianzen anpassen sollte. Für die erste Hälfte des 19. Jahrhunderts war die in der Folge im Jahr 1810 erlassene Studienordnung maßgeblich für die österreichische Juristenausbildung. Wortführend bei den zwischen 1807 um 1810 geführten Diskussionen über die Neugestaltung der juristischen Studien war *Franz von Zeiller*, der 1803 Studiendirektor der juristischen Fakultät geworden und in der Folge mit dem Entwurf einer den neuen politischen Umständen angepasst Studienordnung beauftragt worden war. Seinen Einfluss auf die Juristenausbildung

---

222 Lentze (1962), Die Universitätsreform des Ministers Graf Leo Thun-Hohenstein, S. 64.

223 Lentze (1962), aaO., S. 66.

konnte er so in besonderem Maße durchsetzen[224]. Franz von Zeiller kannte aus eigener Berufserfahrung verschiedene Facetten des juristischen Berufs; einige Jahre war er auch Hofrat der Obersten Justizstelle gewesen[225]. Nach der Beurteilung von Lentze sammelte von Zeiller vor allem in dieser Station seiner juristischen Karriere die Erfahrungen, die ihn später für die Rolle des *„großen Gesetzgebers"* befähigten[226]. Zeillers 1805 verfasstes Lehrbuch *„Natürliches Privatrecht"* wurde durch Dekret als Vorlesebuch für das Fach vorgeschrieben und bis 1848 verwendet[227]. Franz von Zeiller war auch maßgeblicher Redakteur bei der Endabfassung des ABGB und konnte in die Österreichische Rechtsgeschichte somit als Gesetzgeber wie auch als Gestalter des Rechtsunterrichts eingehen[228]. Von Zeiller, ein überzeugter Anhänger der josefinischen Reformern, beabsichtigte im Sinne Josephs nur Fächer in den neu zu schaffenden Lehrplan aufzunehmen, die im Staatsdienst nützlich sein würden. Dieser unverändert utilitaristische Ansatz beendete Erwägungen, ein vertieftes Studium mit stärkerer wissenschaftlicher Orientierung als Alternative zum herkömmlichen, an der Praxis orientierten Studium anzubieten, wie es in Ungarn bereits zuvor eingeführt worden war[229].

Von Zeiller präsentierte seinen Bericht am 10. Mai 1808 und erläuterte erneut ausführlich, warum dieser ein denkbares politischen Interesses, Deutschland nicht allzu sehr zu brüskieren nicht berücksichtigte und sich auf entstandenes und entstehendes nationales österreichisches Recht beziehen sollte. Der neue Studienplan wurde am 13. Juli 1810 publiziert und kurz darauf durch eine besondere Instruktion ergänzt[230]. Auf Grundlage des von Zeiller erstatteten Berichts trat der erste an *österreichischem* Recht orientierte Studienplan im Kaiserreich am 13. Juli 1810 in Kraft[231]. Folgende Fächer sollten in einem unverändert vierjährigen Studium unterrichtet werden:

- ***erstes Ausbildungsjahr***: Naturrecht, Kriminalrecht und zunächst europäische, im Jahresverlauf österreichische Statistik. Einleitend wurde zudem eine Einführung in das Studium gelesen.

224 Kink (1854) Geschichte, Band. 1, S. 611 ff.
225 Swoboda (1931), Franz von Zeiller, S. 6.
226 Lentze (1962), Die Universitätsreform des Ministers Graf Leo Thun-Hohenstein, S. 64.
227 Dazu Lentze (1962), aaO., S. 64.
228 Schey in Klangs Kommentar zum ABGB (1948), Bd. II/1, S. 10 ff.
229 Kink (1854) Geschichte Bd. 1, S. 611 ff.
230 Lentze (1962), aaO., S. 67 f.
231 Kink (1854), Geschichte Band 1, S. 611 ff.

- ***zweites Ausbildungsjahr***: Römisches Recht, Kirchenrecht sowie Ökonomie-Wissenschaft. 1837 enthielt dieses Fach auch einen Schwerpunkt „Finanzgesetzeskunde".
- ***drittes Ausbildungsjahr***: Österreichisches Privatrecht, Lehenrecht und Handelsrecht.
- ***viertes Ausbildungsjahr***: politische Wissenschaften und Gesetzkunde, Verfahren außer Streitsachen, Gesetzeskunde sowie Geschäftsstil.

Der Unterricht wandelte sich insofern, dass die Unterrichtung in den nationalen Gesetzen wie die Vermittlung ihrer richtigen Anwendung zum wesentlichen Gegenstand des Rechtsunterrichts wurden. Die Instruktion vom 7. September 1810 beschreibt unmissverständlich die Tendenz des neuen Studienplans und illustriert, das auch die neue weltpolitische Lage die von Maria Theresia definierte Grundausrichtung der österreichischen Rechtswissenschaft trotz Änderung der Studieninhalte substanziell in keiner Weise verändert hat:

> *„ (...) dass der öffentliche Unterricht auf alles, was in den deutschen Erbländern zur Besorgung der Ju1stiz oder politischen Geschäfte zu wissen nöthig ist, ausgedehnt, aber auch darauf eingeschränkt werden sollte".*

Ebenso wenig geändert hatte sich das Bestreben des Hofes den Professoren vorzuschreiben, auf welche Weise und mit welchen Unterlagen der Stoff vermittelt werden musste. Angesichts des neuen Studienplans notwendigerweise ebenfalls neu war die Rigorosenordnung. Die Zahl der Rigorosen wurde auf vier erhöht, wobei sich der jeweils zu prüfende Stoff am Inhalt eines Ausbildungsjahres orientierte. Die Rigorosenordnung setzte sich danach so zusammen:

- ***erstes Rigorosum***: Naturrecht, Strafrecht und Statistik.
- ***zweites Rigorosum***: Römisches Recht, Kirchenrecht und Lehensrecht.
- ***drittes Rigorosum***: Bürgerliches Recht, Handels- und Wechselrecht.
- ***viertes Rigorosum***: politische Wissenschaften mit Gesetzeskunde, Verfahren in und außer Streitsachen, Geschäftsstil.

Vorweggenommen sei, dass diese Rigorosenordnung bis ins Jahr 1872 in Kraft blieb und somit auch die Thun-Hohensteinschen Reformen überdauerte. Ein Grund dafür war, dass sich die Doktoren heftig gegen eine Veränderung, die zum Verlust ihrer Bedeutung an der Universität führen müsste wehrten. Vermutlich handelt es sich damit um den mit einer Lebensdauer von mehr als sechs Jahrzehnten am längsten unverändert in Kraft stehenden Teil einer Studienordnung in der Geschichte der österreichischen Rechtswissenschaften.

Im Jahr 1818 wurde die Studienhofkommission mit einer Überarbeitung des Studienplans beauftragt, wobei die Studiendauer wieder fünf Jahre betragen sollte; zudem war die Einrichtung von Lehrkanzeln für eine Mehrzahl weiterer Fächer geplant. Die Studienfächer insgesamt sollten in *ordentliche*, obligatorisch zu belegende, sowie *außerordentliche* Fächer unterteilt werden. Für bestimmte Berufsorientierungen der Studenten war nach dem Entwurf das Studium in weiteren Fächern obligatorisch. Der Studienplan wurde letztlich nicht verabschiedet; ständige Ergänzungen und Überarbeitungen führten dazu, dass *von Zeillers* Studienplan aus dem Jahr 1810 den gesamten Vormärz über angewendet wurde. Erst im Jahr 1847 wurde schließlich ein mehrfach revidierter Entwurf der *juristischen politischen Studienordnung* angenommen, der den Studenten gewisse Wahlfreiheiten einräumte. Angesichts der bevorstehenden Unruhen der Jahre 1848/1849 und der in der Folge grundlegenden Neustrukturierung des Rechtstudiums erlangten diese unter Kaiser Ferdinand verabschiedeten Studienänderungen keine Bedeutung mehr[232].

3.4. Die Preußische Universitätsreform und ihre Rahmenbedingungen

3.4.1. Politische Voraussetzungen

Die *Napoleonischen Kriege* haben nicht nur die *Landkarte Europas* nachhaltig verändert[233] sondern auch das Erscheinungsbild des militärisch zunächst unterlegenen, dann in den *Befreiungskriegen* doch noch erfolgreichen Preußen[234]. Nach den schmerzlichem Verlust des Selbstbildes als führende militärische Macht strebte das Königtum in Preußen zu einer Neuausrichtung seines Selbstverständnisses als Herrscher: Nicht mehr Drill und Militär sollte mit dem Staat Preußen verbunden werden sondern Kunst und Kultur. Ziel der *Neupositionierung* sollten daher Wissenschaft, Kultur, Kunst und vor allem auch Bildung sein[235]. Sinnbilder für die Neuausrichtung des staatlichen Selbstverständnisses

---

232 Ausführlich dazu Lentze (1962), Die Universitätsreform des Ministers Graf Leo Thun-Hohenstein, S. 64 ff.

233 Dies geschah insbesondere durch den Wiener Kongress und den Wiener Folgekongress; vgl. dazu Burg (1984), Der Wiener Kongreß.

234 Preußen hatte in der Schlacht von Jena und Auerbach zunächst eine schmachvolle Niederlage erlitten; vgl,. dazu Fesser (1998); Umbruch im Schatten Napoleons. Preußen war von Napoleon deshalb in den Frieden von Tilsit gezwungen worden, der ihm etwa die Hälfte des bis dahin unter preußischer Hoheit stehenden Staatsgebiets gekostet hatte. In den Befreiungskriegen blieb Preußen jedoch, zuletzt an der Seite Englands, erfolgreich.

235 Dazu Ziolkowski (2002), Berlin - Aufstieg einer Kulturmetropole um 1810.

waren neben *von Stein* und *von Hardenberg*, dem Chefunterhändler Preußens beim Wiener Kongress, die als *Generalreformer* durchaus unterschiedliche Konzepte des administrativen Umbaus verfolgten, auch *Goethe* in Weimar und die Gebrüder *Humboldt*, die für den *geistig - moralischen* Umbau und die kulturelle Größe Preußen stehen[236], aber auch *Schinkel* und *Stüler* als *Architekten des Neubeginns*[237].

Besonders die Amtszeit von *Wilhelm von Humboldt*, der lange Abschnitte seines Lebens in Paris verbrachte, aber in der kurzen Zeit seines Wirkens im preußischen Staatsdienst als Leiter der *„Sektion des Kultus und des öffentlichen Unterrichts"* ein bis heute nachwirkendes Verständnis von *Bildung* verkörperte gilt unverändert als *„wichtigste und folgenreichste Zeit deutscher Bildungspolitik"*[238]. In sein Amt gekommen war von Humboldt durch massive Intervention des Freiherrn vom Stein, der in Humboldt den idealen geistigen Gegenpart zum Machtstreben Napoleons, aber auch dafür geeignet ansah, ein geistiges Fundament eines neuen Preußen zu errichten, das dem durch die französische Revolution geweckten Freiheitsstreben der Bürger entsprechen sollte. Die Verwirklichung des Strebens nach Freiheit, das durch die französische Revolution auch nach Preußen getragen worden war, kann somit als übergeordnetes Ziel der *„preußischen Kulturrevolution"* verstanden werden, während zeitgleich im Österreich des Vormärz gegenteilig der Kaiser danach strebte, jeden Ansatz von Freiheitsstreben durch rigoroses Vorgehen gegen die Bevölkerung, und insbesondere auch die Studentenschaft, ebenso zu unterbinden wie den Kontakt mit womöglich zum Umsturz animierenden Schrifttum wie etwa Lehrbüchern. Wie sich in der Folge zeigen sollte, entwickelte sich aber auch das „neue Preussen" zu einem rigiden Staat, der weitgehend keinesfalls als „liberal" im heutigen Sinne verstanden werden kann. *Wilhelm von Humboldt* verstand, in Anknüpfung an *Kant* und *Schleiermacher*, die Aufgabe des Staates im Bildungswesen als Pflicht zur Ermöglichung freien Zugangs zu einer breit angelegten Universalbildung. Der Staat habe die Institutionen der Bildung *zur Verfügung zu stellen*, nicht aber deren Inhalte zu bestimmen. Von Bürgern mit einer breiten Universalbildung, die Wilhelm von Humboldt als *Menschenbildung* verstand, werde der Staat auf Dauer in für ihn günstiger Weise beeinflußt, da er geistig selbstständige und selbstbewusste Menschen heranreifen lasse. Unter diesem Blickwinkel, der *Bereitstellung von Bildungsmöglichkeiten*, sind auch Hochschulen als Bildungseinrichtungen

236 Otto (1974) Ästhetische Erziehung.

237 Simon, K. (1934) Wilhelm von Humboldts Verhältnis zur bildenden Kunst, S. 220ff.

238 Simon, K. (1934), aaO.

zu verstehen, deren Förderung dem Staat obliegt. Nach der militärisch wie politisch dramatischen Niederlage von 1806/1807 könne, so von Humboldt, ein Neuanfang und ein dauerhafter Umbau des Preußischen Staates nur über die Neuausrichtung der Bildungspolitik gelingen. Der von Humboldt geforderten und initiierten „*Bildungsoffensive*" des je nach Standpunkt vom Krieg ermüdeten oder geläuterten Königs entsprach zunächst die Gründung der Berliner Universität im Jahre 1810[239], der ein Wunsch einiger Professoren aus Halle vorausgegangen war, die dortige Universität nach Berlin zu verlegen. Der König lehnte dies ab, da er in Berlin nicht nur eine Universität errichten, sondern ein Zeichen des Überlebens und der Behauptung Preußens nach den bis dahin geschlagenen Schlachten der napoleonischen Kriege setzen wollte. Die letzten Soldaten Napoleons hatten Berlin erst im Dezember 1808 verlassen[240].

Ein *kulturpolitischer* Meilenstein mag die Gründung der Universität aus späterer Sicht für Berlin gewesen sei; für Deutschland bzw. den deutschsprachigen Raum war es zumindest die bloße Tatsache, *dass* in der preußischen Hauptstadt eine Universität errichtet wurde nicht[241]. Die Universität Wien als älteste heute noch existierende deutschsprachige Universität war bereits im Jahr 1365 gegründet worden. Auch die preußische Universität *Königsberg* existierte bereits seit 1544[242]. Mit Berlin verfolgte der König jedoch offensichtlich Ziele, die sich in heutiger Terminologie als „*Exzellenzinitiative unter erschwerten Umständen*" verstehen lassen[243]. Virchow stellt beinahe ein Jahrhundert nach der Gründung fest, die Universität in Berlin habe „*in erster Linie in mächtig anregender Weise das nationale Gefühl gehoben (...) aber schon ihre Existenz war ein Merkzeichen, dass sich Preußen selbst nicht verloren hat*[244]. Virchow beschreibt in seinem Aufsatz zur Gründung der Berliner Universität aber auch die im gegebenen Zusammenhang entscheidenden Charakteristika des Studiums wie des Selbstverständnisses der dort Studierenden[245]:

> *„(...) Noch längere Zeit hat es bedurft, die akademische Jugend wieder daran zu gewöhnen, dass ihre Aufgabe etwas zu lernen und die Vorbereitung zum Handeln aber nicht der Fall selbst ist. Wiederholt ist die akademische Freiheit schwer bedroht gewesen durch das*

239 Ziolkowski (2002), Aufstieg einer Kulturmetropole um 1810; Virchow (1893) Die Gründung der Berliner Universität.
240 Sieg (2005) Humboldts Erbe, S. 14.
241 Vom Bruch (2004) Am Anfang war keine Elite sondern eine Idee, S. 136 ff.
242 Virchow (1893) Die Gründung der Berliner Universität, S. 3 ff.
243 Virchow (1893), aaO.
244 Virchow (1893), aaO., S. 11.
245 Virchow (1893), aaO., S. 11.

ungezügelte Streben einzelner, in den Gang der öffentlichen Dinge einzugreifen. Aber mehr und mehr ist die ruhige Arbeit als die eigentliche Aufgabe des Studiums erkannt worden, und es ist gelungen, die Palladien des akademischen Lebens, die Lehrfreiheit für die Lehrer, die Lernfreiheit für die Lernenden aus allen Angriffen zu retten".

Wie die repressive Restauration in der österreichischen Monarchie war somit auch die vom König deklarierte preußische „Kulturoffensive" unmittelbare Reaktion auf die im Grunde selben weltgeschichtlichen Ereignisse, wenn auch für sich alleine betrachtet kein zwingender Grund das Preussen der Epoche als „liberal" zu verstehen.

3.4.2. Die unterschiedlichen Ebenen eines „preussische Liberalismus"

3.4.2.1. Ökonomischer Liberalismus

3.4.2.1.1. Grundlagen des Wirtschaftsliberalismus

Das Bild eines „preußischen Liberalismus" der Epoche wird geprägt von einem zumindest auf den ersten Blick ausgeprägten *Wirtschaftsliberalismus*, der die Frühphase der Industrialisierung in Preussen auf den ersten Blick geprägt hat. *Wirtschaftsliberalismus* als aus damaliger Sicht völlig neuartige Ausprägung der Organisation des Wirtschaftslebens einer Gesellschaft wird häufig mit dem Namen *Adam Smith* verbunden, der bereits 1776 in dem umfassenden Werk *„Der Wohlstand der Nationen"*[246] grundlegende ökonomische Überlegungen angestellt hat, die Wirtschaftstheorien in der Folge beeinflussen und prägen sollten[247]. Ausgehend von der Annahme, dass es sich beim Streben nach *Reichtum* und damit, auf das Verhalten im Wirtschaftsleben bezogen, auch nach *Gewinn* um *„gottgewollte"* natürliche Eigenschaften jedes einzelnen Menschen handele verstand *Smith* Wirtschaft als von Gewinnstreben Einzelner gesteuerten Organismus, in dem jeder seine eigenen Interessen verfolge, damit aber auch die anderer fördere. Für diesen Steuerungsimpuls wurde der Begriff der *„unsichtbaren Hand"* geprägt, die von selbst einen Ausgleich der Interessen aller am wirtschaftlichen Austausch in einer Gesellschaft Beteiligten und damit aller Marktteilnehmer, damit auch der Arbeitnehmer, erzeuge[248]. Erhöhe etwa ein Unternehmer die

---

246 Smith (1776 (An Inquiry into the Nature and Causes of the Wealth of Nations (1776). Vgl. zur Wirkung der Lehren von Smith aus Sicht des späten 19. Jahrhunderts Hasbach (1891).

247 Ausführlich dazu Tuchtfeldt (1976).

248 Von Hayek (1945), The Use of Knowledge in Society. Friedrich August von Hayek erhielt 1974 den Nobelpreis für Wirtschaftswissenschaften und gilt als ein

Produktivität folge er damit seinem eigenen Gewinnstreben, nütze aber auch den wirtschaftlichen Interessen der mit der gesteigerten Produktivität betrauten Arbeiter, da deren Einkommen ebenfalls steige[249]. Auffällig an der *moralischen* Herleitung von *Smith'* Theorie der Triebfedern des Wirtschaftslebens und damit der Rechtfertigung von Wettbewerb als natürliche Auseinandersetzung aller Marktteilnehmer ist, dass diese ebenso ihre Legitimation in *Gott* findet wie das Wirtschaftsbild des Mittelalters.

Ausgehend von Smith' Vorstellung einer *„unsichtbaren Hand"* als Triebfeder des Wirtschaftslebens formulierte *Hayek*[250] beinahe zwei Jahrhunderte später ein Modell, nach dem die im angeborenen Gewinnstreben wurzelnden Impulse unter Ausnutzung des Marktes als Ebene, auf der diese Kräfte aufeinanderstoßen dazu führten, dass ein Gleichgewicht zwischen Eigennutz und Allgemeinwohl erreicht werde, solange keine staatlichen Lenkungsmaßnahmen das *„Spiel der Kräfte"* auf dem Markt *beeinflussten*. Zudem seien die Vorgänge im Wirtschaftsleben viel zu dynamisch und komplex, um von einer staatlichen Planungsbehörde überhaupt erfasst werden zu können[251]. Wettbewerb als sowohl Eigen- wie Gemeinschaftsnutzen steigernde Form der Auseinandersetzung der Marktteilnehmer ist danach eine notwendige Erscheinungsform des Gewinnstrebens, die ein Funktionieren des Marktes nach dessen eigenen Gesetzen erst ermöglicht und staatliches Eingreifen zu Gunsten einer am Produktionsprozess beteiligten Gruppe wie der Arbeitnehmer ausschließe. Das zu Beginn des 19. Jahrhunderts formulierte *Say*'sche Theorem hatte bereits zum damaligen Zeitpunkt diese Überlegungen zu der These verdichtet, dass sich ein Marktgleichgewicht ohne staatlichen Dirigismus als Ergebnis einer Balance zwischen *Angebot und Nachfrage* von selbst einstelle und dieses Gleichgewicht der optimale Zustand einer Wirtschaftsordnung sei[252]. Staatliche Marktlenkungsmaßnahmen und damit auch Wettbewerbsbeschränkungen widersprechen aus dieser Sicht der Natur des Menschen und werden somit kategorisch abgelehnt. Zu entsprechenden Schlüssen gelangte auch *Mill* im Jahr 1808, dem das *Say*'sche Theorem ebenso zugeschrieben wird wie dem Namensgeber[253]. Für diese nach wirtschaftliberaler Auffassung optimale Verhaltensweise des Staates gegenüber den „Kräften des

führender Vertreter des Neoliberalismus. Überliefert ist seine Bezeichnung staatlicher Marktlenkungsmaßnahmen als interventionistische Pfuscherei.

249 Von Hayek (1945), aaO.

250 Von Hayek (1945), aaO.

251 Van Suntum (2005), 13.

252 Say (1803); vgl. dazu Sowell (1972).

253 Mill (1808) J. Commerce Defended. London 1808.

Marktes“ hat sich der Begriff des *Laissez-Faire*[254] eingebürgert. Gleichbedeutend wird auch der Begriff des *Manchesterliberalismus* oder des *Nachtwächterstaates*[255] verwendet. Das Bild, das eine übergeordnete Instanz wie der Staat schlicht *nichts* tun müsse um eine optimale Funktion des Prozesses Wirtschaftsleben zu gewährleisten leitete sich aus dem Bild des unbeeinflusst von übergeordneten Instanzen seine Funktion erfüllenden Blutkreislaufes ab, der ebenfalls ohne Eingriff von außen eine Balance zwischen Nährstoffzufuhr- und Abfuhr finde. Insbesondere wurde aus dem Bild das Fehlen jeglicher Regelungskompetenz des Staates für die in seinem Hoheitsgebiet ablaufenden Vorgänge des Wirtschaftslebens abgeleitet und so im Ergebnis eine *Beschränkung staatlicher Herrschaftsbefugnis*. Damit steht der im beschriebenen Sinne wirtschaftsliberale Ansatz im diametralen Gegensatz zum *Merkantilismus* als wirtschaftsbezogene Erscheinungsform des Absolutismus, der in Preußen bis zum Ende des 18. Jahrhunderts dominierte. *Laissez-faire* als zentrale Doktrin der preußischen Wirtschaftspolitik zu Beginn des 19. Jahrhunderts scheint sich auf den ersten Blick aus Dokumenten wie Hardenbergs an die Landesregierungen adressierten „*Geschäftsinstruktion an die Regierungen*“ vom 26.12.1808 zu spiegeln[256]. Deren § 24 lautet:

> *„Es ist dem Staate und seinen einzelnen Gliedern immer am zugänglichsten, Gewerbe jedes Mal ihrem natürlichen Gang zu überlassen, d.h.: keine derselben vorzugsweise durch besondere Unterstützungen zu begünstigen und zu heben, aber auch keinen in ihrem Entstehen, ihrem Betriebe und ausbreiten zu beschränken, insofern das Rechtsprinzip dabei nicht verletzt, oder sie nicht gegen Religion, Gutes zu und Staatsverfassung anstoßen (…) neben dieser um Beschränktheit bei Erzeugung und Verteilung der Produkte ist Leichtigkeit des Verkehrs und Freiheit des Handels sowohl im Inneren als auch mit dem Auslande ein notwendiges Erfordernis, eine Industrie, Gewerbefleiß und Wohlstand gedeihen soll, aber auch das natürlichste, wirksamste und bleibendste Mittel ihn zu erzeugen“.*

---

254 Wörtlich übersetzt aus dem Französischen bedeutet dieser Ausdruck „Lasst es machen“ oder „lasst es geschehen“ und bezieht sich auf das Verhalten der Marktteilnehmer auf dem Markt. Zugeschrieben wird der Ausdruck verschiedenen französischen Physiokraten, die sämtlich die Freiheit des Marktes von staatlicher Beeinflussung forderten wie etwa Pierre Le Pesant de Boisguilbert. Vgl. dazu aus Sicht des späten 19. Jahrhunderts ausführlich Oncken (1886).

255 Der ursprünglich abfällig gemeinte Begriff „Nachtwächterstaat“ stammt aus dem „Arbeiter-Programm“ von Ferdinand Lasalle aus dem Jahr 1862.

256 Geschäfts-Instruktion für die Regierungen in sämtlichen Provinzen vom 26.12.1808 in Sammlung der für die Kgl. Preußischen Staaten erscheinenden Gesetze und Verordnungen von 1806 bis zu, 27. Oktober 1810, Nr. 64, § 34.

Ausgangspunkt dieser *wirtschaftsliberalen* Grundsatzerklärung war für Reformer wie vor ein „bürgerlicher" Begriff von Freiheit und Eigentum, die als untrennbar verbunden galten:

> *„Bei alle Ansichten, Operationen und Vorschlägen der Regierung muss der Grundsatz leiten bleiben, niemanden in den Genuss seines Eigentums, seiner bürgerlichen Gerechtsame und Freiheit, solange er in den gesetzlichen Grenzen bleibt, weiter einzuschränken, als es zur Beförderung des allgemeinen Nötig ist; einen jeden innerhalb der gesetzlichen Schranken, die möglichst freie Entwicklung und Anwendung seiner Anlagen, Fähigkeiten und Kräfte, in moralischer sowohl als physischer Hinsicht zu gestatten und alle dagegen obwaltenden Hindernisse baldmöglichst auf eine legale Weise hinweg zu räumen*[257]*".*

Gleichzeitig wurde eine Zurücknahme des Staates aus der Kontrolle von Gewerbeunternehmen verfügt, die jedoch nicht zu einer vollständigen Gewerbefreiheit führte und konzeptionell auch nicht führen sollte. Das Konzessionswesen nach diesem wirtschaftsliberalen Ansatz verfolgte keine gewerbepolitischen, sondern gewerbepolizeiliche Ziele in der Absicht, Schaden durch Gewerbeausübung zu verhindern[258]. Eine radikale Neuausrichtung staatlicher Gewerbepolitik war dies jedoch nicht, da schon in der Spätphase des Merkantilismus das Zunftwesen und damit die Privilegierung bestimmter Gruppen sukzessive aufgehoben wurde. Im gegebenen Zusammenhang ist jedoch von besonderer Bedeutung, dass auch der Rückzug des Staates aus der Bevormundung der Wirtschaftstreibenden vor allem durch staatliche Initiative folgte. Treibende Kraft war die Verwaltung, die sich bemühte marktwirtschaftliches Denken in den Unternehmen zu verwurzeln. Weite Teile der Bevölkerung und vor allem auch kleine und mittlere Handwerksunternehmen standen der Gewerbefreiheit mit der Folge des Verlusts schützender Privilegien lange Zeit eher ablehnend gegenüber[259].

3.4.2.1.2. *Beschränkung des Ausschlusses des Staates vom Wirtschaftsleben*

Auch die *Großväter des Wirtschaftsliberalismus* fanden jedoch keine konsequente Linie, die den Staat vollkommen aus dem Wirtschaftsleben ausgeschlossen hätte. So wurden beispielsweise *Steuern* als grundsätzlich dirigistische Maßnahme mit dem Zweck der Finanzierung der Aufrechterhaltung von Sicherheit und Ordnung als Basis der freien Entfaltung von Eigentum oder etwa der Finanzierung

---

257 Geschäfts-Instruktion für die Regierungen in sämtlichen Provinzen vom 26.12.1808 in Sammlung der für die Kgl. Preußischen Staaten erscheinenden Gesetze und Verordnungen von 1806 bis zu, 27. Oktober 1810, Nr. 64, § 34.

258 Wischermann/Nieberding (2004) Die institutionelle Revolution, S. 57.

259 Wischermann/Nieberding (2004)aaO., S. 65.

von Bildungseinrichtungen als Basis künftigen Wohlstands auch von Smith und seinen Schülern befürwortet[260]. Im Ergebnis werden somit staatliche Maßnahmen aus wirtschaftsliberaler Sicht dann akzeptiert, soweit sie die Produktionsbedingungen aufrechterhalten oder sichern. Eine *soziale Komponente* wird mit staatlichem Handeln aus Sicht wirtschaftsliberaler Theorien nicht verbunden, da dieses auf unnatürliche Weise den Wirtschaftskreislauf beeinflusse. Müssten etwa die Arbeitsbedingungen des Produktionskapitals Arbeitnehmer verbessert werden würde der Markt auch diese dann neue Notwendigkeit regeln. Bei pointierter Betrachtung wird dem Staat somit die Funktion des „Bodyguards der Wirtschaftstreibenden" zugestanden; ein Schutz *vor diesem* System für die davon betroffenen schwächeren Glieder des Austauschverhältnisses Arbeit ist ausdrücklich nicht vorgesehen. In weiterer Konsequenz zementiert diese Ansicht einen Dualismus der Macht zwischen Wirtschaftstreibenden und dem Staat, in dem Arbeiter lediglich als Produktionsfaktoren bzw. Untertanen verstanden werden. Folgerichtig, wenn auch aus Sicht des von Smith beschriebenen Systems der *„unsichtbaren Hand"* systemwidrig war jedoch, dass der Produktionsfaktor Arbeitskraft sich irgendwann seiner Macht besinnen und aufbegehren würde

Neoliberale wie *von Hayek* beurteilen *Laissez-Faire* als Grundlage staatlicher Wirtschaftspolitik hingegen als ausdrücklich falsch, da es zentrale Aufgabe des Staates sei die Marktbedingungen in einer Weise zu gestalten und zu überwachen, dass sich die freien Kräfte überhaupt erst entfalten könnten[261]. Die grundsätzliche Richtigkeit dieser Annahme zeigt ein Blick auf die heutige Gewährleistung des freien Wettbewerbs durch den Staat: Mit einer Vielzahl von Vorschriften auf verschiedenen rechtlichen Ebenen einerseits, deren bemüht engmaschiger Überwachung durch dazu berufene staatliche Behörden und zuletzt Gerichte andererseits wird versucht, einen freien Wettbewerb im Rahmen einer *politisch begründeten* Definition dieses Begriffes zu gewährleisten. Dass heute Normsetzung wie Überwachung, wenn auch in abgestufter Zuständigkeit, längst auf nationaler wie supranationaler Ebene durch die Europäische Union stattfinden erhöht, ohne an dieser Stelle auf die Effizienz der Regelungs- und Überwachungssysteme einzugehen, den lenkenden Einfluss wirtschaftsfremder Kräfte in einem Maße, das die Annahme eines *Laissez-Faire* im Verständnis des

---

260 Butterwege/Lösch/Plak (2008), 27.

261 Von Hayek, Auf dem Weg zur Knechtschaft (1944). Freiheit wird in Hinblick auf die zeitgeschichtlichen Umstände als umfassende, nicht nur wirtschaftliche, sondern auch politische Freiheit verstanden, die unmittelbar zusammenhingen. Von Hayek kritisiert insbesondere jede Form von Planwirtschaft als Ende individueller Freiheit und Beginn von Knechtschaft.

klassischen Wirtschaftsliberalismus als paradox erscheinen lässt[262]. In der mit heftigen sozialen Spannungen und Auseinandersetzungen verbundenen Phase der Industrialisierung des 19. Jahrhunderts wurde *Laissez - Faire* auf der anderen Seite des sozialen und politischen Spektrums auch zum *Schimpfwort,* geprägt von Kräften, die im staatlich nicht reglementiertem *Kapitalismus* und damit dessen ungezügelten Erscheinungsformen eine Ausbeutung von Massen zu Gunsten einiger weniger sahen und wirksame staatliche Intervention zugunsten sozial Schwacher forderten[263]. Die Erfolge von gesellschaftlichen Systemen, die den Wettbewerb unter der Etikettierung des Systems als *sozialistisch* in welcher Ausprägung auch immer auszuschließen versucht haben sind weitgehend Geschichte; die Arbeitsbedingungen in China als letztem bedeutenden Land, das dies Etikette *sozialistisch* noch nicht aufgegeben hat, gelten aus heutiger Sicht als *frühkapitalistisch.*

Mieck weist darauf hin, dass die Annahme, mit der Neuausrichtung der preußischen Wirtschaftspolitik in den Jahren 1806/1807 sei es zu einem abrupten Politikwechsel gekommen zu kurz greift. Weder sei die preußische Gewerbepolitik bis zu den napoleonischen Kriegen streng merkantilistisch noch danach streng wirtschaftsliberal gewesen[264]. Bei genauer Betrachtung habe es sich um eine *„typisch preußisch-deutsche Synthese von Merkantilismus und Liberalismus gehandelt"*, was sich vor allem in der Praxis bemerkbar gemacht habe[265]. Wesentliches Element des ökonomischen Liberalismus sein in Deutschland der Ansatz „Hilfe zur Selbsthilfe" gewesen, so dass eine Unterstützung der Gewerbetreibenden durch Gewerbepolitik zwar nicht als Widerspruch zu einer konzeptionellen „Laissez-Faire" Haltung des preußischen Staates verstanden werden könne, andererseits es diesen Ansatz in Preußen de facto ohnehin nicht in der von wirtschaftspolitischen Theorien formulierten Schärfe gegeben habe.[266]. Zwar habe sich der Staat den wirtschaftspolitischen Ansätzen etwa von *vom Stein* verpflichtet gefühlt, aber intensiv auf die unternehmerische Praxis eingewirkt, da Unternehmer selbst kaum Impulse gezeigt hätten, die ihnen vom Staat eingeräumten Freiheiten auch im Sinne der Unternehmen zu nutzen[267]. Dafür spreche auch, dass sich bestehende soziale Strukturen immer weniger rasch geändert haben als die wirtschaftspolitische Grundausrichtung: Das Beziehungsgeflecht zwischen

---

262 Butterwege/Lösch/Plak (2008), Kritik des Neoliberalismus 27.ff.

263 Ausführlich Fehlbaum (1970).

264 Butterwege/Lösch/Plak (2008), aaO., 27.ff.

265 Teuteberg (1967), Zum Problem von Staat und Wirtschaft in Preussen, S. 55.

266 Teuteberg (1967), Zum Problem von Staat und Wirtschaft in Preussen, S. 54.

267 Teuteberg (1967), aaO., S. 55.

Unternehmen und der staatlichen Verwaltung wie der Gesellschaft insgesamt sei auch nach 1808 unverändert geblieben und habe damit vorindustriellen Strukturen entsprochen[268]. Teuteberg folgert auch daraus unter Berufung auf Mieck, dass sich der preussische Staat *„keineswegs auf die Nachtwächterrolle zurückgezogen"*, seine wirtschaftspolitische Einflussnahme und Gestaltungsrolle aber vor allem auf „subtilere Ebenen" verlagert habe, auf denen die Verwaltung durch Einzelfallentscheidungen die Geschwindigkeit und Form der Umsetzung liberaler Wirtschaftspolitik bestimmt habet habe[269].

Das *Beuth* zugeschriebene Ziel, einen selbstbewussten, innovativen und risikofreudigen preußischen Unternehmerstand zu schaffen, der seiner Wahrnehmung des britischen Unternehmerstands entsprechen sollte überließ der Staat jedenfalls nicht dem Zufall, sondern vor allem auch dem Einfluss seiner Verwaltung. Für die Annahme, dass die wirtschaftsliberale Haltung, die der preußischen Wirtschaftspolitik des Vormärz dennoch überwiegend zugeschrieben wird nicht auf einem „Masterplan" der Regierung beruht, sondern ganz entscheidend auf ökonomischen Notwendigkeiten spricht im übrigen, dass die Formulierung der wirtschaftlichen Freiheiten in den Jahren nach 1806 im Rahmen eines Steuergesetzes erfolgte, das vor allem den Zweck hatte, der notorisch in Finanznöten stehenden Regierung des Königreichs Preußen neue Einnahmequellen zu verschaffen[270].

3.4.2.1.3. Die Lebenswirklichkeit im Preußen des 19. Jahrhundert

Erst ab der Mitte des Jahrhunderts richtete sich das *eingreifende Moment* staatlicher Gewerbepolitik auf die Lebensumstände der Menschen, die in den Fabriken die Grundlagen für den Umbau des Staates in eine Industriegesellschaft schufen. Die Realität auf dem Arbeitsmarkt sah in der Frühzeit der Industrialisierung anders aus als von *Smith* als notwendigen Lenkungseffekt der „unsichtbaren Hand" beschrieben: Landbewohner verließen ihr gewohntes soziales Umfeld und suchten in den rasch explodierenden Städten nach Arbeit. Der industrielle Aufschwung versprach ihnen Teilhabe durch die Aussicht auf Einkommen, die sie in ihrer gewohnten, industriefernen Umgebung nicht hätten erzielen können. Die Masse der in die Städte strömenden Arbeitnehmer stellte für Arbeitgeber einen günstig zu erwerbenden Produktionsfaktor dar, dem aufgrund der schieren Masse der Arbeiter und des daraus resultierenden Überangebots keine

268 Mieck (1965), Preussische Gewerbepolitik in Berlin 1806 - 1844 S. 244.
269 Teuteberg (1967), aaO., S. 54.
270 Teuteberg (1967), S. 54.

Machtposition zukam, die ein Aushandeln von Arbeitsbedingungen und damit eine Balance zwischen Bedürfnissen von Anbietern und Nachfragern von Arbeitskraft ermöglicht hätte. Armut, Elend und Hunger als Auswirkungen der oft beschriebenen Proletarisierung der Arbeiter waren die Folge[271].

Die unmittelbare Verknüpfung zwischen dem Produktionskostenfaktor Arbeit und der Suche nach Wettbewerbsvorteilen zeigt sich beispielsweise in der rasch wachsenden Verbreitung von *Kinderarbeit*: Der Prozess der Industrialisierung bestand zunächst in der Schaffung neuer Produktionseinrichtungen, die als *Fabriken* die bisherige Arbeitswirklichkeit revolutionierten[272]. Der Produktionsort Fabrik bedingte eine bis dahin bei der Erzeugung von Waren unbekannte Produktionsweise, bei der es in der Regel nicht mehr auf Muskelkraft, sondern auf das monotone Wiederholen der immer gleichen Prozesse ankam, die allenfalls eine gewisse manuelle Geschicklichkeit forderten. Damit konnten die meisten Tätigkeiten in Fabriken auch von Kindern und Frauen verrichtet werden, die weit geringer bezahlt werden mussten als Erwachsene bzw. Männer und so zu günstigeren Produktionskosten beitrugen, die dem Arbeitgeber einen Wettbewerbsvorteil brachten[273]. Der wettbewerbsverhindernde Effekt des Zunftsystems, der ein gegenseitiges Unterbieten der Zunftmitglieder unterband bzw. zumindest unterbinden sollte zeigt sich auch aus diesem Blickwinkel als *Arbeitnehmerschutz*, da die Ausbeutung der Arbeitnehmer dem Meister keinen Wettbewerbsvorteil gebracht, sondern allenfalls seinen persönlichen Gewinn erhöht hätte, was Zunftregeln aber weitgehend unterbunden hatten. Der im Wortsinne ungezügelte Wettbewerb führte so zur weitgehenden Rechtlosigkeit von Menschen, die auf ihre Funktion als Produktionsfaktor reduziert wurden[274]. Die durchschnittliche Lebenserwartung von in Fabriken arbeitenden *Kindern* betrug 1850 nur etwa 35 Jahre[275]. Kinder spielten nicht nur in den Fabriken eine Rolle

---

271 Meinert (1958), Die Entwicklung der Arbeitszeit in der deutschen Industrie 1820 bis 1956, S. 57.

272 In Deutschland wurde 1784 in Ratingen eine Baumwollspinnerei als erste Fabrik errichtet; vgl. dazu Stark-von der Haar/ von der Haar, Kinderarbeit in der Bundesrepublik und im Deutschen Reich, 1980, S. 15.

273 Kinder erhielten etwa 10% des an erwachsene Männer ausbezahlten Lohnes; vgl. dazu Stark-von der Haar/ von der Haar, Kinderarbeit in der Bundesrepublik und im Deutschen Reich, 1980, S. 15. Frauen erhielten etwa ein Drittel des Lohnes von Männern.

274 Feig (1931) Gewerbeaufsicht, S. 630ff.

275 Meinert (1958), Die Entwicklung der Arbeitszeit in der deutschen Industrie 1820 bis 1956, S. 57.

als Arbeitskräfte, sondern etwa auch im Bergbau oder bei der Errichtung von Infrastrukturprojekten. Weniger beachtet wird in der wissenschaftlichen Auseinandersetzung mit Kinderarbeit im 19. Jahrhundert die *landwirtschaftliche* Kinderarbeit, die ebenso weit verbreitet war[276].

Staatliche Intervention fand nur zögerlich und punktuell statt, da sich der Staat jedenfalls in Hinblick auf *Arbeitsbedingungen* lange an die Maxime der „unsichtbaren Hand" hielt und auch keine gewerberechtlichen Maßnahmen zum Schutz des Produktionsfaktors Arbeitskraft traf und damit in dieser Hinsicht am Prinzip festhielt, sich nicht in die Kräfte des Marktes, und damit auch nicht die des Arbeitsmarktes, einzumischen. Auch hier dürfte das finanzielle Interesse des Staates an den von den Fabriken lukrierten Steuereinnahmen im Vordergrund gestanden haben. Die Oberpräsidenten der preußischen Regierungsbezirke stellten 1817 klar, dass die Schule hinter die Fabrikarbeit zurücktreten habe, die sie mit deren Anforderungen nur schwer vereinbar sei[277]. Erst Beschwerden eines Militärs, der den schlechten körperlichen Zustand von Rekruten bemängelte, die Nachtarbeit in der Industrie verrichten mussten führte schließlich 1839 zu einem staatlichen Regulativ über die Beschäftigung junger Arbeiter[278]. Ein königlicher Generalleutnant hatte darüber Beschwerde geführt, dass die Fabrikarbeit aus Kindern „Krüppel" mache, die für das Militär nicht mehr zu gebrauchen seien[279]. Folgerichtig erscheint, dass diese Intervention nicht aus einem regulatorischen Anspruch des Staates, die Produktionsbedingungen auf den weitgehend ungezügelten Arbeitsmärkten zu regeln entstand oder aus einer sozialen Verantwortung gegenüber den Betroffenen, sondern aus dem staatlichen Interesse an der Erhaltung der Wehrfähigkeit[280]. *Feigs* Hinweis, dass *„der freventliche Raubbau an Kindern, der dieser Anfangszeit des Fabriksystems als schwerer Makel anhaftet (...) trotz der Herrschaft des laisser faire den Gesetzgeber auf den Plan gerufen"* habe[281] ist somit zumindest unvollständig und spiegelt nicht die Motivation erster Schutzvorschriften, die zudem erst ein halbes Jahrhundert nach Etablierung des Phänomens Kinderarbeit zögerlich eingeführt wurden. Alleine der Erlass des Regulativs von 1837 hatte nicht zuletzt wegen des heftigen Widerstands der Fabrikbesitzer über ein Jahrzehnt in Anspruch genom-

---

276 Ausführlich dazu Stark-von der Haar/ von der Haar, aaO.

277 Feig (1931) Gewerbeaufsicht, S. 630ff.

278 Gesetzessammlung für die königlich Preußischen Staaten 1839, S. 156.

279 Vgl. Die Protokolle des preußischen Staatsministeriums 1817-1934/38, Band 2, S. 241ff.

280 Feig (1931) Gewerbeaufsicht, S. 630ff.Kuczynski (1956) S. 378–383.

281 Feig (1931), Gewerbeaufsicht S. 631ff.

men[282]. *Kuczynski* kommentierte die Motivation erster staatlicher Intervention zur Verbesserung der Arbeitsbedingungen zumindest für Kinder wie folgt:[283]

> *„Und so wurde ein deutscher General, dem sein Menu an Kanonenfutter nicht fett genug, zum Einleiter deutscher sozialpolitischer Maßnahmen."*

Wirksam war dieses erste Regulativ aus dem Jahr 1839 jedoch kaum. Neben der geringen Strafhöhe scheiterte es schon daran, dass es den betroffenen „Fabrikkindern" kaum bekannt war und diesen in der Arbeitswirklichkeit auch keine wirksamen Optionen zur Durchsetzung von Rechten bei Verstößen zur Verfügung standen. Widerstand bedeutete in der Regel den Verlust des Arbeitsplatzes, was die betroffenen Familien der Gefahr des Verhungerns, zumindest der vollständigen Verarmung aussetzte[284]. Darin ist auch der Grund zu sehen, warum Eltern ihre Kinder diesem Ausbeutungsprozess aussetzten. Verbesserungen brachten erste neue Verordnungen bzw. Gesetze aus dem Jahren 1853 bis 1855, die das Mindestalter für Fabrikarbeit sukzessive auf 12 Jahre erhöhten; insbesondere aber staatliche Fabrikinspektoren vorsahen, die erstmals auf die Einhaltung der Vorschriften achteten. In weiterer Folge wurde das Mindestalter für Kinder auf 13, später 14 Jahre weiter angehoben. Auch die Arbeitszeiten für Kinder wie Erwachsene wurden sukzessive verkürzt und Mindestsozialleistungen für Arbeiter normiert. Zu dieser Zeit hatten sich bereits politische Gruppierungen gebildet, die in mehr oder minder praxisnaher Orientierung für eine Verbesserung der Arbeitsbedingungen kämpften. Bis sich die *Praxis* der Fabrikarbeit änderte dauerte es weit länger als bis zur ohnehin sehr verzögert realisierten Verabschiedung gesetzlicher Vorschriften. Auf eine Vertiefung der *politischen* Folgen der Industrialisierung und der mit ihr verbundenen Folgen der Ausbeutung von Arbeitern wie die Diskussion der daraus in weiterer Konsequenz resultierenden Ideologisierung der Arbeitsbeziehungen wird im gegebenen Zusammenhang weitgehend verzichtet[285].

---

282 Stark-von der Haar/ von der Haar, aaO.

283 Kuczynski zit. nach Adolphs (1979) Kinderarbeit, Lehrerverhalten, Schulrevision im 19. Jahrhundert, 1979, S. 27.

284 Fischer (1978) in Quandt (Hrsg.), Kinderarbeit und Kinderschutz in Deutschland 1783 - 1976.

285 Ausführlich zur Politisierung und Radikalisierung der Arbeiterschaft im 19. Jahrhundert Hoffrogge (2011) Sozialismus und Arbeiterbewegung in Deutschland: Von den Anfängen bis 1914; Winkler (1985):Von der Revolution zur Stabilisierung. Arbeiter und Arbeiterbewegung in der Weimarer Republik 1918 bis 1924.

Fabrikbesitzer fanden zunächst effektive Methoden die Kontrollen zu konterkarieren[286]. Erst mit der Gewerbeordnung von 1869, die für das zweijährige staatsrechtliche Intermezzo des Norddeutschen Bundes geschaffen und 1871 als *Reichsgewerbeordnung für das Deutsche Kaiserreich* eingeführt wurde erfolgten weitere Verschärfungen des Schutzes von Kindern, aber auch erwachsenen Fabrikarbeitern[287]. Gegen eine zu weitgehende Beschränkung der unternehmerischen Freiheit bei Gestaltung der Arbeitsverhältnisse wandte sich später Bismarck mit dem von Unternehmern immer wieder vorgebrachten Argument, dass eine weitere Beschränkung der Beschäftigungsfreiheit durch Verschärfung von Schutzgesetzen die Arbeitgeber an ihrer Fähigkeit hindere Löhne zu bezahlen[288]. Festzuhalten ist im gegebenen Zusammenhang, dass die preußischen Reformen in den Jahren nach 1806 als „Revolution von oben“[289] einen *staatlich gelenkten* Wirtschaftsliberalismus brachten, der jedoch einerseits auf Ansätze schon aus der Blütezeit des Merkantilismus zurückging, andererseits im Ergebnis unfreiwillig als Reaktion auf die verheerenden militärischen Niederlagen in den napoleonischen Kriegen erfolgte und weite Teile der Bevölkerung zunächst stark belastete. Dieser Effekt spricht dafür, dass zumindest Hardenbergs Reformziel eines *„freien Gebrauchs der Kräfte der Untertanen aller Klassen“*[290] nicht erreicht wurde. In seiner als Manifest des Reformansatzes verstandenen[291] Rigaer Denkschrift aus dem Jahr 1807 hatte Hardenberg ausgeführt[292]:

> *„Aus dem Hauptgrundsatze, daß die natürliche Freiheit nicht weiter beschränkt werden müsse, als es die Notwendigkeit erfordert, folgt schon die möglichste Herstellung des freien Gebrauchs der Kräfte der Staatsbürger aller Klassen. Über den zu erleichternden Besitz der Grundstücke ist schon oben das Nötige gesagt; auch ihre Benutzung muß frei sein, und die Hindernisse, welche man ihr so häufig in den Weg gelegt hat, im Wahn, das Wohl des Staats zu befördern, müssen weggeschafft werden, sei es durch Aufhebung übel gewählter Polizeigesetze oder schädlicher Vermischungen der Eigentumsrechte. Die Ausübung*

286 Etwa durch ausgeklügelte Warnsysteme, wenn sich ein Inspektor näherte; vgl. dazu Fischer in Quandt, aaO.

287 Feig (1931) Gewerbeaufsicht, S. 630ff.

288 Ausführlich dazu Fischer, aaO.

289 Zu diesem auf Lenin zurückzuführenden und in der DDR-Geschichtsforschung undifferenziert gebräuchlichen Begriff Vogel, Allgemeine Gewerbefreiheit (2011), S. 30 ff.

290 Hardenberg (1807) „Über die Reorganisation des Preußischen Staats, verfasst auf höchsten Befehl Sr. Majestät des Königs“, veröffentlicht bei Winter (1931) Die Reorganisation des preußischen Staates unter Stein und Hardenberg, S. 305 ff.

291 Hardenberg (1807), aaO.

292 Hardenberg (1807), aaO.

persönlicher Kräfte zu jedem Gewerbe oder Handwerk werde frei und die Abgabe darauf gleich in den Städten und auf dem Lande. Die Abschaffung der Zünfte und der Taxen, wo nicht auf einmal, doch nach und nach, so wie der Herr von Altenstein es angibt, würde festzusetzen sein sowie die möglichste Beseitigung aller älteren Monopole. Neue würden nicht erteilt. Vorzüglich aber ist es nötig, sich auch mit der Abschaffung der Zwangsrechte, als des Mühlen-, Brauzwangs pp., zu beschäftigen. Die Lästigkeit und der Druck derselben sind anerkannt, und es kommt nur darauf an, eine Entschädigung dafür auszumitteln, deren Ausfindung wohl nicht fehlen kann".

Zusammengefasst zeigt sich, dass der „preussische Wirtschaftsliberalismus" eine staatliche Reaktion auf eine prekäre Situation des Staates unter nur partieller Aufgabe staatlicher Hoheitsbefugnisse und unter staatlicher Einflussnahme war und nicht in erster Linie die Umsetzung eines theoretischen Konzepts des Wirtschaftsliberalismus.

3.4.2.2. Politischer Liberalismus

3.4.2.2.1. Politischer Liberalismus in den Reformansätzen nach 1806

Hardenberg hatte mit der Rigaer Denkschrift „*Demokratische Grundsätze einer monarchischen Regierung*" ein aus damaliger Sicht durchaus auch auf die Gewährung von mehr Freiheit und Gleichheit für die Bürger zielendes Reformkonzept verfasst, wenn er auch keinen Zweifel daran ließ, dass er unter Demokratie nicht die Beschränkung monarchischer Macht verstand[293]. Nolte weist darauf hin, dass die Reformkonzepte vom Steins und Hardenbergs stark gegenwartsbezogen waren und keinen Anspruch auf Umsetzung im Zuge eines langfristigen Verfassungsprojekts erhoben[294]. Damit korrespondiert auch Hardenbergs Hinweis: „*Demokratische Grundsätze in einer monarchischen Regierung: dieses scheint mir die angemessene Form für den gegenwärtigen Zeitgeist*". Der Zeitgeist zur Zeit der Reform war vor allem geprägt von den äußeren Umständen: Nach der Niederlage in den Schlachten von Berlin und Auerstedt und dem Frieden von Tilsit des Jahres 1807, der zu einer erheblichen Verkleinerung des preußischen Staatsgebiets geführt hatte war der König auf der Flucht und die Zukunft Preussen mehr als ungewiss, was auch die finanzielle Situation des Landes betraf. Durch die hohen Reparationsforderungen Napoleons war aus damaliger Sicht völlig un-

293 Hardenberg hat dies durch den Zusatz „Die reine Demokratie müssen wir noch dem Jahr 2440 überlassen, wenn sie anders je für den Menschen gemacht ist", verdeutlicht; vgl. Hardenberg (1807), Rigaer Denkschrift; zit. nach Winter (Hrsg.), Reorganisation, S. 305.

294 Nolte (2000) Die Perspektive von Innen, S. 158.

klar, ob, wie lange und in welcher Form Preußen überleben könnte. Nolte geht darüber hinaus davon aus, dass abgesehen von der Krisenhaftigkeit der Situation, in der die „Preußischen Reformen" konzipiert wurden langfristiges Denken ohnehin zu Beginn des 19. Jahrhunderts nicht der „herrschenden Denkweise" entsprach[295]. Auch dies spricht dafür, dass aus den reformerischen Ansätzen der Jahre nach 1806 und dem in diesen enthaltenen Bekenntnis so einer „monarchischen Demokratie" und mehr Freiheit für die Bürger nicht abgeleitet werden kann, dass ein umfassender politischer Liberalisierungsprozess eingeleitet werden sollte, zumal schon die von Stein und Hardenberg formulierten Reformbestrebungen auf heftigen Widerstand bei preußischen Adel stießen[296].

Klein sieht jedoch in den Reformansätzen Tendenzen hin zu einem Staatsgrundgesetz *„liberaler Prägung, das die bürgerlichen Freiheiten garantiere"*[297]. Ohne Berücksichtigung der skizzierten historischen Hintergründe finden sich in der Rigaer Denkschrift durchaus Anhaltspunkte für diese Sicht. Auch Schmitz identifiziert in Hinblick auf angesprochene *Einzelfreiheiten* eine *„entschieden liberalere" Haltung*[298] als sie Hardenberg gegenüber einer demokratischen Machtbeteiligung der Bürger und somit einer Reduktion der Macht des Königs vorgesehen habe. Ausdrücklich sollten nach der Rigaer Denkschrift das Eigentum der Bürger geschützt sein, eine staatsbürgerliche Freiheit und Gleichheit gewährleistet werden und auch die Presse-und Religionsfreiheit garantiert sein[299]. Sämtliche Freiheiten, die Hardenberg angesprochen hatte standen jedoch unter ausdrücklichen Vorbehalten. So sollte beispielsweise eine weitgehende Religionsfreiheit im Sinne einer *Religionsausübungsfreiheit* gewährt werden, was der staatlichen Verpflichtung, die Gewissensfreiheit zu achten entspreche; andererseits dürfte die Ausübung der Religion nicht *„die bürgerliche Ordnung"* gefährden[300]. Für die Begrenzung der Pressefreiheit, die ebenfalls grundsätzlich gewährt werden solle findet Hardenberg die Formel, die in zahlreichen Staaten in vergleichbarer Form heute noch Gültigkeit beansprucht: Pressefreiheit sei *„so weit ausgedehnt, wie die Umstände es gestatten"*[301]. Als denkbare Gründe für eine Einschränkung

---

295 Nolte (2000) aaO.S. 156.

296 Nolte (2000)aaO., S. 160.

297 Klein (1965), Von der Reform zur Restauration, S. 167.

298 Schmitz (2010), aaO., S. 114.

299 Hardenberg (1807), Rigaer Denkschrift; zit. nach Winter (Hrsg.), Reorganisation, S. 360.

300 Hardenberg (1807), Rigaer Denkschrift; zit. nach Winter (Hrsg.), Reorganisation, S. 354.

301 Hardenberg (1807), Rigaer Denkschrift; zit. nach Winter (Hrsg.), Reorganisation, S. 335.

der Pressefreiheit galten Hardenberg einerseits die Staatsräson, derentwillen der Herrscher wie auch ausländische Staatsoberhäupter *„vor übermäßiger Kritik“* geschont werden sollten; andererseits die öffentliche Sittlichkeit[302]. Beispielsweise die türkische Regierung dürfte diese Sicht auch mehr als zwei Jahrhunderte später teilen.

Mit dem heutigen Verständnis des Begriffs „liberal“ läßt sich das „Demokratisierungspaket“, das Hardenberg 1807 entworfen hat insgesamt ebenso wenig in Einklang bringen wie mit einem modernen Verständnis von Demokratie, da Hardenberg ausdrücklich kein Nationalparlament oder einen anderen „Konstitutivkörper“, der in seinen Versammlungen ein Gegengewicht zur Macht des Monarchen bilden könnte[303] und damit auch Einfluss auf Durchsetzung der gewährten Freiheiten nehmen könnte vorgesehen hatte, sondern die Gewährung von Freiheiten im Ergebnis immer dem Monarchen bzw. der in seinem Namen agierenden Verwaltung obliegen sollte. Dass die Reformbestrebungen in erster Linie eine Reform der Staatsorganisation bezweckten um den Staat Preußen überlebensfähig werden zu lassen folgt auch aus Hardenbergs Vorstellungen über den Umgang mit dem Adel. Zwar sollten als wesentlicher Teil der Reformen den Bauern Rechte eingeräumt und die bäuerliche Leibeigenschaft aufgehoben werden, nicht aber der Adel selbst, was radikalere Reformbefürworter gefordert hatten. Dennoch machten sich sowohl vom Stein, der im Grundsatz sogar an einer bedeutenden Rolle des Adels in der preußischen Gesellschaft festhalten wollte als auch Hardenberg im Adel erbitterte Feinde, unter denen sich beispielsweise von der Marwitz und York von Wartenburg, einer der preußischen „Kriegshelden“ der Kriege gegen Napoleon, als besonders reformfeindlich profilierten[304]. Nolte weist darauf hin, dass der adelige Widerstand in vollem Bewusstsein der Tatsache erfolgte, dass mit den Reformen vor allem der napoleonischen Gefahr begegnet werden sollte[305]. Dies zeigt nicht nur, dass die von Hardenberg skizzierten Reformansätze in weiten und tragenden Teilen der preußischen Gesellschaft nicht mehrheitsfähig waren, sondern dass zumindest im Adel weniger Furcht vor der Bedrohung von Außen bestand als davor, dass der Staat von Innen durch Reformen wie von vom Stein und Hardenberg vorgeschlagen zerstört werden könnte. Ob die Reformansätze der Jahre nach 1806 vor allem auf Gewährung ökonomischer Freiheit

302 Ausführlich dazu Schmitz (2010) Die Vorschläge und Entwürfe zur Realisierung des preußischen Verfassungsversprechens 1806-1819, S. 117 ff..

303 Schmitz (2010), aaO., S. 114.

304 Ausführlich Frie (2001) Friedrich August Ludwig von der Marwitz 1777-1837. Biographieneines Preußen.

305 Nolte (2000) Die Perspektive von Innen, S. 160.

oder zumindest *auch* politischer Freiheit gerichtet waren ist umstritten. Hausherr geht beispielsweise davon aus, dass Hardenberg insbesondere in heutiger Diktion als *wirtschaftsliberal* zu bestehende Reformen verfolgte und die *politischen* Reformansätze, vor allem, wie von Hardenberg selbst beschrieben, dem „Zeitgeist" folgten[306]. Im gegebenen Zusammenhang lässt sich feststellen, dass politische Freiheiten, soweit sie überhaupt eingeräumt werden sollten, so stark unter dem Vorbehalt der staatlichen Gewährung im Einzelfall standen dass von einem *„politisch liberalen System"* als Reformziel nicht die Rede sein kann.

3.4.2.2.2. Die politische Repression in Preussen nach 1806

Selbst wenn man die Reformansätze, die mit den Namen vom Stein und von Hardenberg verbunden sind als zumindest *auch* liberale Ansätze verstehen möchte zeigte die Praxis der folgenden Jahre rasch, dass Preussen weit davon entfernt war ein politisch liberales System zu errichten. Im Gegenteil entwickelte sich ein Repressionssystem, das dem „System Metternich" des österreichischen Kaiserreichs in nichts nachstand. Hinweisend für die Bewertung des Charakters der Hardenberg'schen Reform in Bezug auf einen fraglichen politisch liberalen Ansatz mag erscheinen, dass Hardenberg als Staatskanzler die repressive Praxis ab 1810 entscheidend mitbestimmte und keineswegs als Befürworter in heutigem Begriffsverständnis demokratischer oder in politischem Sinne liberaler Ansätze agierte. Bereits 1808, zwei Jahre vor seiner Ernennung zum Staatskanzler, verdeutlichte er dem König in der Braunsberger Denkschrift den künftig erforderlichen Umgang mit dem Volk und insbesondere mit Andersdenkenden. Dabei sollte nicht nur darauf geachtet werden, dass politisch „gefährliche" Umtriebe unterbunden werden, sondern dass dies möglichst auch im Stillen geschehe, damit das Volk nicht beunruhigt werde:

> *„Und was macht wohl ein größeres und gefährlicheres Aufsehen, als eine unvorsichtige und unzeitige Bearbeitung des Volkes. Daß dieses aus Liebe und Anhänglichkeit an seinen König und an die Verfassung zu allen Opfern vorbereitet und willig sei, daß man dessen Gesinnungen kenne und wisse, was man von ihm fordern und erwarten kann, daß man in der Stille Pläne entwerfe, wie man seine Theilnahme mit großmöglichster Kraft zu benutzen im Stande sei - darauf kommt es an. Genaue Aufsicht auf Maßregeln einzelner Männer und auf Verbindungen, die mit den reinsten Zwecken dennoch großes unwiederbringliches Unglück herbeiführen könnten, ist diesemnach höchst nothwendig*[307]*"*

---

306 Hausherr (1938), HZ 157, S. 274.

307 Von Hardenberg (1808) Braunsberger Denkschrift nach Hassel: Geschichte der Preußischen Politik 1807-1815. Erster Theil. (1807,1808) (Publicationen aus den K. preußischen Staatsarchiven Band 6) S. 568-575.

Nach den Befreiungskriegen der Jahre 1812/1813 wurden, pointiert ausgedrückt, die militärischen Erfolge gegen Napoleon zum Problem, da sie mithilfe vieler Kriegsfreiwilliger aus gehobenen Gesellschaftskreisen, darunter eine hohe Anzahl von akademisch gebildeten Männern, errungen wurden. *Nolte* sieht darin einen Erfolg der aus der Not geborenen königlichen Politik, etwa durch das „Preußische Landsturmedikt" vom 21. April 1813 breite Bevölkerungskreise zu mobilisieren, was nach dem Krieg aber dazu führte, dass eine „politisierte Bevölkerung" auch über das politische Schicksal und die Zukunft des Staates, für den sie gekämpft hatten mitentscheiden wollten[308]. Aus Sicht des Staates, dem vor allem an innerer Ruhe und Sicherheit gelegen war musste dies bedrohlich erscheinen. In den Worten von Nolte[309]:

> *„Ausgehend von einem Staatsverständnis, in dem die Ruhe die erste Bürger-pflicht war, stellte jede politische Betätigung der Bürger eine Infrage-stellung der politischen Ordnung dar".*

Die Abwehr dieser Gefahr sollte weit im Vorfeld einer möglichen Manifestation politischer Opposition erfolgen, was aus Sicht des absolutistischen Staates folgerichtig zur Errichtung eines repressiven Polizeiapparats mit einem ausgedehnten Spitzelsystem führte und bei politisch interessierten Bürgern zur Bildung von Geheimgesellschaften, die der bald auch in Preussen allgegenwärtigen Bespitzelung entgehen wollten. Für den Staat kam es somit gar nicht darauf an, dass sich oppositionelle Gesinnung in irgendeiner Form *manifestierte*; alleine ihre Existenz wurde als Bedrohung empfunden[310]. Ziel der Bespitzelung waren vor allem Studenten, die als besondere Gefahr für den Bestand des Staates empfunden wurden, wobei die *Lagebeurteilungen* zwischen Sicherheitspolitikern und Kultuspolitikern deutlich divergierten. Seitens des preußischen Kultusministeriums wurde im studentischen Oppositionsgeist eine für die Jugend typische Haltung und nicht in erster Linie eine Gefahr für den Bestand des Staates gesehen. Aus Sicht des Innenministers war sie dies jedoch[311]:

> *„Es liegt hiernach von selbst vor, dass die ganze deutsche akademische Jugend in Beziehung auf politische Gesinnung und Anhänglichkeit an Fürst, Vaterland und Verfassung, und in Rücksicht auf Hass gegen al- les Bestehende und auf den törichten Irrwahn, zu dessen*

308 Nolte (2006), Die Institutionalisierung der Politischen Polizei in Preussen im Kontext der Demagogenverfolgung zwischen 1809 und 1840, S. 2.

309 Nolte (2006), aaO. S. 3.

310 Nolte (2006) aaO., S. 3.

311 Verordnung vom 4.6.1824, zit. nach Rönne, Das Unterrichtswesen des Preußischen Staates, Bd. 2 S. 572 f.

Verbesserung und Umsturz berufen zu sein, unter den unmittelbaren Einfluss eines, den vollen Tatbestand des Hochverrats in sich vereinigenden, und die gewaltsamsten Mittel zulassenden geh. revolutionären Bundes stand".

Emmermann, ein zeitgenössischer Regierungsrat und Jurist nahm eine vermittelnde Stellung ein[312], ließ in seinem 1819 erschienen Werk „*Die Staatspolizei in Beziehung auf den Zweck des Staates und seine Behörden*" aber keinen Zweifel daran, dass zwar der Wunsch des Volkes nach einem rechtmäßig verfassten und handelnden Staat gerechtfertigt sei und auch erfüllt werden solle[313]: „*Es ist zu erwarten, dass Deutschlands gerechte und nur das Wohl ihrer Völker beherzigende Fürsten diesem Wunsch aller Vernünftigen gern entsprechen werden*". Soweit Bürger mit einzelnen Handlungen des Staates nicht einverstanden seien sei dies kein Grund anzunehmen, dass sie die notwendige Hochachtung dem Staat gegenüber vermissen ließen und somit auch kein Grund für ein polizeiliches Einschreiten. Ebenso ließ er aber keinen Zweifel daran, dass es die Staatsraison gebiete, gegen alle „Unvernünftigen" mit aller Härte des Staates vorzugehen. Als „*Unvernünftige*" verstand der Regierungsrat alle Bürger, die Zu Ungehorsam oder zum Aufstand gegen den Staat aufriefen[314]. Für wen der Regierungsrat gesprochen hat mag dahinstehen. Die von ihm konzipierte politische Freiheit bezog sich im Ergebnis darauf, dass Bürger durchaus anderer Meinung sein dürften, dies aber am besten für sich behalten sollten und keinesfalls als Anlass dafür nehmen, in öffentlich wahrnehmbarer Weise für Veränderungen einzutreten. Nolte weist darauf hin, dass aus Sicht der Polizei zu dieser Zeit jede kritische Haltung mit Revolutionsgefahr gleichgesetzt wurde, was auf der anderen Seite das Bestreben erklärt, als kritisch zu verstehende Äußerungen nur in geheimen Versammlungen zu äußern.

3.4.2.2.3. Die Verschärfung der Repression nach 1819

Bei der späteren *Demagogenverfolgung* bildeten die Beamten der ab 1812 etablierten Geheimpolizei den wesentlichen Teil des dazu berufenen Polizeikoprs[315]. Politisch treibende Kraft der Verfolgungen nach 1819 war in Preußen Justizminister *von Kamptz*. Auf Grundlage der in Kap. 3.2.1. erörterten Karlsbader Beschlüsse, die als Folge der Ermordung des Dichters Kotzebue im August 1819

312 Emmermann (1819) Die Staatspolizei in Beziehung auf den Zweck des Staates und seine Behörden, S. 7.

313 Emmermann (1819), aaO., S. 9.

314 Emmermann (1819), S. 157 ff.

315 Nolte (2006), S. 8.

im Rahmen des Deutschen Bundes gefasst worden waren verschärfte sich die Repression gegen *„politische Oppositionelle“*, aus damaliger Sicht somit alle, die nicht die Auffassungen des Staates und seiner Organe teilten, zunehmend. Einer der Karlsbader Beschlüsse war der Presse gewidmet, was dem häufig beobachteten Prinzip entspricht, dass die Freiheit der Presse immer zuerst leidet wenn - in diesem Fall ohnehin nur sehr spärlich gewährte - Freiheitsrechte beschränkt werden sollen. Der Karlsbader Beschluss zur Beschränkung der Pressefreiheit sollte aber in Zusammenhang mit Hardenbergs Vorstellungen von Pressefreiheit nach dem Rigaer Manifest von 1807 gelesen werden. § 1 der *„Provisorischen Bestimmungen hinsichtlich der Freiheit der Presse“*, die Teil der Karlsbader Beschlüsse waren lautete[316]:

> *§ 1: „Solange als der gegenwärtige Beschluß in Kraft bleiben wird, dürfen Schriften, die in der Form täglicher Blätter oder heftweise erscheinen, deßgleichen solche, die nicht über 20 Bogen im Druck stark sind, in keinem deutschen Bundesstaate ohne Vorwissen und vorgängige Genehmhaltung der Landesbehörden zum Druck befördert werden. Schriften, die nicht in eine der hier namhaft gemachten Classen gehören, werden fernerhin nach den in den einzelnen Bundesstaaten erlassenen oder noch zu erlassenden Gesetzen behandelt. Wenn dergleichen Schriften aber irgend einem Bundesstaate Anlaß zur Klage geben, so soll diese Klage im Namen der Regierung, an welche sie gerichtet ist, nach den in den einzelnen Bundesstaaten bestehenden Formen, gegen die Verfasser oder Verleger der dadurch betroffenen Schrift erledigt werden.“...*

Ziel der Karlsbader Beschlüsse waren vor allem auch insbesondere Studenten, die in den meisten deutschen Staaten, so auch Preussen und Österreich, als Urheber der „Umtriebe“ galten[317], aber auch Hochschullehrer, deren Zensurfreiheit durch das Zensuredikt des Jahres 1819 aufgehoben wurde. Mit Bezugnahme auf Art. 2 der Deutschen Bundeakte wurde dem Deutschen Bund unter dem Gesichtspunkt der *„Erhaltung der Inneren Sicherheit Deutschlands“* die Kompetenz zur Kontrolle der Universitäten eingeräumt und durch das „Bundes-Universitätsgesetz“ umgesetzt. Der Karlsbader „Provisorische Bundesbeschluss über die in Ansehung der Universitäten zu ergreifenden Maßregeln“ lautete auszugsweise:

> *„§. 1. Es soll bei jeder Universität ein mit zweckmäßigen Instructionen und ausgedehnten Befugnissen versehener, am Orte der Universität residirender, außerordentlicher landesherrlicher Bevollmächtigter, entweder in der Person des bisherigen Curators oder eines andern, von der Regierung dazu tüchtig befundenen Mannes angestellt werden. Das Amt*

---

316 Karlsbader Beschlüsse, bestätigt am 20.09.1819; ausführlich dazu Huber, (1961) Dokumente zur deutschen Verfassungsgeschichte, Bd. 1, Stuttgart 1961, S. 95 ff.

317 Nolte (2006), S. 7.

dieses Bevollmächtigten soll sein, über die strengste Vollziehung der bestehenden Gesetze und Disciplinar-Vorschriften zu wachen.

§. 2. Die Bundesregierungen verpflichten sich gegeneinander, Universitäts- und andere öffentliche Lehrer, die durch erweisliche Abweichung von ihrer Pflicht oder Ueberschreitung der Grenzen ihres Berufes, durch Mißbrauch ihres rechtmäßigen Einflusses auf die Gemüther der Jugend, durch Verbreitung verderblicher, der öffentlichen Ordnung und Ruhe feindseliger oder die Grundlagen der bestehenden Staatseinrichtungen untergrabender Lehren, ihre Unfähigkeit zu Verwaltung des ihnen anvertrauten wichtigen Amtes unverkennbar an den Tag gelegt haben, von den Universitäten und sonstigen Lehranstalten zu entfernen, ohne daß ihnen hierbei, so lange der gegenwärtige Beschluß in Wirksamkeit bleibt, und bis über diesen Punkt definitive Anordnungen ausgesprochen sein werden, irgend ein Hinderniß im Wege stehen könne. Jedoch soll eine Maßregel dieser Art nie anders, als auf den vollständig motivirten Antrag des der Universität vorgesetzten Regierungs-Bevollmächtigten oder von demselben vorher eingeforderten Bericht beschlossen werden. Ein auf solche Weise ausgeschlossener Lehrer darf in keinem andern Bundesstaate bei irgendeinem öffentlichen Lehr-Institute wieder angestellt werden (…)

§. 4. Kein Studirender, der durch einen von dem Regierungs-Bevollmächtigten bestätigten (…) Beschluß eines akademischen Senats von einer Universität verwiesen worden ist, (…) soll auf einer andern Universität zugelassen (…) werden."

Auf Grundlage dieses Beschlusses wurde für jede Universität des Deutschen Bundes ein außerordentlicher Regierungsbevollmächtigter berufen, der Lehrende wie Lernende zu überwachen hatte. Diese Überwachungsaufgabe bezog sich ausdrücklich auch auf die Beaufsichtigung und Beobachtung der Lehre[318]. In der „*Instruktion für die außerordentlichen Regierungsbevollmächtigten*" und dem gleichzeitig erlassenen „*Reglement für die künftige Verwaltung der akademischen Disziplin und Polizeigewalt an den Universitäten*" vom 18. November 1819 wurde die Überwachung des universitären Lebens zur Aufgabe der Bevollmächtigten erklärt und als „*genaue kontinuierliche Beobachtung des ganzen Lebens und Treibens der Universität*" beschrieben[319]. Bei Beobachtung alleine blieb es jedoch nicht. Die neu installierte Universitätsgerichtsbarkeit sah auch eine Kompetenz zur Verhängung von Sanktionen gegen Studenten vor, die von der Karzerstrafe bis zum Verweis von der Universität reichten. Die ebenfalls mit den Karlsbader Beschlüssen vereinbarte „Mainzer Zentraluntersuchungskommission" diente einer möglichst vollständigen Erfassung sämtlicher potentiell „revolutionärer" Umtriebe von Studenten und Professoren an den allen Universitäten des Deutschen Bundes und stand unter Leitung von Metternich. Lokale Behörden und Universitäten waren verpflichtet, alle ihnen bekannt gewordenen

318 Ausführlich dazu Nolte (2006), S. 8 f.

319 Zit. nach Nolte (2008), S. 8.

Verfolgungsmaßnahmen der Kommission zu melden, die dann Maßnahmen der Verfolgung aller als potentielle Revolutionäre auffällig gewordenen Personen im Gebiet des deutschen Bundes koordinierte[320].

Gegen Professoren konnten ausweislich des § 2 des zit. Karlsbader Beschlusses Disziplinarmaßnahmen verhängt werden, die vor allem auf ihre Entfernung von der Universität und gegebenfalls die Verhängung eines Lehrverbots an allen Universitäten des Deutschen Bundes zielten. Bemerkenswert erscheint, dass die Lehrinhalte nur insofern von den verschärften Regeln betroffen waren, als sie geeignet sein konnten die Studenten gegen den Staat aufzubringen oder mit aus Sicht des Staates staatsfeindlichen bzw. revolutionären Ideen zu beeinflussen. Normiert worden war somit eine Generalklausel, die zur allgemeinen Vorsicht und Disziplinierung von Lehrenden und Lernenden führen sollte und teils auch geführt hat. Darauf, konkrete Lehrinhalte zu unterbinden oder vorzugehen haben die Autoren des Beschlusses jedoch verzichtet[321]. Die Strafen bei Missachtung waren auch in Staaten, in denen die Karlsbader Beschlüsse weniger drastisch umgesetzt wurden als in Preussen, wie etwa in Sachsen, durchaus empfindlich. So sahen etwa die Gesetze für Studierende an der Universität Jena Karzerstrafen von bis zu drei Wochen „geschärftem Arrest" und vier Wochen herkömmlichen Arrest sowie verschiedene mehr oder minder endgültige Formen der Relegation von der Universität vor[322]. *Horn* konkretisierte den Regelungsgegenstand der bisher den Universitäten, nun dem Staat zukommenden akademischen Gerichtsbarkeit in einer Untersuchung aus dem Jahr 1905 wie folgt[323]:

> *„Deshalb wurde durch das Reglement vom 18. November 1819 statt des bisherigen Syndikus ein eigener Universitätsrichter eingesetzt und diesem hauptsächlich die Verwaltung der akademischen Disziplin und Polizeigewalt übertragen. Die Zuständigkeit desselben und dass daneben noch der Rektor an Disziplinarbefugnis behielt, kann ,hier unerörtert bleiben. Hervorzuheben ist nur, dass als größere Vergehen in jenem Reglement betrachtet werden: Duelle, Realinjurien, Störung der Ruhe an öffentlichen Orten, Beleidigungen einer Obrigkeit und eines Lehrers, Aufwiegelei und Rottenstiftung, Verrufsverhängung, Teilnahme an geheimen Verbindungen. Das war aber gerade der Inbegriff alles dessen, was in vorigen Zeiten, wie wir sehen werden, der Student als akademische Freiheit angesehen haben (…)"*

Wie nachfolgende Karikatur zu den Karlsbader Beschlüssen zeigt waren diese in ihrem beabsichtigten Repressionseffekt nur mäßig erfolgreich:

---

320 Ausführlich zur Mainzer Zentraluntersuchungskommission Siemann (1985) Die Mainzer Zentraluntersuchungskommission 1819–1828.

321 Dazu Huber (1961), aaO.

322 Vgl. Gesetze für Studierende an der Gesamtakademie Jena aus dem Jahr 1821, §§ 45 ff.

323 Horn (1905) Akademische Freiheit, S. 6.

Abbildung: Zeitgenössische Karikatur zu den Karlsbader Beschlüssen[324]

Festhalten lässt sich demnach zunächst, dass ungeachtet der Frage, ob und gegebenenfalls wie weitreichend vom Steins und von Hardenbergs Reformansätze der Jahre nach 1806 auch Elemente des politischen Liberalismus enthalten haben die politische Wirklichkeit in Preußen ab 1806 und in besonderem Maße nach 1819 von Repression und Restriktion gekennzeichnet war; Ansätze eines politisch liberalen Systems sind in der preußischen Wirklichkeit der Epoche nicht zu erkennen. Die Restriktionen betrafen in besonderer Weise auch Studenten. Nachfolgend wird anhand der Entwicklung der Verfassungsdiskussion des Vormärz in Preußen überprüft, ob und in welchem Umfang Elemente des politischen Liberalismus Eingang in preußische Verfassungen und in die Lebenswirklichkeit der preußischen Gesellschaft gefunden haben.

3.4.3. Die Freiheit an preußischen Hochschulen

3.4.3.1. Die Bedeutung der Humboldt'schen Universitätsreformen für Thun

3.4.3.1.1. Die Bewertung der Vorbilder der Thun'schen Reformen

In der Beurteilung des Wirkens und der Wirkung Leo Thuns findet sich in unterschiedlicher sprachlicher Schärfe immer wieder das Stereotyp, er habe die

324 Quelle: Universität Leipzig unter http://www.uni-leipzig.de/~agintern/uni600/ug164.htm (15.04.2014).

„Humboldt'sche Hochschulreform“ bzw. „das deutsche Modell“ in Österreich implementiert bzw. dies zumindest versucht, wobei die Bewertungen der Grades der Thun unterstellten schlichten Nachahmung deutscher Hochschulreformen variiert, aber im Grundsatz meist eine mehr oder minder imitierende Orientierung an den Grundsätzen des deutschen Hochschulwesens unterstellt. So schreibt etwa Höflechner in einem „Reader zur allgemeinen Wissenschaftsgeschichte“ aus dem Jahr 2008[325]:

> *„Auch in den Ländern Nord- und Osteuropas – wo sich in Russland vor allem trotz der Dominanz des deutschen Systems auf Grund des Absolutismus doch „französische“ Elemente ausgeformt hatten – setzte sich schließlich das deutsche Modell durch, das in Österreich nach 1848 durch Leo Graf Thun- Hohenstein zum Leitmodell wurde, das man als Vorbild erachtete, aber nicht unbedingt kopieren wollte“*

Weniger relativierend wird der Rückgriff der Thun'schen Reformen auf die mit dem Namen Humboldt verbundenen deutschen Reformen auch noch im Jahr 2014 in einem mit „Universitäten zwischen Freiheit und Verantwortung“ betitelten Werk von Novak dargestellt[326]:

> *„Als historische Eckpunkte für die jüngere Entwicklung der wissenschaftlichen Hochschulen auf österreichischem Boden sind vor allem zwei Ereignisse von zentraler Relevanz: Es ist dies zum einen die Säkularisierung der Universitäten unter Maria Theresia und Joseph II., im 18. Jahrhundert, und die damit einhergehende Umwandlung der Universitäten in dem Staat nach- und untergeordnete Einrichtungen mit Anstaltscharakter. Zum anderen sind damit die Neuausrichtung der Universitäten im Gefolge der Strömungen des aufgeklärten Absolutismus und Vormärz sowie der daraus resultierenden Revolution im 19. Jahrhundert, und die damit verbundenen Reformen, die maßgeblich mit dem Wirken des österreichischen Cultusministers Graf Leo Thun-Hohenstein und dem Leitbild der deutschen Universität nach Wilhelm von Humboldt im Zusammenhang stehen, angesprochen. Beide Ereignisse haben die österreichische Universitätslandschaft nachhaltig beeinflusst. Sie sind teils bis heute dem Grunde nach tragende Pfeiler der österreichischen Universitätsidee geblieben, wie an den Grundsätzen, Zielen und Aufgaben des aktuellen rechtlichen Handlungsrahmens der Universitäten abgelesen werden kann; welche, zumindest in der idealtypischen Ausrichtung der Universitäten, immer noch deutlich die Handschrift des humboldtschen Universitätsideals zeigen“.*

Auch Kopetz stellt die Reformen Thun-Hohensteins wie ihre Nachwirkung unmittelbar mit dem Namen Wilhelm von Humboldt und der ihm zugeschriebenen Hochschulreform in Zusammenhang[327]:

---

325 Höflechner (2008), S. 130. Vgl. beispielsweise aus der Standardliteratur zum österreichischen Unterrichtswesen Engelbrecht, Band 3, (1986), S. 233 f.

326 Novak (2014) Universitäten zwischen Freiheit und Verantwortung, Einleitung, S. 3.

327 Kopetz (2002), Forschung und Lehre, S. 30.

„Für Österreich hat die klassische Universitätsdee, die in ihren wesentlichen Zügen eine deutsche Erfindung ist, durch die Universitätsreform des Ministers Leo Graf Thun-Hohenstein aus dem Jahr 1849 Bedeutung gewonnen. Als Vertreter des katholisch-konservativen Lagers gelang ihm in der neoabsolutistischen Ära die bewusst an deutschen Vorbildern orientierte Neuorganisation der Universität, die als entscheidende Neuerung Lehr-und Lernfreiheit, die akademische Selbstverwaltung und die Verbindung von Forschung und Lehre gesetzlich verankerte".

Andere Stimmen im Schrifttum betonen stärker, dass Thun zwar im Grundsatz das Humboldt'sche Modell umsetzen wollte, dies aber, wie etwa Ogris formuliert, wegen des erbitterten Widerstands von Traditionalisten nur „schaumgebremst" tun konnte[328]. Insgesamt besteht jedoch kaum ein Zweifel an der Bewertung einer als *Humboldt'sches Universitätsmodell* verstandenen Form des staatlichen Umgangs mit Universitäten als Vorbild für die in Österreich mit dem Namen Thun-Hohenstein verknüpften Hochschulreform der Mitte des 19. Jahrhunderts. Zweifel an diesem Zusammenhang werden jedoch durch eine neue Forschungsströmung geweckt, die grundsätzlich in Frage stellt, ob es „die Humboldt'schen Reformen" in der meist als selbstverständlich angenommen Form überhaupt gegeben hat. Für diese Strömung stehen vor allem vom Bruch[329] und Paletschek[330], die das Modell der Humboldt'schen Universität als Erfindung des 20. Jahrhunderts versteht. Wäre dies so könnte sie naturgemäß nicht Mitte des 19. Jahrhunderts bereits Thun-Hohenstein als Vorbild gedient haben.

3.4.3.1.2. Die Diskussion um die Existenz des „Humboldt'schen Modells"

Paletschek geht explizit davon aus, dass „der Topos der Humboldt'schen Universität eine Erfindung des 20. Jahrhunderts"[331] sei. Dies zeige schon eine gründliche Untersuchung zeitgenössischer Werke des 19. Jahrhunderts. eder in Denkschriften zu Universitätsreformen noch in Handbüchern des Staatsrechts oder Lexikonartikeln werde Wilhelm von Humboldt zitiert; auch wird nach Paletschek an keiner Stelle der zeitgenössischen Literatur auf die Universität Berlin Bezug genommen oder diese als Vorbild für spätere Universitätsgründungen oder die Umsetzung von Reformansätzen herangezogen[332]. Ausgangspunkt des Universitätsverständnisses des 19. Jahrhunderts seien

328 Ogris (1999) Die Universitätsreform des Ministers Leo Graf Thun-Hohenstein, S. 17.
329 Vom Bruch (1983) Humboldt-Universität zu Berlin, S. 51 ff.
330 Ausführlich dazu Paletschek (2002) Die Erfindung der Humboldt'schen Universität.
331 Paletschek (2007) aaO., S. 184.
332 Paletschek (2007) aaO., S. 184.

in Deutschland nicht Humboldt oder die Universität Berlin gewesen sondern die Universitäten in Göttingen und Halle, die bereits seit dem späten 18. Jahrhundert die Lehr-und Lernfreiheit im Zuge der Ihnen zugestandenen akademischen Selbstverwaltung umgesetzt hätten. Erst seit Anfang des 20. Jahrhunderts habe sich der Begriff der Humboldtschen Reformen verbreiten und als „mentalitätsprägend" für das deutsche Hochschulwesen etablieren können, da er immer wieder „neu konstruiert" und verstärkt worden sei[333]. Paletschek differenziert die von ihr angenommene Integration des Humboldtschen Modells in das Allgemeinverständnis der deutschen Wissenschaftsgeschichte in folgende Phasen[334]:

Phase I: *„Inthronisierung der neuhumanistischen Universitätsidee ca. 1900-1910 — Legitimierung von Grundlagenforschung, Ausfluss des neoidealistischen Zeitgeists und Glorifizierung preußischer Bildungspolitik im Namen der Nation"*

Phase II: *„Konsolidierung in den 1920er Jahren — Die überzeitliche neuhumanistische Universitätsidee als Weg aus der Krise und Rückkehr zu einer ganzheitlichen Wissenschaftsauffassung"*

Phase III: *„Überwindung „der neuhumanistischen Universitätsidee im National-sozialismus"*

Phase IV: *„1945 und Nachkriegszeit — restaurativer Rückgriff auf die Diskussion der 1920er Jahre und den Neuhumanismus"*

Besonders genährt wurde der „Mythos Humboldt" nach Paletschek von der Wissenschaftspolitik der DDR. So habe der Rektor der Berliner Universität anlässlich seiner Eröffnungsrede im Jahr 1946 die Wirkung Humboldts wie folgt betont: *„Auch heute ist das Programm, das Wilhelm von Humboldt entworfen hat, eine Quelle der Kraft und eine Wegleitung in unsere Zukunft (…) Unsere Zeit wird eine Zeit freier deutscher Geistesarbeit sein (…)*[335]". Die Umbenennung der Berliner Universität in *„Humboldt-Universität"* im Jahr 1948 wird als weiterer Schritt in die Mystifizierung des Begriffs Humboldt in Zusammenhang mit dem deutschen Hochschulwesen verstanden, wobei freilich dieser Aspekt alleine kaum zur Legitimation der Annahme eines „Wissenschaftshoax" ausreicht, wie ihn Paletschek im Ergebnis unterstellt.

333 Paletschek (2007) aaO., S. 184.
334 Paletschek (2007) aaO., S. 186 ff.
335 Zit. nach Paletschek (2002), S. 200 f.

3.4.3.1.3. *„Humboldt" als Legitimation des demokratischen Deutschland*

Bemerkenswert erscheint jedoch ein anderer Aspekt, den Paletschek anspricht. Stärker als die DDR habe sich in der weiteren Entwicklung die Bundesrepublik Deutschland auf eine neuhumanistische Tradition berufen. Diese Argumentationslinie sei wesentliches Element der Aufarbeitung des Nationalsozialismus gewesen, dessem totalitären und menschenverachtenden Ansatz das Humboldt'sche Modell als historisch-demokratische Legitimation entgegengestellt worden sei, aus dem ein demokratisches Erbe des deutschen Hochschulwesens insgesamt abgeleitet werden könne. Unter Bezugnahme auf Humboldt sei es so möglich gewesen den Nationalsozialismus als „Ausrutscher" der deutschen Hochschulgeschichte darzustellen; *„als eine Zeit des Ruins, in die die Universität zwölf Jahre 'hineingezwungen' wurde"*[336]. Angemerkt sei in diesem Zusammenhang, dass diese Sicht etwas verkürzt erscheint. Die Universitäten standen weder zur Zeit des Nationalsozialismus noch in den Jahren zuvor außerhalb der allgemeinen gesellschaftlichen Entwicklungen, sondern nahmen diese teils sogar vorweg: Zeitgleich mit der *Brüning'sche Deflationspolitik*, die dem Reichskanzler den Beinamen „Hungerkanzler"[337] einbrachte, was die Auswirkungen dieser Wirtschaftspolitik plastisch illustriert nahm nicht nur die Armut, sondern auch die politische Radikalisierung der Gesellschaft in der Endphase der Weimarer Republik zu. Noch dramatischer als die ökonomischen Folgen dieser Politik werden freilich die politischen Auswirkungen der Massenverarmung bewertet; *Carlo Schmitt* etwa bezeichnet die Wirtschaftskrise als „Motor der Zerstörung der Demokratie"[338]. Dafür spricht ein Blick auf die Wahlergebnisse dieser Zeit, die jedenfalls insofern unmittelbar mit Brüning's Politik zusammenhängen, da sein radikaler Deflationskurs ihn zwischen 1930 und 1932 drei Mal zur Auflösung des Reichstags zwang. Bei den in der Folge erforderlichen Wahlen steigerte die NSDAP ihren Stimmenanteil von 2,5% auf 18, 6%; auch die KPD legte kräftig zu[339]. Der „Hungerkanzler" trieb jedenfalls auf den ersten Blick die Wähler, die sich jeder Hoffnung auf Wohlstand beraubt sahen in die Hände extremer Parteien, wenngleich dieser Zusammenhang nicht den Blick für eine Vielzahl weiterer Ursachen der poli-

---

336 Paletschek (2002), S. 202 unter Berufung auf eine Rektoratsrede von Jaspers aus dem Jahr 1945.

337 Vgl. dazu einen Kommentar aus heutiger Sicht Spiegel Online vom 04.05.2009 unter http://www.spiegel.de/spiegel/print/d-65243770.html; (20.04.2014).

338 Zit. nach Mehring, Carl Schmitt: Aufstieg und Fall (2009), S. 220

339 Ausführlich Mehring (2009).

tischen Entwicklung der dreissiger Jahre, wie etwa die Aufarbeitung des ersten Weltkriegs und des Vertrags von Versailles in der deutschen Öffentlichkeit verschließen darf[340]. Der schon 1926 gegründete nationalsozialistische Studentenbund wurde unter den skizzierten gesellschaftlichen und wirtschaftlichen Bedingungen ab Ende der 20er Jahre die tonangebende Gruppe an zahlreichen deutschen Fakultäten, was deren Berufungspolitik zunehmend erschwerte. Liberale, der Republik zugewandte oder gar sozialistische Professoren waren als Kandidaten für Professuren kaum noch zu vermitteln. Diese Entwicklung verschmälerte den Spielraum der Fakultäten bei der Besetzung von Lehrstühlen mit „linken" Professoren erheblich. Bereits 1929 gewann der NS - Studentenbund auch Hochschulwahlen wie beispielsweise in Kiel und machte in der Folge massive öffentliche Stimmung gegen unliebsame Professoren. Eines der Opfer an der Kieler Universität, der zuvor Professoren wie Radbruch angehört hatten, war *August Skalweit*, der während der „Machtübernahme" 1933 Rektor der Universität gewesen war. Am 5. März 1933 legte er sein Rektorat nieder nachdem ihm nationalsozialistische Gruppierungen lautstark die Unterstützung kommunistischer Studenten vorgeworfen hatten. Auch an der Universität Marburg hatte der nationalsozialistische Studentenbund, der lange ein „sektiererisches Dasein" an der Universität gefristet hatte bereits 1931 die Hälfte der Kammersitze bei den Studentenkammerwahlen erhalten, was mit der Machtzunahme der NSDAP bei den allgemeinen Wahlen in der Region korrespondiert[341]. Diese Beispiele zeigen, dass deutsche Universitäten sich schon vor Machtübernahme der Nationalsozialisten nicht von der gesellschaftlichen Entwicklung in Deutschland abkoppeln konnten, obwohl sie dies vereinzelt sogar beispielsweise durch Personalentscheidungen noch versucht haben. Bei Verständnis der Universität als Teil des gesellschaftlichen Lebens besteht daher kaum Anlass, das Modell „Humboldt" als nachträgliche demokratische Legitimation der wie andere Institutionen auch vom nationalsozialistischen System und dessen Vorboten betroffenen Organisation Universität zu konstruieren, wie es Paletschek im Ergebnis unterstellt[342]. Ebenso wenig Anlaß besteht andererseits, Universitäten als herausragende und tragende Institution der nationalsozialistischen Gesellschaftsstrukturen zu verstehen, was im gegebenen Zusammenhang jedoch nicht zu vertiefen ist.

---

340 Dazu wurde der Begriff der „Dolchstoßlegende" gebräuchlich; vgl dazu Mehring (2009), aaO.

341 Nagel (2000) Die Philipps-Universität im Nationalsozialismus, S. 58.

342 Paletschek (2002), S. 202.

3.4.3.1.4. „Humboldt" als Bezugspunkt Thun-Hohensteins

Vereinfacht ausgedrückt geht Paletschek von den Humboldt'schen Reformen als selbstreferentiellem Modell aus das umso mehr Geltungsanspruch entfaltet, je häufiger es zitiert, beschrieben und schlicht als gegeben vorausgesetzt wird. Dafür sprechen zumindest die hier im Zusammenhang mit den Ursprüngen und Motiven der Thun-Hohenstein'schen Reformen als Beispiel für viele zitierten Bezugnahmen auf das Humboldt'sche Modell, die sich im Ergebnis nicht auf eigene Forschungen, sondern die Übernahme als gesichert geltender Kenntnisse berufen.

Einen wertvollen Hinweis auf die fragliche Orientierung Thun-Hohensteins und anderer tragender Figuren der österreichischen Hochschulreformen der Jahre 1848 kann daher womöglich die Korrespondenz Thun-Hohensteins geben. Im Zuge eines Projekts der Universität Innsbruck, an der vom 5.bis 7. Juni 2013 auch die Thun-Hohenstein gewidmete Tagung mit dem programmatischen Titel *„Für Geist und Licht!... Das Dunkel schwand." Die Thun-Hohensteinschen Universitätsreformen 1849–1860. Konzeption – Umsetzung – Nachwirkungen*" stattfand wird derzeit eine digitalisierte Edition der Korrespondenz Thun-Hohenstein erarbeitet[343]. Da die bisher herausgegebenen Schriftstücke im Wesentlichen aus dem Nachlass Thun-Hohensteins stammen und Abschriften seiner eigenen Schreiben in diesem kaum enthalten sind lässt sich eine Überprüfung des Einflusses der Humboldt'schen Reformen auf die Reformansätze Thun-Hohensteins zunächst vor allem anhand der an ihn gerichteten Korrespondenz feststellen. Das erste Ergebnis scheint eindeutig: Der Name Humboldt wird in der gesamten Korrespondenz, soweit sie bisher editiert wurde nicht erwähnt. Wesentliche Thematik waren in Bezug auf die deutschen Hochschulen hingegen die von manchen Gesprächspartnern angenommene Unvereinbarkeit des Engagements protestantischer preußischer Lehrer bzw. Hochschullehrer im katholischen Österreich. In diesem Zusammenhang wurde von preußischen Gesprächspartnern aber auch konstatiert, dass Thun-Hohenstein sich auf Erfahrungen des preußischen Unterrichtswesens stütze und sinnvolle Erkenntnisse berücksichtige, ohne dies mit einem „Modell" oder dem Namen Humboldt in Verbindung zu bringen. So schreibt etwa Friedrich Wilhelm Radziwill, ein preußischer General den Thun um Auskunft gebeten, hatte am 24.11.1849[344]:

---

343 Zu dem Editionsprojekt und zu der Tagung Österreichische Gesellschaft für Wissenschaftsgeschichte unter http://wissenschaftsgeschichte.ac.at/files/resnovae/05_2014.pdf, S. 8 (20.04.2014).

344 Staatsarchiv Tetschen Nachlass Thun A3 XXI D17.

„Ich bin Ihrer Wirksamkeit mit lebhaftem Interesse in den officiellen Blättern gefolgt. Sie führen vieles bei Ihren neuen Organisationen ein, das sich bei uns in der Erfahrung bewährt, und haben so viel ich weiß einen preußischen Schulmann (..) der früher in angestellt war, ins Ministerium gezogen. Sie werden wohl gesehen haben, daß der praktisch brauchbare Mann, ganz auf einer protestantisch philosophischen Basis steht und also in einem überwiegend katholischen Erziehungssysteme nur bedingt zu brauchen ist. Ich kann mich wenigstens nicht von der Überzeugung losmachen, daß Schulen auf einer streng confessionellen Grundlage organisirt werden müssen, und denke auch, daß Sie sich an diesen Grundsatz halten".

In einem weiteren Schreiben an Thun vom 21.Januar 1850[345] beruft sich Radziwill auf ein in der digitalisierten Edition der Thun'schen Korrespondenz derzeit nicht vorliegendes Schreiben von Thun vom 30. November 1849 und stellte erfreut fest, dass offensichtlich auch Thun seine Auffassung teile, dass Schule und Kirche keinesfalls voneinander getrennt werden könnten. Radziwill erneuert aber seine Kritik an der Ernennung des nun namentlich genannten *Bonitz* zum Leiter des Philologischen Seminars:

„Die Unterrichtsfrage ist jetzt Gegenstand interessanter Debatten (…) man scheint sich dort, in diesem Pandaemonium modern constitutioneller Doktrinen noch gerade von der praktischen Unhaltbarkeit so mancher in denselben als Axiome aufgestellter Behauptungen zu überzeugen, unter andern von der Unmöglichkeit Schule und Kirche von einander zu trennen. Ich freue mich aus Ihrem Briefe zu sehen, daß auch Sie der Ansicht sind, und habe ich auch ein anderes nicht von Ihrer Gesinnung erwartet. Daß auf den Universitäten bei Ihnen auch Protestanten angestellt werden, ist gewiß im Prinzipe richtig, man hatte mir indes gesagt, Professor Bonitz sei an der Spitze des philologischen Seminar's gestellt, das zur Bildung der künftigen Gymnasiallehrer bestimmt ist, und diese Anstellung war mir in Bezug auf das Prinzip einer vorherrschend confessionellen Richtung dieser Lehranstalten bedenklich vorgekommen"

Noch deutlicher fällt die Kritik an der Berufung von Bonitz in einem Schreiben des Fürstbischofs Diepenbrock vom 04. April 1850[346] aus:

„Zugleich erlaube ich mir in redlichem Vertrauen Eurer Excellenz einen gestern von Herrn Geheimenrath [sic!] Dr. Brüggemann (gegenwärtig in) erhaltenen Brief aus dem Grunde zur gefälligen Einsicht mitzutheilen, weil darin eine, auch Eure Excellenz nahe betreffende Angelegenheit berührt wird, die Berufung nämlich preußischer Professoren nach (…). Ich kann es nicht läugnen, daß diese Maßregel, und insbesondere manche der Personen, auf welche sie sich erstreckt, hier und anderwärts in intelligenten Kreisen Gegenstand des Befremdens und der Besorgnis geworden, und daß man sich fragt, ob denn nicht schon

345 Staatliches Gebietsarchiv Leitmeritz, Zweigstelle Tetschen-Bodenbach Familienarchiv Thun-Hohenstein, Linie Tetschen, Nachlass Leo Thun A3 XXI D32.

346 Staatliches Gebietsarchiv Leitmeritz, Zweigstelle Tetschen-Bodenbach Familienarchiv Thun-Hohenstein, Linie Tetschen, Nachlass Leo Thun A3 XXI D42.

hinlänglichen eigenen Vorrath an auflösenden und zersetzenden Elementen habe, daß es sich derlei Stoffe künstlich von außen importire und einimpfe? Insbesondere nennt man hier einen Gelehrten (1), der mit seinen Vorschlägen dabei zu Rathe gezogen seyn soll, und dem man wohl philologisches Wissen, umso weniger aber alles andere zuerkennen will, worauf es bei der Auswahl der Jugendbildner, zumal für ein katholisches Land, doch zunächst ankommen dürfte".

Festzustellen ist, dass zwar heftige Kritik an der Berufung eines Protestanten in eine leitende Funktion im Zuge der Neuordnung des österreichischen Unterrichtswesens geäußert wurde, damit aber keine Kritik oder auch nur Erwähnung der Übernahme eines Systems, sondern allenfalls der einiger bewährter Einrichtungen dieses Systems verbunden wird. Auch sonst findet sich in der Korrespondenz nicht nur keine Erwähnung des Namens Humboldt, sondern auch kein Hinweis darauf, dass die Reformen Thun-Hohensteins als *Übernahme* eines preußischen Modells verstanden worden wären. Auf Grundlage der Korrespondenz Thun-Hohensteins, soweit sie bereits gesichtet werden kann, kann Paletschek zumindest insofern nicht widersprochen werden, dass im 19. Jahrhundert selbst weder der Name Humboldt noch die mit ihm verbundene Universitätsreform in Preußen für die Protagonisten jedenfalls der österreichischen Reformen, die mit dem Namen Thun-Hohenstein verbunden sind, eine Rolle gespielt haben. Dieser Befund kann allerdings noch nicht als zwingender Beweis dafür verstanden werden, dass die Humboldt'schen Ideen nicht maßgeblichen Einfluss auf die Reformansätze Thuns genommen hätten; festzustellen ist jedoch, dass offensichtlich von einer Übernahme eines fertigen Konzepts oder eines Modells weder bei Thun selbst noch bei seinen Korrespondenzpartnern die Rede war. Angesprochen wurden nur einzelne Aspekte der in Preussen durchgeführten Reformen, im Vordergrund stand aber, bezogen auf die Eignung von Kandidaten für die Übernahme einer Funktion in der neu zu gestaltenden österreichischen Bildungslandschaft, die Konfessionsfrage. Offensichtlich hat Thun aber trotz deutlicher Kritik insbesondere auch aus der katholischen Kirche an seinen Entscheidungen etwa für Bonitz festgehalten.

Einen Hinweis auf die allgemein angenommene Übernahme preußischer Konzepte oder Reformmodelle könnte auch die Durchsicht des 1893 verfassten Werks von Frankfurter ergeben. Die beinahe noch zeitgenössische Arbeit widmet sich zwar den in ihrem Titel „*Graf Leo Thun-Hohenstein, Franz Exner und Hermann Bonitz*" angesprochenen Personen, aber naturgemäß vor allem deren Wirken für die Reform des Österreichischen Bildungswesens[347]. Auch die Durchsicht dieses Werkes zeigt, dass der Name Humboldt nicht einmal erwähnt

---

347 Frankfurter (2013) *Graf Leo Thun-Hohenstein, Franz Exner und Hermann Bonitz*, S. 21 f. (Originalausgabe 1893).

wurde. Ebenso wenig finden die Reformen, die mit seinem Namen verbunden werden Erwähnung als Modell für die österreichischen Reformen. Einen indirekten Hinweis auf die Bereitschaft Thuns ausländische Modelle zu übernehmen könnte dessen Charakterisierung sein. Frankfurter konstatiert, dass sich Thun vor allem auch dadurch ausgezeichnet habe, dass er jeder seiner Tätigkeiten einen eigenen „Stempel aufgedrückt" habe was gegen die Annahme der bloßen Übernahme von anderenorts erprobten Modellen spricht:

> *Mit allen Zweigen des Staatslebens innig vertraut und von einer seltenen Beherrschung aller praktischen Hilfsmittel der Politik brachte er seiner Aufgabe vollste Hingebung und klarstes Verständnis entgegen. Energisches Wollen und zielbewusstes Handeln, das bei kleinlichen Bedenklichkeiten nicht halt machte, zeichneten ihn ebenso aus wie hohe Idealität des Denkens und Empfindens, und was daher am meisten bei ihm bewundert wurde, das war die ganze geistige Potenz des Mannes. Zwar ermangelte er der schöpferischen Originalität, und er gab sich daher willig dem Einflüsse größerer Geister hin, aber er drückte allem, was er that und wofür er stritt, den geistigen Stempel seines eigenen Wesens auf; man hatte das Gefühl, es nicht mit einem bloßen Nachbeter fremder Gedanken zu thun zu haben, sondern dass alles seinem Nachdenken entsprungen und auf innerster Überzeugung beruhe. Hatte er aber einen Gedanken gefasst, so war er auch der Mann, ihn durchzuführen und ohne Rücksicht auf Beifall oder Widerspruch, auf Erfolg oder Misserfolg dabei zu beharren; felsenfeste Treue gegen sich selbst und Verachtung der Consequenzen bestimmten sein Handeln, und stets ließ er sich von sachlichen Motiven leiten, ohne persönlichen Raum zu geben.*[348]

Leo Thun-Hohenstein erscheint demnach als ein konsequenter Geist, der sich beraten lässt, aber im Endeffekt umsetzt was er selbst für richtig hält. Dazu passt die Beschreibung Exners, bei Thun handele es sich „*um einen Mann, der alles aus lautersten Motiven tut*"[349]. Ob die Übernahme eines preußischen Konzepts für die österreichischen Reformen, mit denen er betraut worden war, mit der Persönlichkeit Thuns vereinbar gewesen wäre mag zunächst dahinstehen; bezweifelt werden darf aber, dass eine derartige Übernahme unter den politischen Umstände der Jahre nach 1848 durchsetzbar gewesen wäre. Festzuhalten ist zunächst, dass sich weder in der bisher zugänglichen Korrespondenz noch im umfassenden Werk Frankfurters ein Hinweis auf Humboldt oder die Übernahme des mit seinem Namen verbundenen Konzepts in Österreich findet. Übernommen wurden allerdings „*in der größten Not*" einige preussische Schulbücher[350].

---

348 Frankfurter (1893) *Graf Leo Thun-Hohenstein, Franz Exner und Hermann Bonitz*, S. 21 f. (Reprint 2013, Originalausgabe 1893).

349 Frankfurter (1893) aaO., S. 16.

350 Frankfurter (2013) aaO. S. 31.

3.4.3.2. *Wilhelm von Humboldt und die preußische Universitätsreform*

3.4.3.2.1. *Die Elemente der Humboldt'schen Universitätsreform*

Wie die Erörterung der Repressionen, die vor allem in Österreich und Preussen auf Grundlage der Karlsbader Beschlüsse erfolgt sind gezeigt hat kann von liberalen Studienbedingungen in Preußen jedenfalls in Bezug auf die äußeren Umstände wie Disziplinargewalt, Kontrolle der Studierenden und eine rigorose Universitätsgerichtsbarkeit nicht die Rede sein, wenn auch die 1819 ergangenen Restriktionsmaßnahmen an den einzelnen Universitäten in unterschiedlicher Konsequenz umgesetzt worden sein mögen. *Liberal* können daher nur „innere Studienbedingungen" in dem Sinne gewesen sein, dass Lehr- und Lernfreiheit gewährleistet waren und sich der Staat zumindest aus diesen Essentialia des Studiums herausgehalten hat. Auch dies war aber, wiegezeigt, dann nicht mehr der Fall, wenn Lehrende wagten als aufrührerisch verstandenen Lehrinhalte zu verbreiten. Für diesen Fall sah der *„Provisorische Bundesbeschluss über die in Ansehung der Universitäten zu ergreifenden Maßregeln"* vom 20. 09. 1819, ein Einzelreglement der Karlsbader Beschlüsse, Restriktionen auch über Landesgrenzen hinweg vor und im Ergebnis auch ein bundesweites Lehrverbot. Dieser Umgang mit universitären Lerninhalten ist kaum gemeint, wenn der preußischen Universität nach den Humboldt'schen Reformen des Attribut „liberal" verliehen wird. Das Humboldt'sche Universitätsideal wird aber nicht nur als Lehrfreiheit verstanden. In der knappen Zusammenfassung von Paletschek bezieht sich die „neuhumanistische Universitätsidee"[351] auf folgende Elemente[352]:

- die Einheit von Forschung und Lehre;
- die Freiheit von Forschung und Lehre;
- die Idee der zweckfreien Wissenschaftsbezogenheit der Universität, an der *„nicht die akademische Berufsbildung, sondern das wissenschaftliche Studium primäres Ziel sei"*[353];
- die Idee der Persönlichkeitsbildung durch Wissenschaft.

Paletschek versteht darüber hinaus auch die Idee der *„Einheit aller Wissenschaften an der Universität, die durch die Disziplinen der philosophischen Fakultät zusammengehalten werden"* als Teil des neuhumanistischen Bildungsideals[354]. Vom

---

351 Paletschek (2002), S. 193.
352 Paletschek (2002), S. 193.
353 Paletschek (2002), S. 193.
354 Paletschek (2002), S. 193.

Bruch geht davon aus, dass diese Ideale *„mühsamen und oft genug faulen Kompromissen unterworfen"* waren und stellt fest:

> *„Die ideale Humboldt-Universität war mit der realen deutschen Universität des 19. Jahrhunderts niemals deckungsgleich, und schon gar nicht in Berlin selbst in der ersten Jahrhunderthälfte, aber sie gezogen aus der idealen Konstruktion ihre Dynamik"*[355]

Vom Bruch zieht aus dieser Diagnose der nahe liegenden Schluss, dass die Universität nach dem Humboldt zugeschriebenen Universitätsideal nicht zur „nostalgischen Verklärung" tauge, aber immerhin dazu, sich bei aktuellen Gestaltungen der Universitätspolitik auf diese Ideale zu besinnen[356]. Zu bedenken sei aber, dass gerade durch die postulierte Staatsferne der „idealen Universität", die in der Realität nie bestanden habe, diese besonders abhängig sei von den jeweiligen gesellschaftlichen Rahmenbedingungen, die diese Freiheit gewährleisten müssten. Bemerkenswert an der Gründung der Universität Berlin 1810 sei insofern auch vor allem, dass diese in eine Zeit fiel, in der auch in Preußen starke staatliche Kräfte sich von der „Wissenschaftsuniversität" vollends lossagen wollten und eine heutigen Fachhochschulen entsprechende *zweckgebundene* Hochschulstruktur mit dem Schwerpunkt auf Vermittlung von berufsspezifischem Wissen schaffen wollte. Insofern habe sich die Idee eines Hochschulideals mit dem Ziel zweckfreier Forschung zumindest vom konzeptionellen Ansatz her durchgesetzt[357]. Ausgehend davon, dass es sich beim Humboldt'schen Universitätsideal um ein Ideal handelte, dass sich nicht einmal in Preussen in der Praxis der politischen Repression und staatlichen Interessendurchsetzung etablieren, geschweige denn behaupten konnte spricht wenig dafür, dass Leo Thun-Hohenstein, der, wie schon die zitierten Auszüge seiner Korrespondenz zeigen, in Preussen bestens „vernetzt" war ein derart unvollkommenes und in der Praxis keinesfalls bewährtes Modell insgesamt in Österreich umsetzen wollte. Weit näher liegt, dass einzelne reale Reformschritte wie etwa Prüfungsverfahren, die sich aus Sicht Thuns und seiner Berater als geeignet erwiesen hatten den ihnen zugedachten Zweck zu erfüllen übernommen wurden bzw. übernommen werden sollten. Diese Beurteilung entspricht auch der Feststellung von Spenbuch, der nicht nur wie Paletschek konstatiert, dass *„von einer Übernahme des Humboldt'schen Berliner Modells in Preußen-Deutschland (…) nicht gesprochen*

---

355 Vom Bruch (1999) Langsamer Abschied von Humboldt? in Ash/Mitchell Mythos Humboldt, S. 38.

356 Vom Bruch (1999) Mythos Humboldt, S. 48,

357 Vom Bruch (2005) Universitätsreform als Antwort auf die Krise - Wilhelm von Humboldt und die Folgen, S. 46.

werden“ könne, sondern es sich „*gutenteils (...) um eine retrospektive, nationalpolitisch motivierte Zuschreibung*“ handle und Rezeption des „Humboldt'schen Modells“ in anderen Ländern im hier vertretenen Sinne ausdrücklich ausführt:

> *„Auch außerdeutsche Länder übernahmen nicht platt ein Vorbild oder System, sondern adaptierten selektiv Versatzstücke in eigene Traditionen*“[358]

3.4.3.2.2. Humboldts Anteil an der Humboldt'schen Universitätsreform

Als Zwischenergebnis der Wirkung der Humboldt'schen Reformen lässt sich zunächst festhalten, dass diese wohl weder in Preußen noch in anderen Ländern die unmittelbare Wirkung entfaltet haben, die Ihnen oft zugeschrieben wird. Der Begriff „Humboldt“ ist, pointiert ausgedrückt, als „Marke“ für eine bestimmte Form der Universität zu verstehen, die in dieser Form nicht realisiert wurde und angesichts der politischen Umstände i, Preußen im 19. Jahrhunderts auch nicht realisiert werden konnte[359]. Auch sind keine Anhaltspunkte dafür ersichtlich, dass Leo Thun-Hohenstein oder andere Protagonisten der österreichischen Bildungsreform ein mit dem Namen Humboldt verbundenes Universität Konzept im Kaiserreich implementieren wollten. Die „Entzauberung“ Humboldts setzt sich fort, wenn sein Beitrag zur Gründung der Berliner Universität im Jahr 1810 genauer betrachtet wird. In einem „Reader zur Wissenschaftsgeschichte“ stellt beispielsweise Höflechner in Entsprechung der wohl vorherrschenden Meinung zur Rolle Humboldts fest:

> *„1810, also nahezu noch während der Katastrophe, ist in Berlineine Universität begründet worden, deren Konzeption, Struktur und Organisation im wesentlichen von Wilhelm von Humboldt bestimmt worden ist*“[360]

Soweit überblickt hat dies nicht einmal Humboldt selbst behauptet. Als er im Jahr 1809 vom König, der sich damals wegen der Angriffe Napoleons im Exil in Ostpreußen befand, beauftragt worden war eine allgemeine höhere Lehranstalt in Berlin zu gründen und insgesamt das preussische Bildungswesen neu zu gestalten konnte er sich nicht nur auf eine Vielzahl von der Regierung eingeholten Gutachten insbesondere von Fichte berufen, sondern vor allem auf Vorarbeiten von Schleiermacher, der im Jahr 1808 in seiner Denkschrift „*Gelegentliche Gedanken über Universitäten in deutschem Sinn*“ die wesentlichen Elemente der

---

358 Spenkuch (2010) Die Politik des Kultusministeriums gegenüber den Wissenschaften und den Hochschulen, S. 140.

359 Spenkuch (2010), aaO., S. 140ff.

360 Höflechner (2008), Reader zur Allgemeinen Wissenschaftsgeschichte, S. 122.

späteren Universitätsreform wie auch das Konzept für die Berliner Universität schon skizziert hatte[361]. Humboldts wesentliches Verdienst war es, der zu errichtenden Unterrichtsanstalt zum Namen „Universität“ verholfen zu haben, was vom König zunächst nicht gewünscht worden war. Schleiermacher hatte in seiner aus eigenem Antrieb verfassten Schrift „*die spätere Universität in der vertrauten korporativen Verfassungsgestalt mit vier Fakultäten, Rektor und Senat, freilich vollständig von bisherigen Missständen gereinigt, als eine vom Staat unabhängige Pflanzstätte reiner Wissenschaft*“ vorgezeichnet, die sich auf „*strenge, auf Wahrheit gerichtete Erkenntnisarbeit*“[362] konzentrieren sollte. Humboldt konnte sich nach seiner Ernennung zum Leiter der Sektion für Kultus im preußischen Ministerium 1809/10 auf die enge Zusammenarbeit mit Schleiermacher stützen und dessen Grundkonzeption verfeinern. Sein Verdienst ist daher weniger in der Konzeption der mit seinem Namen verbundenen Universitätsreform selbst zu sehen als darin, in der oben skizzierten prekären Situation des Staates Preußen die Vorgaben des Königs umgesetzt und die ihm in den nur eineinhalb Jahren seiner Funktion im Ministerium zur Verfügung stehenden Spielräume ausgenutzt zu haben. Wesentliches Werk Humboldts dazu war die Festschrift „*Über die innere und äußere Organisation der höheren wissenschaftlichen Anstalten in Berlin*“ aus den Jahren 1809/1810, die nicht nur auf den Überlegungen Schleiermachers aufbaute sondern auf einer seit Ende des 18. Jahrhunderts geführten Diskussion. Spenkuch identifiziert einen „*verwandten Ideen-Pool*“, der sich „*vielfach andernorts nachweisen*“ lasse[363]. Die Humboldt'sche Bearbeitung dieser vor allem von Schleiermacher formulierten Ideen in Bezug auf die dem Staat zugedachte Rolle findet sich in seiner Denkschrift aus den Jahren 1809/1810. Der Staat müsse „*dahin sehen*[364]:

1. *die Thätigkeit immer in der regsten und stärksten Lebendigkeit zu erhalten;*
2. *sie nicht herabsinken zu lassen, die Trennung der höheren Anstalt von der Schule (nicht bloss der allgemeinen theoretischen, sondern auch der mannigfaltigen praktischen besonders) rein und fest zu erhalten. Er muss sich eben immer bewusst bleiben, dass er*

---

361 Spenkuch (2010), Die Politik des Kultusministeriums gegenüber den Wissenschaften und den Hochschulen, S. 140.

362 Vom Bruch (2010), Editorische Notiz zur Festgabe zum 200-jährigen Jubiläum der Humboldt-Universität zu Berlin S. 5 ff.

363 Spenkuch (2010), Die Politik des Kultusministeriums gegenüber den Wissenschaften und den Hochschulen, S. 140.

364 Humboldt (1809/1810) Über die innere und äußere Organisation der höheren wissenschaftlichen Anstalten in Berlin zit. nach Gründungstexte, Festgabe zum 200-jährigen Jubiläum der Humboldt-Universität zu Berlin S. 230 f.

nicht eigentlich dies bewirkt noch bewirken kann, ja, dass er vielmehr immer hinderlich ist, sobald er sich hineinmischt, dass die Sache an sich ohne ihn unendlich besser gehen würde, und dass es sich eigentlich nur so damit verhält:

dass, da es nun einmal in der positiven Gesellschaft äußere Formen und Mittel für jedes irgend ausgebreitete Wirken geben muss, er die Pflicht hat, diese auch für die Bearbeitung der Wissenschaft herbeizuschaffen;

dass etwa nicht bloss die Art, wie er diese Formen und Mittel beschafft, dem Wesen der Sache schädlich werden kann, sondern der Umstand selbst, dass es überhaupt solche äußere Formen und Mittel für etwas ganz Fremdes giebt, immer nothwendig nachtheilig einwirkt und das Geistige und Hohe in die materielle und niedere Wirklichkeit herabzieht;

und dass er daher nur darum vorzüglich wieder das innere Wesen vor Augen haben muss, um gut zu machen, was er selbst, wenngleich ohne seine Schuld, verdirbt oder gehindert hat

3.4.3.2.3. Schleiermacher Einfluss auf Humboldts Universitätsreform

Schleiermacher, ein aus Breslau stammender Theologe kam aus eigener Initiative in die Rolle des „Spiritus Rector" der Berliner Universitätsgründung und der Hochschulreformen, da er seine Denkschrift „*Gelegentliche Gedanken über Universitäten im deutschen Sinn*", aus dem Jahr 1808 aus eigenem Antrieb verfasst hatte. Diese Schrift veranlasste Humboldt dazu, Schleiermacher zum Mitglied der 1810 geschaffenen Einrichtungskommission der Berliner Universität zu bestimmen. Anders als Humboldt, der bereits 1810 wieder aus dem Ministerium ausschied gestaltete Schleiermacher die preussische Hochschulpolitik noch lange und maßgeblich mit. Sein Einfluss auf die Gründung der Universität veranlasste die heutige Humboldt-Universität in Berlin in einer Kurzbiographie darauf hinzuweisen, dass es angemessen sei die Universität als „*Humboldtsche und Schleiermachersche Universität*" einzuordnen[365]. Schleiermacher hatte Humboldts Gedanken zur Rolle des Staates bei Errichtung und Betrieb einer Universität bereits im Wesentlichen vorweggenommen, wenn auch etwas weniger scharf formuliert. Schleiermacher ging wie Humboldt davon aus, dass der Staat gegenüber der Universität den Auftrag habe diese zu alimentieren und zu schützen, in das Innere der Organisation aber nur eingreifen dürfe, wenn den Staat zerstörende Aktivitäten drohten. Diskrepanzen zwischen Schleiermacher und Humboldt bestehen jedoch beispielsweise in Bezug auf das Berufungsverfahren. In diesem Zusammenhang zeigt sich Schleiermacher stärker an der Universitätsautonomie orientiert und brachte ein Vorschlagsrecht der Universität für jeweils

365 Humboldt-Universität Berlin unter https://www.hu-berlin.de/pr/medien/publikationen/humboldt/2008/200904/geschichte/schleiermacher (20.04.2014).

drei Kandidaten ins Gespräch, aus denen der Staat auswählen solle. Humboldt berief sich hingegen auf die alleinige Berufungskompetenz des Staates, da dessen Interessen zu eng mit der Universität verknüpft seien, um dieser alleine die Entscheidung darüber zu überlassen, wer in seinem Namen an den Hochschulen lehren solle[366]. Humboldt ließ hingegen keinen Zweifel daran, dass er den „Gelehrten“ verantwortliche Entscheidungen nicht zutraue: „*Gelehrte dirigieren ist nicht viel besser als eine Komödiantengruppe unter sich zu haben*“[367].

Schleiermacher hatte in seine Überlegungen auch Gedanken zur Liberalität des Umgangs mit Studenten an Hochschulen einbezogen. Die Universitätsgerichtsbarkeit, die wie oben erörtert 1819 nach den Karlsbader Beschlüssen in scharfer Form neu gefasst wurde hatte er bereits in seiner Denkschrift aus dem Jahr 1809 abgelehnt: „(…) *so ist wohl jetzt niemand, der nicht die Unzweckmäßigkeit der eigenen Universitätsgerichte einsähe, und man kann sagen, daß sie auf preußischen Universitäten schon seit langer Zeit vorzüglich ist gefühlt worden*“[368]. Schleiermacher beschloss seine Denkschrift mit einer optimistischen Zukunftsprognose für eine zu gründende Universität in Berlin, in der evangelische Theologe Schleiermacher aus heutiger Sicht deutlich den Unterschied zwischen *seinem* Verständnis einer liberalen Hochschule und religiöser Toleranz illustriert[369]:

> *„Und dann ist eine wissenschaftliche Organisation gegründet, die ihresgleichen nicht hat, und durch ihre innere Kraft sich ein weiteres Gebiet unterwerfen wird, als die jetzigen Grenzen des preußischen Staates bezeichnen, so daß Berlin der Mittelpunkt werden muß für alle wissenschaftlichen Tätigkeiten des nördlichen Deutschlandes, so weit es protestantisch ist, und die Bestimmung des preußischen Staates für die Zukunft von dieser Seite einen sichern und festen Grund gewinnet. Bei einer solchen Aussicht müssen ja wohl kleinliche Rücksichten und Besorgnisse verschwinden, und es bleibt nur zu wünschen, daß die Regierung, welche diesen Entwurf gefasst hat, sich bald imstande fühle, ernstlich zur Ausführung zu schreiten“*

Schleiermacher und Humboldt wurden beide selbst Opfer der mangelnden Liberalität Preußen, für die sich in Bezug auf das Hochschulwesen exponiert hatten: Humboldt, zur Zeit der Karlsbader Beschlüsse Staatsminister, bekämpfte die mit den Karlsbader Beschlüssen verbundene Repression auch an Hochschulen

366 Dazu Heckelmann (1984), Begrüßungsansprache zum Schleiermacher-Kongreß 1984.

367 Humboldt (1808) Brief an Caroline Humboldt vom 16.11.1808 (Sydow III 19).

368 Schleiermacher (1808) Gelegentliche Gedanken über Universitäten im deutschen Sinn, zit. nach Gründungstexte, Festgabe zum 200-jährigen Jubiläum der Humboldt-Universität zu Berlin S. 219.

369 Schleiermacher, aaO. S. 226.

und verließ schließlich den Staatsdienst: Schleiermacher, die lange von der Geheimpolizei beobachtet worden war sollte 1823 aus dem Dienst entfernt werden; den entsprechenden Beschluss der Regierung fühlte der zuständige Minister jedoch nicht aus.

3.4.4. Die juristische Ausbildung in Preußen bis Mitte des 19. Jahrhunderts

Bemerkenswert erscheint zunächst, dass Maria Theresia die partielle militärische Überlegenheit Preußens in den 1740er Jahren als Zeichen preußischer Effizienz verstand und daraus die Schlussfolgerung gezogen hat, die Verwaltung der Monarchie neu und effizienter zu organisieren sowie die Ausgestaltung der Ausbildung an den Universitäten mit dem Interesse des Staates zu definieren, während zu Beginn des 19. Jahrhunderts maßgebliche Kräfte in Preußen forderten, Bildungsmöglichkeiten bereitzustellen, mit deren Hilfe *geistig selbstständige* Menschen befähigt werden sollten, in eigener Autonomie die gewünschten Bildungsinhalte und Ziele selbst zu bestimmen. Anfang des 19. Jahrhunderts, als in Preußen der Begriff der *Freiheit* in Teilen der Gesellschaft bereits zum Inhalt staatsgerichteter Forderungen geworden war, hatte sich die skizzierte Motivation Maria Theresias aus den 1740er Jahren, durch universitäre Ausbildung per amtlicher Festlegung von Studieninhalten- und Formen die Bedürfnisse des Staates zu befriedigen, nicht aber in erster Linie die der Wissenschaft oder der Studierenden, in der österreichischen Monarchie nicht etwa abgeschwächt, sondern prägte die Phase der Restauration stärker denn je. Die Freiheit, die das preußische Herrscherhaus seinen Untertanen wenn auch nur in einzelnen Teilbereichen und nur in bestimmten Phasen zu geben bereit war, war genau das, was das österreichische Herrscherhaus am meisten fürchtete. Notwendig musste die Furcht daher auch darauf abzielen, dass die Freiheitsideale, die in Preußen das universitäre Leben zu prägen begannen den Weg nach Österreich finden könnten.

Im Zuge der preußischen Staatsreform wurde das gesamte Bildungswesen reformiert und dabei in einem ersten Schritt das moderne Gymnasium geschaffen. Mit Edikten bzw. Reglementen aus den Jahren 1817 bzw. 1834 wurde ein Abiturientenexamen eingeführt, das die Ausbildung der späteren Studenten stark verbesserte und damit die Universität von der Konfrontation mit auf niedrigem Niveau ausgebildeten Gymnasiasten entband[370]. Aus österreichscher Sicht wurde die Ausbildung an preußischen Universitäten je nach politischem Standpunkt

370 Dazu Rassow (1960) Das Wesen der deutschen Universität, S. 33 ff.

deutlich positiver bewertet[371], was nicht bedeutet, dass das Studium des Rechts in Preussen nicht ebenfalls mit einer Reihe von negativen Gesichtspunkten verbunden gewesen wäre, wenn sich diese auch ganz anders darstellten als in Österreich. *Negativ* war zunächst vor allem die Tatsache, dass das Rechtsstudium selbst nicht besonders angesehen war, da es als praxisfern galt[372]. Wesentliche Ausbildungsinhalte wurden erst nach Absolvierung des Staatsexamens im praktischen Abschnitt vermittelt[373]. Die Studiendauer war mit drei Jahren angesetzt; wesentlich länger studierten auch die wenigsten Studenten[374]. Anderes galt, wenn preußische Studenten des Rechts es sich leisten konnten, an einer süddeutschen Universität zu studieren, die meist einen weit besseren Ruf genossen. Besonders beliebt waren die Fakultäten in Heidelberg, Tübingen oder Freiburg; auch Göttingen, wenngleich nicht im Süden Deutschlands gelegen war oft Ziel preußischer Studenten[375]. Die katholische Universität Freiburg war insofern ein Sonderfall, da sie bis zum Frieden von Preßburg des Jahres 1805 im vorderösterreichischen Breisgau lag und danach an das Kurfürstentum und spätere Großherzogtum Baden ging, das mit Heidelberg bereits über eine Universität von damals besonders hoher Reputation auch bei preußischen Studenten verfügte[376]. Freiburg litt zunächst vor allem an der Konkurrenz zu Heidelberg, das als zuvor einzige badische Universität der früheren „kleinen österreichischen Provinzuniversität“ Freiburg weit überlegen schien[377]. Durch die plötzliche Zugehörigkeit zu Baden wandelte sich das politische Umfeld der Universität Freiburg vom österreichischen aufgeklärten Absolutismus zum süddeutschen Frühkonstitutionalismus[378]. Diese Phase des Umbruchs wurde bemerkenswerter Weise geprägt von Professorenpersönlichkeiten wie *Weissegger von Weisseneck*, die noch unter österreichischer Herrschaft an die Universität gekommen waren und nach 1805 nach dem Wechsel unter badische Hoheit die Grundlagen für eine Blütezeit der Universität legten. Professoren wie Rotteck, Weicker und Buß wird es zugeschrieben, bis in die 1830er Jahre die Universität Freiburg zu einem „Vorort des Liberalismus“ werden zu lassen[379].

---

371 Vgl. dazu oben Kap. 2.2.3.
372 Bleek (1972), Von der Kameralausbildung zum Juristenprivileg, S. 53 f.
373 Jeschek (1939), Die juristische Ausbildung in Preußen und im Bereich, S. 47.
374 Ebert (1995) Die Normierung der juristischen Staatsexamina und des juristischen Vorbereitungsdienstes in Preussen.
375 Fischer (2012) Juristen in Westfalen im 19. Jahrhundert, S. 44.
376 Fischer (2012) aaO., S. 45.
377 Hollerbach (2007) Jurisprudenz in Freiburg, S. 4.
378 Hollerbach (2007) aaO., S. 96.
379 Hollerbach (2007) aaO., S. 136.

Ein Studium außerhalb des eigenen Landes war preußischen Studenten, anders als ihren österreichischen Kommilitonen, nicht nur nicht verboten, sondern ausdrücklich erwünscht und für die späteren Berufsaussichten preußischer Juristen förderlich[380]. Im Unterschied zu anderen deutschen Ländern, in denen eine gewisse Mindestanzahl von Semestern zwingend an einer Landesuniversität gehört werden mussten, kannte Preußen eine derartige Regelung nicht, so dass Studenten auch ohne überhaupt jemals in Preußen *studiert* zu haben preußische Juristen im Staatsdienst werden konnten[381]. Erforderlich war jedoch die Ableistung des Vorbereitungsdiensts der Rechtsreferendare in Preußen[382].

Eine Besonderheit des preußischen Rechtsstudiums war, dass in Berlin lange Zeit kein preußisches Recht gelesen wurde. Bei Eröffnung der Berliner Universität im Jahr 1810 war kein Lehrstuhl für preußisches Recht eingerichtet worden. Landesprivatrecht wurde im Zuge der postuniversitären praktischen Ausbildung gelehrt. Erst im Jahr 1819 hielt *Savigny* eine Vorlesung in preußischem Landrecht und etablierte diese als regelmäßiges Angebot bis zum Jahr 1824, nachdem er noch im Jahr 1819 das preußische Recht wie auch das österreichische und französische Recht als „Sudeley" verunglimpft hatte[383]. Bemerkenswert erscheint im Hinblick auf die zumindest in Österreich als gegeben angenommene liberale Grundhaltung an den preußischen Universitäten, dass das preußische Kultusministerium, wie oben erörtert, nach Umsetzung der Karlsbader Beschlüsse des Jahres 1819 und Einführung der Zensur im vermeintlich liberalen Preußen unmittelbar in die Lehre eingriff und ab 1826 die Durchführung von Vorlesungen im preußischen Privatrecht *anordnete*, wo es an die Stelle der Pandekten trat. Dieser unmittelbarer inhaltliche Eingriff in das Lehrangebot, wenn auch, soweit nach der Quellenlage beurteilbar, nicht in die unmittelbaren Lehrinhalte selbst war in Österreich notwendiges Element der Grundkonzeption des Studiums, in Preußen aber eine Seltenheit und dem Umstand geschuldet, das ein preußisches Rechtsstudium ohne preußisches Recht dem Ruf der Fakultät weiter schaden würde. Ein Lehrstuhl für preußisches Recht wurde in Berlin erst 1845 etabliert[384].

380 Fischer (2012) Juristen in Westfalen im 19. Jahrhundert, S. 45.
381 Fischer (2012) aaO., S. 45.
382 Jeschek (1939), Die juristische Ausbildung in Preußen und im Bereich, S. 33.
383 Wollschläger (1994), 3. Landrechtsvorlesung 1824, Halbband. 1, Einleitung, S. XXIV.
384 Goldschmidt (1887) Rechtsstudium und Prüfungsordnung, S. 78 ff.

3.4.5. Die Entwicklung des deutschen Zivilrechts im 19. Jahrhundert

Während in Österreich mit der Kodifikation des ABGB die Rechtsvereinheitlichung im Bereich des bürgerlichen Rechts im Jahr 1811 gelungen war, wurden über ein einheitliches *deutsches* bürgerliches Recht noch heftige Auseinandersetzungen geführt. Zwanzig Jahre hatte der französische Einfluss auf einzelne Gebiete Deutschlands angehalten, und nach dem Abzug der französischen Besetzer im Jahr 1814 hinterließen sie in ihrem früheren Einflussgebiet nicht nur ihre Rechtsordnung, sondern auch in weiten Kreisen der Bevölkerung die Gewissheit über das „*bessere Recht*" zu verfügen[385]. Der Wirtschaftsaustausch und damit die wirtschaftliche Entwicklung wurden durch ein Mosaik unterschiedlicher Rechtsordnungen und Polizeiverordnungen behindert, die sich eher widersprachen als ergänzten. Thibaut, Rechtsgelehrter aus Heidelberg und einer der Protagonisten einer Rechtsvereinheitlichung im Deutschland des 19. Jahrhunderts, beschrieb die Lage als „*endlosen Wust einander widerstreitender, vernichtender, buntschäckiger Bestimmungen, ganz dazu geartet, die Deutschen von einander zu trennen, und den Richtern und Anwälden die gründliche Kenntniß des Rechts unmöglich zu machen*"[386]. Daraus folgerte er das Erfordernis einer Rechtsvereinheitlichung, das mit dem Zeitgeist eines neu erwachsenden deutschen Nationalismus im Vormärz harmonierte[387]. Thibaut fordert in seiner noch 1814 erschienenen Polemik „*Ueber die Nothwendigkeit eines allgemeinen bürgerlichen Rechts für Deutschland*" daher die Schaffung eines einheitlichen, einfachen Rechts für alle deutschen Gebiete, das sämtliche bisher bestehenden Rechtsordnungen ersetzen solle und „*zur Festlegung des bürgerlichen Zustands*" dienen solle[388]. Wurzel des Rechts sollte der „*deutsche Volkskörper selbst*" sein, so dass de facto der Abschied vom gemeinen römischen Recht gefordert wurde, das die meisten Rechtsordnungen Deutschlands zu diesem Zeitpunkt dominiert hat[389]. Dem Zeitgeist entsprach Thibauts Forderung aber schon deshalb nicht, da er deutliche Sympathien für die französische Revolution und die Ideale der Aufklärung und damit eine aus damaliger Sicht *liberale* Geisteshaltung erkennen ließ[390].

---

385 Wesel (2006) Geschichte des Rechts, S. 440ff.

386 Thibaut (1814) Ueber die Nothwendigkeit eines allgemeinen bürgerlichen Rechts für Deutschland.

387 Thibaut, aaO.

388 Thibaut, aaO.

389 Ausführlich Wesel (2006), Geschichte des Rechts, S. 440ff.

390 Eisenhardt (2013), Deutsche Rechtsgeschichte, S. 366.

Heftigen Widerstand fand das Pamphlet Thibaut's bei anderen Rechtslehrern, insbesondere dem Berliner Zivilrechtsprofessor *Savigny*, der zwar auch eine Rechtsvereinheitlichung und die Loslösung vom *„Krebsgeschwür des Code Civil"*[391] fordert, aber nicht als Akt staatlicher Rechtsetzung, sondern als *„behutsame"*, von der Rechtswissenschaft betriebene Weiterentwicklung des römischen Rechts. Savigny widerspricht Thibaut's Pamphlet noch im Jahr 1814 mit einer Streitschrift unter dem Titel *„Vom Beruf unserer Zeit für Gesetzgebung und Rechtswissenschaft*[392]*"*, in der er den *„organischen Zusammenhang des Rechts mit dem Wesen und Charakter des Volkes"* betont[393]. Unter Rückgriff auf Herders Bild vom sich in der geschichtlichen Entwicklung herausbildenden *„gemeinsamen Kulturbesitz einer Nation"*, zu dem das Recht gehöre, folgert Savigny, dass nicht der Gesetzgeber, sondern das Volk selbst durch geschichtliche Entwicklung sein Recht erschaffen müsse[394]. Savignys Vorstellung liegt näher am Zeitgeist, der nach den unruhigen Jahren der napoleonischen Besetzung nach Bürgerlichkeit und Beständigkeit suchte. Zudem war das frühe 19. Jahrhundert in Deutschland die hohe Zeit der „Länderfürsten", die sorgsam über ihre Partikularinteressen wachten und befürchten mussten, durch eine rasche einheitliche Kodifikation eines bürgerlichen Rechts für Deutschland an Macht zu verlieren[395]. Aus der Orientierung am römischen Recht als ordnendem Prinzip einer entstehenden neuen Rechtsschule stammt deren Bezeichnung als *„historische Rechtsschule"*, die insbesondere mit dem Namen *Savigny* und dem seiner Schüler, wie etwa *Puchta*, in Zusammenhang steht[396]. Auch als Folge dieses Konflikts hatte Savigny die Landrechtsvorlesung in Berlin übernommen, um seinen Gegnern keinen Raum zu lassen, selbst jedoch durch die Formulierung *„die Universität habe das Fach noch nicht gelehrt"* den zumindest nicht vollständig zutreffenden Eindruck erweckt, das sei auf seine Initiative geschehen. Tatsächlich hatte bereits Humboldt und später das Kultusministerium eine derartige Vorlesung gefordert; eine von einem Privatdozenten angebotene landesrechtliche Vorlesung

391 Savigny (1814), Vom Beruf unser Zeit (1814) S. 151.

392 Savigny (1814), Vom Beruf unser Zeit (1814) S. 162.

393 Savigny (1814), Vom Beruf unser Zeit (1814) S. 11.

394 Savigny (1814), Vom Beruf unser Zeit (1814) S. 117 ff.

395 Ausführlich Wieacker (1967) Privatrechtsgeschichte der Neuzeit S. 430 ff.

396 Puchta war Nachfolger Savignys an dessen Lehrstuhl in Berlin und gilt als Begründer der Begriffsjurisprudenz, die später im etwa von Hans Kelsen vertretenen Rechtspositivismus Fortsetzung fand; vgl. dazu Kelsen (1928) Die philosophischen Grundlagen der Naturrechtslehre und des Rechtspositivismus.

im Wintersemester 1812/1813 blieb wegen der Kriegsereignisse unbesucht[397]. Aus der historischen Rechtsschule leitet sich die *Pandektenwissenschaft* ab, da die *Pandekten*, der auch als *Digesten* bezeichnete Hauptteil der justinianischen Kodifikation durch sehr detaillierte Exegese zur Grundlage eines widerspruchsfreien, harmonischen und damit letztlich auch einheitlichen Rechtssystems werden sollen[398]. Da es sich bei den Pandekten vor allem um *Fallbeispiele* der aus Sicht des *Codex Justinianus* gebotener Rechtsanwendung handelt bedarf es einer tiefgehenden Analyse der darin enthaltenen Rechtsgrundsätze durch weitreichende Abstraktion, um daraus allgemeingültige Rechtsgrundsätze abzuleiten. Pandektisitik ist somit, pointiert ausgedrückt, die Abstraktion römischen *Case Laws* zu allgemeinen Rechtsgrundsätzen, die geeignet sein sollten bis zu 2000 Jahre nach ihrer Entstehung die Rechtsordnung eines aus Sicht des späten 19. Jahrhunderts modernen Staates zu prägen Der Abstraktionsvorgang konnte jedoch kaum die Lebenswirklichkeit des 19. Jahrhunderts mit Rechtsgrundsätzen der ersten nachchristlichen Jahrhunderte in Deckung bringen. In der Folge entsteht dogmatisch weitgehend einheitliches, aber weit von der konkreten Lebenswirklichkeit entferntes Recht[399]. Die Pandektisitik beeinflusst in der Folge dennoch insbesondere das am 1.1.1900 in Kraft getretene deutsche BGB[400], das *Wesel* plastisch als *„in Gesetzesform gegossenes Pandektenrecht"*[401] beurteilt. Bei einem Blick auf die Mitglieder der 1. BGB-Kommission vermag dies nicht zu überraschen. Dieser Kommission gehörte beispielsweise *Bernhard Windscheid* an, der als einer der führenden Lehrer des Pandektenrechts galt und eine dreibändiges *„Lehrbuch des Pandektenrechts"* herausgegeben hatte. Gerade dieser erste Entwurf des BGB erfuhr jedoch vehemente Kritik vor allem süddeutscher Länder, die lediglich eine Rechtsvereinheitlichung zur Erleichterung des wirtschaftlichen Verkehrs, nicht aber die Schaffung eines weitgehend neuen Rechts gewünscht hatten.

Das Studium des Rechts war an den preußischen Fakultäten somit schon in der ersten Hälfte des 19. Jahrhunderts von einer regen, oft heftigen fachlichen Auseinandersetzung über das *richtige Recht* geprägt, die unter anderen Voraussetzungen einige Jahrzehnte später auch in Österreich geführt wurde.

397 Rückert (1994) 3. Landrechtsvorlesung 1824, Halbband 1, S. XXXI.
398 Ausführlich von Brinz Lehrbuch der Pandekten; 3. Auflage 1884.
399 Von Gierke (1889) Die soziale Aufgabe des Privatrechts.
400 Zitelmann JZ 1900, 339.
401 Wesel (2006) Geschichte des Rechts, S. 446.

3.4.6. Zwischenergebnis

Grundlage der Autonomie der preußischen Universität war die Autonomie des Lernens, die sich in den Schlagworten Lehrfreiheit und Lernfreiheit manifestierte und zu den Leitbegriffen des Preußischen Hochschulwesens in der ersten Hälfte des 19. Jahrhunderts wurde. Mit der Realität hatte dieses Leitbild nur wenig und spätestens ab 1819 nichts mehr zu tun. Der in Preußen mit der Reform des Bildungswesens angestrebte gesellschaftliche Umbruch ging wesentlich weiter. Als Aufgabe der Universität wird nicht mehr in erster Linie die ihr vom österreichischen Hochschulwesen der Epoche als einziger Zweck zugestandene Reproduktion vorgefertigten und staatlich autorisierten Wissens verstanden, sondern die Schöpfung von Wissen als Ausdruck des eigenen Wollens. Pointiert ausgedrückt dient das Hochschulstudium nach dem grundlegenden Verständnis der preußischen Reformen der Persönlichkeitsbildung, während es in der österreichischen Monarchie die Sicherung der Staatsfunktionen bezweckte[402]. Die Liberalität, derer sich die preußische Universität *konzeptionell*, aber zumindest in Bezug auf die äußeren Rahmenbedingungen von Lehrenden wie Lernenden nicht in der Realität erfreuen konnte durchdrang jedoch aus völlig anderen, vor allem ökonomisch motivierten, Gründen auch andere Gesellschaftsbereiche, was zu im heutigen Begriffsverständnis nicht zwingend „humanen" Konsequenzen führte: *Liberal* war der Staat in dem Sinne, dass er sich in der ersten Hälfte des 19. Jahrhunderts kaum in die Realität des Wirtschaftslebens einmischte etwa mit der Konsequenz, dass *Kinderarbeit* in Preußen erst im Jahr 1839 erstmals und sehr zurückhaltend reglementiert wurde; *wirtschaftsliberal* war aber auch die österreichische Monarchie der Epoche. In groben Zügen verlief die Industrialisierung in Österreich nicht grundsätzlich anders; aber, soweit in der Epoche des 19. und 20. Jahrhunderts überhaupt von Konstanz gesprochen werden kann, zeigte sich die politische Entwicklung in der österreichischen Monarchie deutlich konstanter. Von Franz II / I der 1792 zunächst König und 1804 Kaiser geworden war bis Franz Joseph I, der 1916 starb erlebte das Land gerade drei Regenten. Die politische Entwicklung folgte schon daher naturgemäß anderen Entwicklungslinien und war auch geprägt durch den immer deutlicher spürbaren Zerfall des Vielvölkerstaates, der gesetzgeberische Aktivitäten und insbesondere die Realisierung großer gesetzgeberischer Projekte behinderte. Symptomatisch für den Dualismus widerstrebender politischer Kräfte war die in der Habsburgermonarchie auftretende Abwechslung von Phasen der Liberalisierung mit der

402 Spranger (1913) Wandlungen im Wesen der Universität seit hundert Jahren, S. 8 ff.

des Neoabsolutismus zwischen 1851 und 1862[403]. Mitten in der Phase des politischen Neoabsolutismus wurde auf dem Territorium der österreichischen Monarchie[404] im Jahre 1859 im Bestreben, „*... die gewerbliche Betriebsamkeit im (...) Reiche zu regeln und möglichst gleichmäßig zu fördern*" eine Gewerbeordnung erlassen. Grundlage war eine weitgehende Gewerbefreiheit, die den Wettbewerb steigern und gleichmäßige Gewerbezugangsbedingungen schaffen sollte. Die Gewerbeordnung 1859 ist dem *ökonomischen Liberalismus* zuzuordnen und konnte daher auch in einer politisch keineswegs liberalen Phase ergehen.

In Preußen herrschte jedenfalls zu Beginn der Epoche kein Zweifel daran, ob Schule oder Wirtschaft vorgingen; wie oben ausgeführt stellten die Oberpräsidenten der preußischen Regierungsbezirke 1817 klar, dass die Schule hinter die Fabrikarbeit zurückzutreten habe, da sie mit deren Anforderungen nur schwer vereinbar sei[405]. Erste Interventionen etwa zum Schutze von Kindern in Fabriken resultierten nicht aus einem regulatorischen Anspruch des Staates, die Einhaltung der Schulpflicht oder die Gewährung von Bildungschancen für Kinder aus Arbeiterschichten sicherzustellen oder etwa um Produktionsbedingungen auf den weitgehend ungezügelten Arbeitsmärkten zu regeln oder überhaupt aus einer Wahrnehmung sozialer Verantwortung des Staates, sondern aus dem staatlichen Interesse der Erhaltung der Wehrfähigkeit[406]. Das neuhumanistische Bildungsideal trägt somit den *universitären Liberalismus*, aber nicht einen *fürsorglichen* Staat, sondern einen Staat, der auch fehlende Fürsorge als Verwirklichung des Freiheitsideals versteht. In Preußen wie in Österreich hatten sich somit in der ersten Hälfte des Jahrhunderts diametral entgegengesetzte gesellschaftliche Anschauungen etabliert und das Leben an den Universitäten geprägt. Massive Bestrebungen die Einflüsse des Liberalismus mit aggressiver Repression zu unterbinden bestanden aber in Preußen wie in Österreich. so dass in beiden Staaten keinesfalls von einem *politischen Liberalismus* ausgegangen werden kann.

403 Ausführlich dazu Brauneder (2009), Kap. 16.

404 Die Gewerbeordnung galt ausweislich ihres Art. 2 nur in den im Reichsrat vertretenen Ländern und nicht im venetianischen Verwaltungsgebiet.

405 Feig (1931) Gewerbeaufsicht, S. 630ff.

406 Feig (1931) Gewerbeaufsicht, S. 630ff. Kuczynski (1956) S. 378–383.

4. Grundlagen der Thun-Hohenstein'schen Bildungsreform

4.1. Die vorrevolutionäre Entwicklung in Österreich

4.1.1. Wien vor der Märzrevolution 1848

O laß sie träumen den Kaiserwahn, Alt-Deutschlands Ritter und Recken;
Wie werden sich vor dem roten Hahn Die roten Adler verstecken!
O laß sie träumen noch eine Nacht! Dann wetzen wir aus die Scharte,
Dann werden Fidibusse gemacht Aus der europäischen Karte.
Die Völker kommen und läuten Sturm - erwache, mein Volk, erwache!
Vom Kölner Dome zum Stephansturm wird brausen die Rache, die Rache.
Die Glocken schweigen, die Pfaffen schrein in (...) zertrümmerten Hallen;
den Heiligen wird der goldene Schein vom zitternden Haupte fallen.
Die Henker falten, vor Schrecken bleich, Die blutigen Hände zusammen;
Und aus dem stürzenden Österreich Hoch lodern werden die Flammen.
Das alles, das alles soll geschehn in kommenden Frühlingstagen -
Herrgott, laß die Welt nicht untergehn, eh die Nachtigallen schlagen![407]

Die Universität Wien war, zusammengefasst, im Vormärz weitgehend gewesen was sie nach Vorstellung des Hofs sein sollte; eine wissenschaftlich nicht herausragende Universität ohne aufklärerisches Potenzial mit dem Ziel, bestimmungsgemäß politisch und sozial ungefährlichen Nachwuchs für den Staatsdienst heranzuziehen[408]. Diese, wenngleich aus heutiger Sicht nicht ganz unumstrittene[409] Eigen- und wohl auch Fremdwahrnehmung[410] der Universität war in den Jahren vor 1848 immer weiter abgewichen von den Wünschen und Zielen eines Teils der Studentenschaft, die im Rahmen der damaligen Kommunikationswege sehr genau über die Vorgänge im Deutschen Reich und das wissenschaftliche Leben an Universitäten informiert war, das zum Kulminationspunkt der Hoffnungen geworden war, die mit einer umfassenden Reform des Hochschulwesens verbunden worden waren[411]. Reformideen und zögerliche Schritte

---

407 Georg Herwegh, Im Frühling zit. nach Herwegh (2012), Lieder eines Lebendigen. Das Lied entstand 1849 und fasst die aus dem Scheitern der Revolution 1848 entstandene Haltung zusammen.
408 Spranger (1913) Wandlungen im Wesen der Universität seit hundert Jahren, S. 8 ff.
409 Ogris (2003), Die Universitätsreform des Ministers Leo Thun - Hohenstein, S. 335 ff.
410 Spranger (1913) aaO., S. 8 ff.
411 Spranger (1913) aaO., S. 8 ff.

zu deren Umsetzung hatte es auch in Wien gegeben. Vor allem im Bereich der Technik und der Medizin hatte sich die Universität allmählich ausländischen Einflüssen geöffnet und gar, vergeblich, versucht renommierte deutsche Wissenschaftler nach Wien zu locken. Bis Anfang des Jahres 1848 reichte die Sehnsucht der politisch und sozial interessierten Studentenschaft und die Kraft der Erneuerer in den staatlichen Behörden aber nicht aus, um vom Hof als so dringend wahrgenommen zu werden, dass er ein Abrücken vom strikt repressiven Kurs, den zwar nicht alleine, aber wie kein anderer weiterhin *Metternich* verkörperte als erforderlich erachtet hatte. Dass unter der im Wesentlichen aus Deutschland „infizierten" Studenten- und auch Professorenschaft Idealismus, Liberalismus und Konstitutionalismus längst weit verbreitetes Gedankengut geworden waren, das auch durch Zensurmaßnahmen nicht von Österreich ferngehalten werden konnte hat der Hofes offensichtlich nicht in einem Maße wahrgenommen, das aus seiner Sicht eine Modifikation der repressiven Haltung erforderlich gemacht hätte[412]. *Metternich* hatte die Entwicklung jedoch bereits im Januar 1848 kommen sehen; nachdem in Palermo eine lokal begrenzte Revolution gegen den absolutistischen Herrscher ausgebrochen war[413]:

> *„Über Europa flutet eine Verschwörung der Umsturzpartei gegen das Rechtlichbestehende, als dessen wahrer Vertreter man die österreichische Macht erkennt, weshalb sie zur Zielscheibe ihrer Angriffe erkoren ist".*

Zielscheibe des Hasses war insbesondere Metternich selbst als personalisierte Repression. Über die Abneigung gegenüber der Person Metternich hinaus bestimmten Ideen von Freiheit und nationaler Identität, seit Jahren angeregt von ausländischen universitären Vorbildern und in den ersten Wochen des Jahres 1848 verstärkt durch gesamtgesellschaftliche revolutionäre Bestrebungen, immer mehr die Haltung der Wiener Studenten wie des Lehrkörpers. Das durch Repression auf Seiten des Hofes, aber auch mangelndes Vertrauen in die eigene Macht auf Seiten der Studenten stabilisierte bleierne Gleichgewicht des Stillstands änderte sich mit der auch in Wien aufmerksam verfolgten Pariser Februarrevolution des Jahres 1848. Diese war *unmittelbar* Folge eines vom bei den Bürgern längst verhassten „Bürgerkönig" Louis Philippe gegen den Willen weiter Teile der Bevölkerung ausgesprochenen Verbots einer Wahlrechtsreform, das aber nur Auslöser einer latenten revolutionären Stimmung gegen das Regime

412 Ogris (2003), Die Universitätsreform des Ministers Leo Thun - Hohenstein, S. 335 ff.
413 Zit. nach Herrman (1848), Die Revolution zweier Hauptstädte, S. 9.

war[414]. Die Bürger machten ihrem Unmut in aus heutiger Sicht als Demonstrationen zu verstehenden „Banketten“ Luft, die von den beiden in Paris publizierten revolutionären Zeitungen unterstützt, von der Regierung aber verboten wurden. Anders als viele Bürger, die sich dem Verbot beugten versammelten sich Arbeiter und Studenten dennoch. Mit ihnen verbrüderten sich Teile der von König einberufenen Nationalgarde. Der weitere Ablauf der Revolution nach dem 22. Februar war nach derzeitigem Forschungsstand nicht geplant; manche Liberale wollten eine Wahlrechtsreform und sahen sich plötzlich mitten in einer Revolution[415]. In der Nacht zum 24. Februar hatten die Aufständischen sämtliche Kasernen und Waffenarsenale in Paris eingenommen; der König floh.

Ungeachtet der weitgehenden Zufälligkeit der Abläufe in Paris[416] entfalteten die Vorgänge starke Wirkung in anderen Ländern. Gerade die Forderung nach einer demokratischen Verfassung, die in Paris erhoben wurde musste in der österreichischen Monarchie sowohl den Kaiser wie auch potentielle Revolutionäre alarmieren, die schon lange von einer Konstitution für die Monarchie träumten[417], zumal das Jahr 1848 für die österreichische Monarchie mit Unruhen in Mailand, Padua und Brescia, die als „Zigarrenrummel“ in die Geschichte eingegangen sind[418] schon bedrohlich begonnen hatte. Am 3. März hatte Kossuth mit seiner Rede die revolutionären Bestrebungen in Ungarn weiter angefacht. Im weiteren Verlauf, am 17. und 18. März, wenige Tage nach den Wiener Unruhen vom 13. März kam es zu Erhebungen in Venedig und Mailand; am 26. April wurde in Krakau ein Aufstand polnischer Revolutionäre unterdrückt; am 12. Juni eskalierten die Unruhen zu einer von Studenten getragenen, als „Pfingstaufstand“ bezeichneten, Erhebung in Prag. In der Lombardei galt der Kriegszustand. Nach einem Sieg Radetzkys im *Sardinischen* Krieg wurde zwar in Italien die österreichische Hoheit wiederhergestellt.; etwa zeitgleich kam es aber zu Aufständen von Slowaken, Rumänen und Banater Serben gegen die ungarischen Regierung[419].

---

414 Ausführlich zur Pariser Februarrevolution Deinet (1998) Die nazistische Revolution, S. 11 ff.

415 Am 24. Februar 1848 wurde auch das Kommunistische Manifest durch Karl Marx und Friedrich Engels verkündet.

416 Deinet (1998) Die narzisstische Revolution, S. 11 ff.

417 Die Raucher traten in einen zweitägigen Streik, um den österreichischen Fiskus zu schädigen.

418 Scheidgen (2008) Der deutsche Katholizismus in der Revolution von 1848/49, S. 68.

419 Ausführlich zu den Unruhen in der Monarchie im Jahr 1848 Höbelt (1998), Österreich und die deutsche Revolution.

4.1.2. Die wirtschaftliche Lage der Studentenschaft im Vormärz

In Österreich richtete sich die Revolution nicht gegen mehr oder minder gravierende einzelne Exzesse der herrschenden Schicht, sondern war Folge seit Jahrzehnten bestehender repressiv unterdrückter Unzufriedenheit mit dem Herrschaftssystem. Diese steigerte sich im Laufe der 1840er Jahre, als die europaweite Wirtschaftskrise die Lebensbedingungen für Menschen aller Stände immer schwieriger werden ließ. Diese Entwicklungen erreichten auch die Monarchie. In der Wiener Vorstadt machten sich Armut und Hunger breit. Diese Entwicklung betraf auch zahlreiche Studenten. Gerade der untere Mittelstand, dem die Mehrzahl der Wiener Studenten dieser Zeit angehörte war vom Abstieg ins Proletariat bedroht, die Universität brachte weit mehr Absolventen hervor, als freie Stellen für Akademiker vorhanden waren[420]. Typisches Beispiel für das längst bestehende akademische Proletariat war etwa der Arzt *Adolph Fischhof*, der erst 1837 zum Studium nach Wien gekommen war und sich mit Mühe „durchhungern" musste, bis er schließlich eine Anstellung am Allgemeinen Krankenhaus fand[421]. Fischhof wurde im März 1848 einer der ersten und im Vergleich zu radikalen Studenten und Arbeitern ein gemäßigter Anführer der Revolution.

Studentenschaft und liberal gesinnte Bürger glaubten schon lange nicht mehr daran, daß die Regierung Lösungen zur Steigerung der Lebensqualität und vor allem auch der Zukunftsaussichten von Studenten wie Absolventen finden würden[422]. Aus Sicht der Wiener Studenten war das seit Jahren im Raum stehende Aufbegehren gegen ihre Lebenssituation somit nicht alleine oder womöglich nicht einmal überwiegend eine *akademische Revolution* mit dem Ziel der Schaffung einer liberalen Universität nach deutschem Vorbild und besseren Lernbedingungen, sondern vor allem auch soziale Revolution mit dem Ziel der Schaffung erträglicher Lebensbedingungen. Daher kann auch nicht von einem einheitlichen Ziel *einer* Studentenrevolution gesprochen werden, sondern höchstens von dem einheitlichen Ziel der Beseitigung der bestehenden Verhältnisse, für die als Symbol die Person Metternich stand[423].

4.1.3. Die Beteiligung der Arbeiter an der Revolution

Wie oben angesprochen unterschied sich die Ausgangslage der Wiener Studierenden einerseits wegen des seit Jahrzehnten bestehenden Reformstaus und

420 Häusler (1979), aaO.

421 Graetz (2001), Adolf Fischhoff, S. 296.

422 Borowsky (2005) Studenten in der deutschen Revolution, S. 189 ff.

423 Borowsky (2005)aaO., S. 189 ff.

der lange gewachsenen Wut auf das unbewegliche System, aber auch wegen der oft prekären sozialen Lage der Studenten deutlich von der Ausgangslage in Deutschland. Getragen wurde die Revolution in Wien daher von Studenten, bürgerlichen Kräften und insbesondere auch radikalisierten Arbeitern, die zusammen für eine soziale Revolution, aber auch eine liberale Erneuerung des absolutistischen Staates, die Anschaffung der Zensur und eine liberale Verfassung mit einer föderalistischen Staatstruktur kämpften; vor allem aber auch für bessere Lebensbedingungen. Angesichts dieser heterogenen Zusammensetzung der Aufständischen mag es durchaus verwundern, dass die Revolution zumindest zunächst erfolgreich sein konnte[424].

Die Realität auf dem österreichischen Arbeitsmarkt in der Frühzeit der Industrialisierung entsprach der in weiten Teilen des deutschen Reichs und anderen Regionen, in denen die Industrialisierung begonnen hatte. Landbewohner verließen ihre gewohntes soziales Umfeld und suchten in den rasch explodierenden Städten nach Arbeit. Der industrielle Aufschwung versprach ihnen Teilhabe durch Erzielung von Einkommen, die sie in ihrer gewohnten, industriefernen Umgebung nicht hätten finden können. Durch die Masse der in die Städte strömenden Arbeitnehmer bildeten diese für Arbeitgeber einen günstig zu erwerbenden Produktionsfaktor, dem aufgrund der schieren Masse keine Machtposition zukam, die ein Aushandeln von Arbeitsbedingungen ermöglicht hätte. Armut, Elend und Hunger als Auswirkungen der oft beschriebenen Proletarisierung waren die Folge[425]. Die unmittelbare Verknüpfung zwischen dem Produktionskostenfaktor Arbeit und der Suche nach Erlangung von Wettbewerbsvorteilen zeigt sich auch in Österreich in der rasch wachsenden Verbreitung von *Kinderarbeit*: Der Prozess der Industrialisierung bestand zunächst in der Schaffung neuer Produktionseinrichtungen, die als *Fabriken* die bisherige Arbeitswirklichkeit revolutionierten[426]. Aber auch die Arbeitsbedingungen für alle anderen Beteiligten des Produktionsprozesses hatten sich in den 1840er Jahren ständig verschlechtert. Eine Ursache dafür waren Missernten etwa in den Jahren 1845 und 1848 mit einem nachfolgenden starken Anstieg der Preise für Getreide und Kartoffeln. Innerhalb von zwei Jahren hatten sich bei gleichzeitig sinkenden Löhnen die Getreidepreise verdoppelt. Die Preise für Kartoffeln hatten sich noch stärker verteuert, so dass sie als Grundnahrungsmittel für weite Kreise der Bevölkerung kaum noch in Betracht

424 Satzinger (2008), Vöcklabruck - Stadtgeschichte - Von den Anfängen bis 1850, S. 523.

425 Meinert (1958), Die Entwicklung der Arbeitszeit in der deutschen Industrie 1820 bis 1956, S. 57

426 In Deutschland wurde 1784 in Ratingen eine Baumwollspinnerei als erste Fabrik errichtet.

kamen[427]. Zwei Drittel der Bevölkerung lebten in Armut und konnten nur großer Mühe ihren Lebensunterhalt bestreiten[428]. Die Verteuerung der Lebensmittelpreise hatte in der Folge auch Handwerker betroffen, da die meisten Menschen sämtliche zur Verfügung stehenden Mittel für Lebensmittel ausgeben mussten und daher die Inanspruchnahme der Leistungen Handwerkern nicht finanzieren konnten. In Deutschland führte die Hungerkrise der 1840er Jahre zu einigen tausend Toten und zu einer massiven Auswanderungswelle.

Dazu verursachten Krisen im Eisenbahnbau schon in den 1840er Jahren Unternehmenszusammenbrüche und Entlassungen und in der Folge eine Rezession, die massiv im Jahre 1847 einsetzte[429]. Insgesamt waren die 1840er Jahre europaweit eine Phase der Krisen und konjunkturellen Einbrüche, die vor allem die schwächsten Glieder der Produktionskette trafen[430]. In weiten Teilen auch des Kaiserreichs herrschte unter Arbeitern vor allem *Hoffnungslosigkeit*; das bestehende politische System signalisierte kaum, etwas für die Belange der Arbeiter tun zu wollen. Verschärft wurden war die Lage durch weitere schlechte Ernten mit der Folge steigender Lebensmittelpreise und die allgemeinen schlechte wirtschaftliche Situation des längst entstandenen Proletariat, das keine Vertretung hatte und sich weitgehend außer Stande sah, eigene Bedürfnisse zu formulieren. Die über Jahre gewachsene allgemeine soziale Unzufriedenheit fand ein Ventil im „revolutionären Geist" des Jahres 1848der, wie erörtert, schon vor der Februarrevolution in Paris zu Unruhen in Österreichs Städten Italiens geführt hatte[431]. Insgesamt ist daher festzustellen, dass es sich bei der österreichischen Märzrevolution um die spontane Entladung seit Jahrzehnten angesammelter Unzufriedenheit und Hoffnungslosigkeit handelte.

4.1.4. Die Machtverhältnisse im Kaiserreich des Vormärz

Ferdinand I, der 1835 als ältester Sohn von Franz I. / II. den Thron bestiegen hatte soll ein äußerst freundlicher Mann gewesen gutmütig, belesen, gebildet und auch geschäftlich durchaus versiert; nach seiner Abdankung im Jahr 1848 soll er hervorragend die Geschäfte der habsburgischen Güter in Böhmen geführt haben[432].

427 Engehausen (2007), Die Revolution von 1848/1849, S. 21.

428 Engehausen (2007), aaO., S. 21.

429 Satzinger (2008), Vöcklabruck - Stadtgeschichte - Von den Anfängen bis 1850S. 526 ff.

430 Satzinger (2008), aaO, S. 526 ff.

431 Vgl. oben Kap. 4.1.1.

432 Ferdinand I überlebte den Rücktritt noch 27 Jahre als Gutsherr in Böhmen; dort starb er 1875.

Dennoch wird er nahezu einhellig als schwacher Kaiser beschrieben, der in der Funktion des Kaisers völlig überfordert war und ohne jede Durchsetzungskraft gegenüber der Bürokratie den sprichwörtlichen Intrigen des Hofs, die er nicht einmal durchschaut haben soll, hilflos ausgeliefert[433]. Als Folge der politischen Handlungsunfähigkeit des Kaisers stand die Politik am Hof de facto still was als wesentliche Ursache dafür gilt, dass im Vormärz durchaus vorhandene einzelne Ansätze einer Veränderung der Verhältnisse nicht umgesetzt werden konnten. Der so entstandene Reformstau vor allem auch an den Hochschulen wird als eine der Ursachen für die Heftigkeit verstanden, mit der die Revolution in Wien im März 1848 ausbrach[434]. Das durch den handlungsunfähigen Kaiser entstehende Machtvakuum wurde durch die „Geheime Staatskonferenz" ausgefüllt, der Erzherzog Ludwig, der Bruder von Kaiser Franz, Erzherzog Franz Karl, ein Bruder Ferdinands und Vater des späteren Kaisers Franz Joseph sowie Metternich, seit 1813 Fürst und Graf Kolowrat-Liebsteinsky, der als meist erfolgloser Gegenspieler Metternich galt angehörten. Mit dieser „Hofkamarilla", insbesondere Metternich, wurde die Monarchie im Vormärz identifiziert; auf sie und weniger den Kaiser bezog sich auch der Hass der sich unterdrückt fühlenden Untertanen. Diese spezifische österreichische Ausgangslage mag eine der Ursachen dafür sein, dass in Österreich nicht nur die Revolution zunächst besonders heftig ausbrach, sondern dieser auch weit stärker Studenten beteiligt waren als in den meisten Teilen Deutschlands[435]. Auch kam die überwiegende Zahl der deutschen Studierenden aus wohlhabende Elternhäusern des Bürgertums und war, anders als viele Studierende in Österreich, nicht mit eigener sozialer Not konfrontiert, so dass auch eine Verbindung mit dem sozialen Kampf der Arbeiter weniger nahelag[436].

4.2. Die Wiener Studentenschaft im Frühjahr 1848

4.2.1. Die Petition Wiener Studierender an den Kaiser vom 12.03.1848

Der oft auf den 13. März datierte Beginn der Wiener Märzrevolution liegt bei genauer Betrachtung geraume Zeit früher, wenn auch die Bedeutung einzelner Ereignisse sich erst im Zusammenhang erschließt. Bereits am 29. Februar 1848 wurde am Kärntner Tor in Wien großflächig affichiert, dass der Sturz

433 Satzinger (2008), Vöcklabruck« Stadtgeschichte - Von den Anfängen bis 1850, S. 522 ff.
434 Satzinger (2008), aaO., S. 522 ff.
435 Borowsky (2005) Studenten in der deutschen Revolution, S. 188 ff.
436 Borowsky (2005) aaO.S. 189.

Metternichs bis zum 15. März vollzogen sein würde[437]. Diese Prognose entsprach zwar seit Jahrzehnten dem Wunsch aller gesellschaftlichen Gruppen, die sich gegen das vor allem auf Repression beruhende *System Metternich* wandten, war jedoch bis dahin eher Flüsterparolen und wenig konkretisierten Drohungen und Forderungen vorbehalten gewesen[438]. Die *konkrete Prognose* des Endes Metternich sorgte für bis dahin ungekannte Aufregung, da es angesichts der Ereignisse in Frankreich und teils bereits in Deutschland plötzlich möglich erschien. Die Revolution der Studenten der Wiener Universität wurde zunächst vor allem von deutschnationalen und liberalen Burschenschaften getragen, die eine Angleichung der akademischen Verhältnisse in Österreich und Deutschland anstrebten und trotz Zensur stets über die Entwicklungen im Deutschen Reich informiert waren. Von Beginn der Unruhen an signalisierten die Parolen der Revolutionäre, dass sie nicht nur Verbesserung der Lage an den Universitäten, sondern die grundlegende Änderung der gesellschaftlichen Strukturen im Kaiserreich anstrebten. Daher wurde die Revolution rasch von Arbeitern unterstützt, die sich den Studenten angeschlossen[439]. Zwar waren im gesamten Deutschen Reich Studenten in unterschiedlicher Intensität und Funktion an den Auseinandersetzungen mit der Staatsgewalt beteiligt; in Wien spielten sie jedoch eine herausragende Rolle insbesondere bei der Integration von anderen Bevölkerungsgruppen, vor allem der Arbeiterschaft, in die revolutionären Bewegungen[440]. Allerdings scheiterte die Revolution letztendlich auch an der Uneinigkeit der Revolutionäre, die vom Hof gezielt gegeneinander ausgespielt und so geschwächt wurden[441].

Seit Anfang März 1848 hatten sich Studenten, Arbeiter und liberal gesinnte Bürger immer wieder getroffen um ihre später als „Märzforderungen" bezeichneten politischen Ziele und Wünsche zu diskutieren und formulieren. Die Sitzungen waren in der Regel in erregter, angespannter, aber auch erwartungsvoller Atmosphäre abgelaufen, ohne dass es zur Eskalation von Gewalt gekommen wäre[442]. Am 4. März wurden offensichtlich in Deutschland verfasste Flugschriften verteilt, die als *„revolutionäres Manifest"* tituliert und an Studierende in Österreich adressiert waren. Am 12. März 1848 hielten in Beisein

---

437 Ausführlich dazu Bach, Geschichte der Wiener Revolution im Jahre 1848.

438 Bach, aaO.

439 Ausführlich Maisel (1898), Alma Mater auf den Barrikaden.

440 Thielbeer (1983): Universität und Politik in der Deutschen Revolution von 1848, S. 186.

441 Scheichl (1999) „Dürfen's denn das?" Die fortdauernde Frage zum Jahr 1848.

442 Buchmann (2002), Hof - Regierung -- Stadtverwaltung S. 92.

der Professoren Studenten an der Universität Wien eine Versammlung ab, in der *„eine Adresse“* an den Kaiser verabschiedet wurde, die in den Tagen zuvor von Burschenschaften verfasst worden war, die schwarz-rot-goldene Trikolore der Burschenschaft trug und an Kaiser Ferdinand persönlich adressiert war. Die Forderungen entsprachen denen, die auch im deutschen Reich aufgestellt worden waren und repräsentieren die Haltung der Burschenschaften, die in Österreich wie Deutschland eine führende Rolle einer Revolution des Jahres 1848/1849 einnahmen[443]. Nicht zu übersehen sind aber auch Forderungen, die offensichtlich vom am 24. Februar veröffentlichten Kommunistischen Manifest beeinflußt waren wie etwa die Forderung nach der *„Gleichheit von Arbeit und Kapital“* [444]. Vor der gewaltsamen Eskalation der Evolution am 13. März 1848 hatte eine „Revolution der Petitionen“ begonnen, die von einer Vielzahl unterschiedlicher Gruppen getragen war. Nicht nur Studenten, auch Standesvertretungen und Bürger formulierten Petitionen, die einen Umbau der staatlichen Strukturen forderten. Vorrangige Ziele der Revolutionäre waren eine schriftliche Verfassung, die Wahl einer Volksvertretung sowie die vollständige Abschaffung der Zensur, die längst zum Symbol der Repression geworden war. In den Tagen vor dem 13. März wagten immer mehr auch nicht organisierte Bürger ihre Forderungen vorzubringen. Die Petition der Wiener Studierenden, die dem Kaiser durch die Professoren *Endlicher* und *Hye* sowie dem Rektor der Universität, *Sebastian Jenull*, einem Juristen, der sich schon im Ruhestand befunden hatte und wegen der Wirren der Zeit zurückgekehrt war persönlich überbracht wurde hatte besonderes Gewicht[445]. Bereits am 18. März bemühte sich der Kaiser um Signale des Entgegenkommens und verfügte die Aufhebung der Zensur.

---

443 Satzinger (2008), Vöcklabruck - Stadtgeschichte - Von den Anfängen bis 1850S. 521 ff..

444 Satzinger (2008), aaO, S. 522 ff

445 Satzinger (2008), aaO, S. 521 ff..

Abbildung: Aufhebung der Zensur durch Kaiser Ferdinand am 18.03.1848.

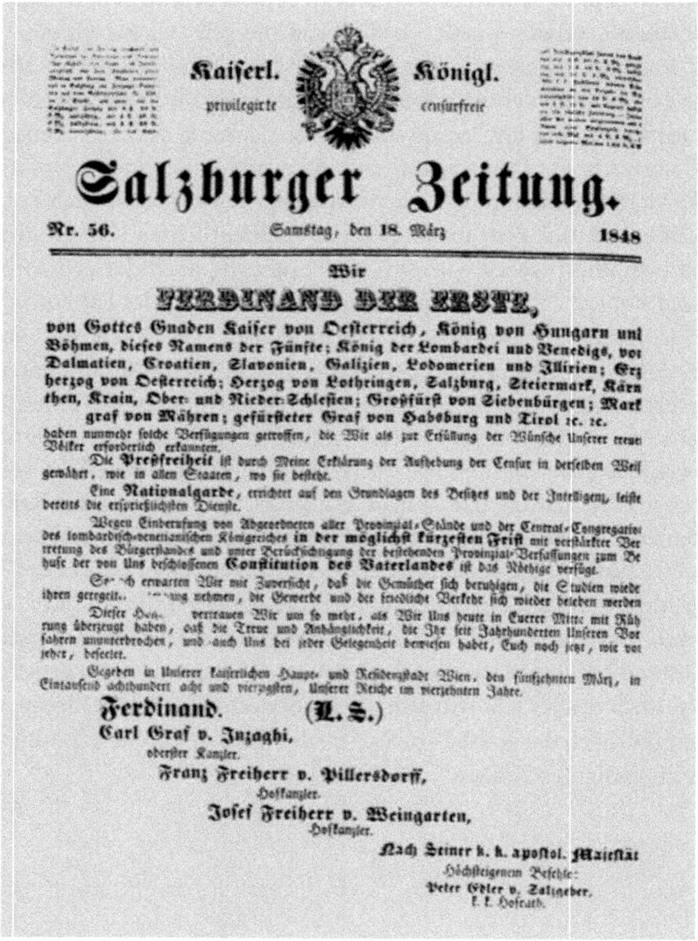

Kaiserl. privilegirte Königl. censurfreie

Salzburger Zeitung.

Nr. 56. Samstag, den 18. März 1848

Wir

FERDINAND DER ERSTE,

von Gottes Gnaden Kaiser von Oesterreich, König von Hungarn und Böhmen, dieses Namens der Fünfte; König der Lombardei und Venedigs, von Dalmatien, Croatien, Slavonien, Galizien, Lodomerien und Illirien; Erzherzog von Oesterreich; Herzog von Lothringen, Salzburg, Steiermark, Kärnthen, Krain, Ober- und Nieder-Schlesien; Großfürst von Siebenbürgen; Markgraf von Mähren; gefürsteter Graf von Habsburg und Tirol etc. etc.

haben nunmehr solche Verfügungen getroffen, die Wir als zur Erfüllung der Wünsche Unserer treuen Völker erforderlich erkannten.

Die **Preßfreiheit** ist durch Meine Erklärung der Aufhebung der Censur in derselben Weise gewährt, wie in allen Staaten, wo sie besteht.

Eine **Nationalgarde**, errichtet auf den Grundlagen des Besitzes und der Intelligenz, leistet bereits die ersprießlichsten Dienste.

Wegen Einberufung von Abgeordneten aller Provinzial-Stände und der Central-Congregation des lombardisch-venetianischen Königreiches **in der möglichst kürzesten Frist** mit verstärkter Vertretung des Bürgerstandes und unter Berücksichtigung der bestehenden Provinzial-Verfassungen zum Behufe der von Uns beschlossenen **Constitution des Vaterlandes** ist das Nöthige verfügt.

So [illegible] erwarten Wir mit Zuversicht, daß die Gemüther sich beruhigen, die Studien wieder ihren geregelten [illegible] nehmen, die Gewerbe und der friedliche Verkehr sich wieder beleben werden.

Dieser [illegible] vertrauen Wir um so mehr, als Wir Uns heute in Euerer Mitte mit Rührung überzeugt haben, daß die Treue und Anhänglichkeit, die Ihr seit Jahrhunderten Unseren Vorfahren ununterbrochen, und auch Uns bei jeder Gelegenheit bewiesen habet, Euch noch jetzt, wie von jeher, beseelet.

Gegeben in Unserer kaiserlichen Haupt- und Residenzstadt Wien, den fünfzehnten März, im Eintausend achthundert acht und vierzigsten, Unserer Reiche im vierzehnten Jahre.

Ferdinand. (L. S.)

Carl Graf v. Inzaghi,
oberster Kanzler.

Franz Freiherr v. Pillersdorff,
Hofkanzler.

Josef Freiherr v. Weingarten,
Hofkanzler.

Nach Seiner k. k. apostol. Majestät
Höchsteigenem Befehle:
Peter Edler v. Salzgeber,
k. k. Hofrath.

Quelle: Satzinger aaO.

4.2.2. Die Unruhen vom 13.03.1848

Am 13. März 1848 fand unter reger Beteiligung des Adels und der Kirche eine Zusammenkunft der Stände im Landhaus statt, bei der die Lage aus deren Sicht besprochen und ein Plan erörtert wurde, der insbesondere die Steuern und Finanzen der nächsten Zeit festlegen sollte. Gleichzeitig aber eskalierte eine Versammlung mehrerer Tausend Menschen, darunter eine Vielzahl von Studenten, die das Landhaus mit der dort tagenden Versammlung der Stände in zunächst wohl friedlicher Absicht besetzen wollte, um das Einvernehmen mit den Ständen herzustellen. Im Hof des Landhauses hielt *Adolf Fischhof* eine Rede, die als erste *freie* Rede in der Geschichte Österreichs verstanden wird[446]. Fischhof erklärte:

> *„Wir haben heute eine ernste Mission zu erfüllen:*
> *ein Herz zu fassen, entschlossen zu sein,*
> *und mutig auszuharren.*
> *Wer an diesem Tage keinen Mut hat, gehört in die Kinderstube.*
> *Pressefreiheit, Religionsfreiheit, Lehr- und Lernfreiheit,*
> *verantwortliche Minister, Volksvertretung, Volksbewaffnung und*
> *Anschluß an Deutschland ist das Ziel.*
> *Das Damoklesschwert der Polizei schwebt über meinem Haupte.*
> *Aber ich sage es wie Hutten:*
> *Ich habs gewagt, ich bin der Dr. Fischhof."*

Fischhofs Rede ist schon deshalb beachtenswert, da sie von einem unvorbereiteten Akademiker aus der Mitte des Protestzuges gehalten wurde, der sich nicht damit abfinden wollte das keiner der Protestierenden in der Lage sein sollte deutlich die Forderungen der Versammlungsteilnehmer zu formulieren[447]. Dies verdeutlicht, dass es sich bei der Revolution des März 1848 in Wien nicht um eine geplante und entsprechend organisierten Veranstaltung, sondern um einen spontanes Aufgreifen des *Moments des Augenblicks*, der in Europa herrschenden revolutionären Stimmung, handelte. Fischbach beurteilte es später als „*erbärmlich*", dass „*in dieser ganzen großen Masse nicht ein Mann den Mut und die Kraft hatte ein zündendes Wort in dieselbe zu schleudern, der hohen weltgeschichtlichen Bedeutung des Augenblicks enthusiastischen Ausdruck zu geben und die neugierige Menge zu einer Grundstimmung hinzureißen*"[448]. Fischhof war sich auch der Tatsache bewusst, dass die Gelegenheit zu einer Änderung der Verhältnisse zwar günstig, dass dafür vorhandene Zeitfenster jedoch sehr kurz sein könnte und drängte deshalb auf rasche und klare Formulierung der Forderungen und die Aufrechterhaltung des Drucks der Aufständischen bis zur Umsetzung ihrer Forderungen[449].

Ebenfalls bei dieser Veranstaltung im Hof des Landhauses wurde die Rede *Kossuths* vom 3. März verlesen, die von den Aufständischen mit großer Begeisterung aufgenommen wurde[450]. *Lajos Kossuth*, ein ungarischer Rechtsanwalt und Landtagsabgeordneter, später auch Chefredakteur der Richterzeitung, hatte sich

446 Vocelka (2007), Geschichte Österreichs, S. 81.
447 Graetz (2001) Adolf Fischhof, S. 298.
448 Zit. nach. Charmatz (1910) Adolf Fischhof, S. 19.
449 Graetz (2001) Adolf Fischhof, S. 298.
450 Charmatz (1910) Adolf Fischhof, S. 19.

immer wieder mit heftiger, auch in Leitartikeln kundgetanen Kritik an der politischen Situation in der Monarchie hervorgetan, was ihm eine Anklage wegen Hochverrats eingebracht hatte. Kossuth hatte die revolutionäre Stimmung in Europa noch früher aufgegriffen als die Revolutionäre in Wien und schon am 3. März auf dem Landtag in Pressburg eine „*flammende Rede*“[451] gehalten und vor allem mehr Souveränität für Ungarn eingefordert. Bei den Wiener Aufständischen fand diese Rede ebenso große Beachtung wie umgekehrt der Wiener Aufstand in Ungarn. Noch am 13. März 1848 weitete Kossuth seine Forderungen auf die Schaffung einer Verfassung für das gesamte Habsburgerreich aus, was in Wien unter den Revolutionären mit lautem Beifall zur Kenntnis genommen wurde[452]. Kossuth, anders als die Wortführer der Wiener Revolution ein wortgewandteter „Berufsrevolutionär“, der seine grundsätzlich Kritik an der Monarchie seit Jahren formuliert hatte scheute nicht davor zurück, das Menetekel des Endes der Monarchie an die Wand zu malen, sollte diese den Forderungen nach einer Konstitution nicht nachkommen. Die von einem Tiroler Juristen auf Deutsch vorgetragene Rede konnte vom Hof nur als existentielle Bedrohung verstanden werden[453]:

> *„Mit blutendem Herzen sah ich, wie so viele edle Kraft, so viele große Fähigkeiten an einer undankbaren Arbeit sich abschwitzen, die den Qualen einer Tretmühle gleichkommt. Ja, auf uns ruht der schwere Fluch eines erstickenden Qualms, aus der Beinkammer des Wiener Systems weht eine verpestete Luft auf uns, die unsere Nerven lähmt und sogar unsern Geistesflug bannt. – Wenn mir aber bis jetzt nur deshalb bangte, weil es schmerzlich ist, des Wiener Systems wegen unsern Fortschritt mit unersetzlichem Schaden unseres Vaterlandes über die Maßen gehemmt zu sehen, und weil ich sah, daß die constitutionelle Richtung unseres Fortschrittes nicht gesichert sei, und weil ich sah, daß jene Divergenzen, die zwischen der absolutistischen Tendenz des monarchischen Systems und der constitutionellen Richtung der ungarischen Nation seit drei Jahrhunderten bestehen, bis heute noch nicht ausgeglichen sind, und, ohne die eine oder andere Richtung aufzugeben, nicht ausgeglichen werden können, so bangt mir nicht deshalb jetzt, sondern darum, daß jene Politik der bureaukratischen Unbeweglichkeit, die in dem Wiener Staatsrathe sich verknöcherte, die Monarchie in eine Auflösung wälzen und die Zukunft unserer geliebten Dynastie in Frage stellen muß. Wenn wir die Zerwürfnisse so weit gedeihen ließen, daß nur zwischen Verneinung und Opfern gewählt werden kann, deren Ende nur Gott sieht, dann ist die Reue zu spät, den unthätig verscherzten Augenblick gibt kein Gott zurück“*

Auch Fischhof war in seiner Rede vor dem Landhaus auf die Nationalitätenfrage eingegangen und hatte für das Auseinandertreiben der Völker Österreichs eine

---

451 Graetz (2001) aaO.,S. 298.

452 Graetz (2001) aaO., S. 297 ff.

453 Zit. nach Nehring (1977) Flugblätter und Flugschriften der ungarischen Revolution von 1848/49.

„*übelberatene Staatskunst*“ verantwortlich gemacht[454]. Ziel der Revolution müsste es daher auch sein, dass die Völker wieder „*brüderlich zusammenfinden*“ und gemeinsam ihre Kräfte durch die Vereinigung erhöhten[455]. Wesentlich weitergehend hat Fischhof diesen Aspekt nicht ausgeführt; für die Krone stand jedoch einige Vereinigung der revolutionären Bestrebungen in Österreich und Ungarn im Raum, was das Drohpotenzial erhöht haben dürfte. Andererseits bestanden auch insofern bei den Revolutionären kaum klare Konzepte, da die Revolution keine wesentliche „Vorlaufzeit“ gehabt hatte.

Die Veranstaltung vor dem Landhaus blieb jedoch nicht friedlich. Die Situation spitzte sich zu als das Gerücht kursierte, dass Studenten verhaftet worden waren. In der folgenden Auseinandersetzung wurden Studenten erschossen, was die Lage weiter eskalieren ließ. Das Zeughaus wurde von den Aufständischen besetzt; die Rufe nach dem Sturz Metternichs wurden zum Schlachtruf des außer Kontrolle geratenen Aufstands. Noch am gleichen Tag dankte Metternich ab. Das „*Neue Wiener Journal*“ fasste die Ereignisse des Tages in bis dahin undenkbar offener Formulierung wie folgt zusammen[456]:

> *„Es war (...) der merkwürdigste Tag der österreichischen Geschichte... Einige Studenten haben diese alte, bemooste, sich unwiderstehlich glaubende Regierung über den Haufen geworfen. Das alte System ist mit Metternich gestürzt. Es beginnt eine neue Zeit... (...) Gestern Kampf, Blut und Tod in allen Straßen, fürchterliches Geschrei um Freiheit, die heute die Stadt schmückt wie eine Braut; aus allen Fenstern fliegen weiße und rote Kokarden, Kränze, Bänder, Fahnen.“*

Neben der Abdankung Metternichs reagierte der Hof ebenfalls noch am 13. März 1848 mit einer ersten Zusage, eine *Konstitution zu gewähren*; das formale Verfassungsversprechen wurde zwei Tage später erklärt. Metternich wurde nicht alleine seiner Ämter enthoben; auch andere bei den Bürgern für ihre Rolle bei der Ausübung der Repression besonders berüchtigte und ungeliebte Regierungsmitglieder wie der Polizeiminister *Sedlnitzky* wurde noch am 13. März 1848 abgesetzt[457]. Weitere Maßnahmen, die zuvor jahrelang nicht umgesetzt werden konnten wurden nun im Wortsinne *unverzüglich* getroffen; so etwa die Reorganisation der antiquiert und ineffizienten Staatsverwaltung, in deren Zuge anstelle der überkommenen Hofämter erstmals Ministerien eingeführt wurden[458]. Diese waren

454 Grätz (2001) Adolf Fischhof, S. 297 ff.
455 Grätz (2001) aaO., S. 297 ff.
456 Borowsky (2005) Studenten in der deutschen Revolution, S. 189 ff.
457 Graetz (2001) Adolf Fischhof, S. 298.
458 Buchmann (2002), Hof - Regierung - Stadtverwaltung S. 93.

monokratisch organisiert, zeichneten sich durch eine Ministerverantwortlichkeit und eine Entscheidungspflicht des Ministers aus, der sich nicht mehr durch Berufung auf kollegiale Entscheidungen, bei denen sich letztendlich jeder Beamte hinter anderen Beamten verstecken konnte entziehen konnte[459]. An die Stelle der Staatskonferenz trat das *Provisorische Staatsministerium* unter Vorsitz von *Kolowrat-Liebsteinsky*. Die Geschwindigkeit, mit der plötzlich Ministerien organisiert werden konnten und die bis dahin als lethargisch geltende Verwaltung in der Lage war ihre eigene Funktion neu und modern zu organisieren lässt sich als Hinweis dafür verstehen, dass Systemreformen längst erwogen und geplant worden, aber für den Zeitpunkt vorgehalten worden waren, zu dem der Druck der Straße ihre Umsetzung erzwingen würde[460]. Auch die übrigen Maßnahmen des Kaisers, insbesondere die raschen konstitutionellen Entwicklungen der Jahre 1848/1849 sprechen dafür, dass der kaiserliche Hof bereit war *„der Straße"* genau das Maß an Freiheit und Modernisierung zu geben das erforderlich war, um die eigene Macht zu erhalten[461]. Der Arzt *Ludwig Frankl*, späterer Ritter zu Hochwart, drückte die Hoffnungen, die manche Studenten wie Lehrende mit der Universität und der sich abzeichnenden Revolution verbanden in einem während eines nächtlichen Wachdiensts geschriebenen und später berühmt gewordenen Gedicht aus[462]:

> Die Universität
> Was kommt heran mit kühnem Gange?
> es naht mit hellem Trommelklange
> die Universität.
> Die Stunde ist des Lichts gekommen,
> was wir ersehnt, umsonst erfleht,
> im jungen Herzen ist's entglommen
> der Universität.
> Das freie Wort, das sie gefangen,
> seit Joseph arg verhöhnt, geschmäht,
> vorkämpfend sprengte seine Spangen
> die Universität

4.2.3. Das weitere Schicksal der Revolution

Bis zum Juli 1849 wurde die deutsche Revolution nach einer im Sommer 1848 begonnen Entwicklung vor allem von preußischen und österreichischen

459 Buchmann (2002), aaO., S. 93.
460 Buchmann (2002), Hof - Regierung - Stadtverwaltung S. 93.
461 Buchmann (2002), aaO., S. 93.
462 Das Gedicht wurde als erstes zensurfreies Flugblatt veröffentlicht.

Truppen niedergeworfen. Auseinandersetzungen zwischen Liberalen und Demokraten dürften ebenso eine Rolle gespielt haben wie Uneinigkeit der Revolutionäre, ob der angestrebte künftige deutsche Nationalstaat Republik oder konstitutionelle Monarchie sein solle[463]. *Langewiesche* versteht die Angst des Bürgertums vor einer in Folge der Umwälzungen ausbrechenden *sozialen Revolution* als wesentlichen Grund dafür, dass die deutsche Revolution 1848/1849 letztendlich ihre Ziele nicht erreichte[464]. Manchmal waren die Gründe für das Scheitern der Revolution allerdings eher lokaler Natur: Auch in München fand beispielsweise eine Art von Revolution statt, die sich aber weniger gegen die politischen Verhältnisse insgesamt richtete als gegen die Geliebte des Königs. Insofern war die bayrische Revolution erfolgreich, die Dame, für die der König mehrere Gesetze gebrochen haben sollte wurde aus der Stadt gejagt. Dass die bayrische Revolution, anders als in Frankreich, aber den König nicht zum Amtsverzicht mag zwar am großen Respekt gelegen haben, den das Königshaus in Bayern weitgehend genoss, aber auch daran, dass die Revolution und die teils mit wüsten Waffen dekorierten Revolutionäre nicht von allen Münchnern ernst genommen wurden: Die bayerische Revolution fand am Faschingswochenende statt[465]. Dieses Beispiel zeigt, dass von einer einheitlichen revolutionären Bewegung im Jahr 1848 nicht die Rede sein kann, sondern eher von einer „revolutionären Stimmung“, gegen aus sehr unterschiedlichen Gründen als unerträglich empfundene Verhältnisse aufzubegehren[466]. Diese Sicht korrespondiert auch mit der im Grundsatz kaum bestrittenen Tatsache, dass die Revolutionen von 1848/1849 aus damaliger Perspektive weitestgehend erfolglos verpufft sind und erst aus Sicht späterer Generationen zum theoretischen Fundament der Liberalisierung und Demokratisierung wurden. Beispiel dafür ist vor allem die Frankfurter Paulskirchenverfassung, die so nie in Kraft treten konnte, aber ein Jahrhundert später das Grundgesetz der Bundesrepublik Deutschland entscheidend prägte.

463 Ausführliche Zusammenfassung des Disputs bei Scheidgen (2008), aaO.

464 Langewiesche (1983), S. 342 ff.

465 Stuke/Forstmann (1979) Die europäischen Revolutionen von 1848/1849.

466 Ausführlich dazu Veit (1931). Der Autor vergleicht die Ansprüche und Ziele der Revolutionäre und stellt ebenfalls fest, dass nur in den wenigsten Fällen langfristige Ziele erreicht wurden.

4.3. Österreichischer Konstitutionalismus in den Revolutionsjahren

4.3.1. Die Pillersdorf'sche Verfassung und die „Sturmpetition"

Unter dem Eindruck des massiven Drucks der Aufständischen hatte Kaiser Ferdinand I am 15. März 1848 ein formales Verfassungsversprechen abgegeben, das die Lage zunächst kalmieren konnte. Die versprochene Verfassung wurde am 25. April 1848 durch eine Sanktion des Kaisers in Kraft gesetzt, fand aber heftigen Widerspruch[467]. Die von Innenminister *Freiherr von Pillersdorf* ausgearbeitete Verfassung hat sich, nach Auffassung ihres Schöpfers, an der belgischen Verfassung von 1831 orientiert, die auch der preußischen Verfassung von 1848 als Vorbild diente. Die Pillersdorf'sche Verfassung war jedoch weit weniger liberal konzipiert[468]. Im Gegensatz zur belgischen Verfassung und anderen konzeptionell freiheitlicheren Verfassungen wie insbesondere der Paulskirchenverfassung beruhte der Entwurf nicht auf dem Prinzip der Volkssouveränität[469]. Wesentliches Merkmal der durch die Stellung des Monarchen als alleinigem Träger der Herrschaft typisch *frühkonstitutionellem* Verfassung war, dass sie nicht in freier Wahl zustande gekommen, sondern oktroyiert worden war und de facto die Dominanz des Monarchen garantierte. So sah das Zweikammersystem, vergleichbar dem englischen Oberhaus, eine zweite ständische Kammer vor, der vor allem vom Monarchen ernannte Mitglieder angehören sollten. Ein *Selbstversammlungsrecht* besaß das Parlament nicht. Gegen Parlamentsbeschlüsse stand dem Monarchen ein absolutes Vetorecht zu, so dass weder eine in der Praxis wirkende Machtkontrolle konstituiert noch die Souveränität des Monarchen in Frage gestellt wurde. Als deren einzige Einschränkung war vorgesehen, dass bestimmte kaiserliche Anordnungen der Gegenzeichnung der Minister bedurften, die jedoch gegenüber dem Kaiser verantwortlich waren. Eine Verfassung, die den hoch angesetzten Vorstellungen der Aufständischen auch nur im Ansatz entsprach war das Werk von Pillersdorf nicht geworden[470]. Dazu kam noch ein restriktives Wahlrecht, so dass viele Untertanen von der Wahl ausgeschlossen wurden[471]. Die Wahlordnung wurde am 8. Mai 1848 publiziert und sah ein Wahlrecht nur für männlichen Staatsbürger vor, die einen hohen Steuerzensus

467 Bos (2004) Verfassungswechsel und Systemgebung S. 101 ff.

468 Brauneder (2000), Die Verfassungsentwicklung in Österreich, S. 91 ff.

469 Büsch (1992) Handbuch preussische Geschichte, Band 2.S. 303 f.

470 Brauneder (2000), Die Verfassungsentwicklung in Österreich, S. 91 ff.

471 Brauneder (2009), Österreichische Verfassungsgeschichte, S. 113 ff.

bezahlten, so dass die meisten Arbeiter und auch viele Studenten von der Wahlteilnahme ausgeschlossen waren. Für die Bevölkerung wurde der restriktive Charakter der Wahlordnung noch dadurch verstärkt und verdeutlicht, dass für die Wahlen zur Frankfurter Paulskirchenversammlung, die am 1. Mai gesamtdeutsch abgehalten wurden, keine Beschränkung der Wahlberechtigung nach dem Steueraufkommen vorgesehen worden war. Die restriktive Wahlordnung vom 8. Mai 1848 führte zu einem weiteren Aufbegehren und gipfelte am 15. Mai in einer *Sturmpetition*, in der die Regierung ultimativ aufgefordert wurde drei Erklärungen nach Wunsch der Aufständischen abzugeben:

- Die Verfassung vom 25. April dürfe nur als vorläufige Verfassung gelten, da eine endgültige Verfassung vom Reichstag beraten werden müsste;
- der Reichstag werde dadurch zum konstituierenden Reichstag;
- der Reichstag dürfte nur eine Kammer haben.

Die Sturmpetition war im zunehmenden Konflikt zwischen radikalen Kräften und dem liberalen Bürgertum ein Sieg der Radikalen; aber zugleich ein Schritt zur Spaltung der Revolution und damit im Ergebnis zu deren Schwächung[472].

4.3.2. Nachgeben als Taktik des Kaiserhauses

Das Nachgeben der Regierung gegenüber den in der Sturmpetition ausgedrückten Forderungen illustriert zum einen vordergründig Schwäche, da eine weitere Eskalation nur durch Zugeständnisse vermieden werden konnte, andererseits aber auch die bewusste Taktik, Forderungen der Revolutionäre nachzugeben solange die Machtverhältnisse es diesen ermöglichten Aufstände gegen die Regierung zu initiieren[473]. Mit dieser Strategie korrespondierte jedoch kompromisslose Härte, sobald die Regierung Kräftevorteile auf ihrer Seite annahm[474]. So schloss sie am 26. Mai 1848 die Universität und verbot die *akademische Legion*, um die Revolution weiter zu spalten. Als Machtzentrum der Revolution hatte die Regierung schon früh die Studentenschaft identifiziert, so dass sie auch bei dieser ansetzte um die Revolution insgesamt zu schwächen. Neben Schließung der Universität zählten etwa Prüfungserleichterungen oder die Abkommandierung von Studenten zu militärischen Einsätzen zu den Erwägungen des Ministerrates, um die Konzentration der Studenten in Wien und damit deren revolutionäres

472 Buchmann (2002), Hof - Regierung - Stadtverwaltung S. 98.

473 Berger Waldenegg (2001) Die Wiener akademische Legion während der Revolution von 1848 aus Sicht des Ministerrates, S. 116 ff.

474 Berger Waldenegg (2001), aaO., S. 121 ff.

Potenzial zu verringern[475]. Am 28. Mai zeigte sich jedoch, dass diese Strategie zunächst nicht aufgehen würde; es kam zu einer neuerlichen Erhebung der Studenten[476]. Auch auf diese reagierte der Ministerrat mit der weitgehenden Erfüllung der Forderungen. Grund dafür war jedoch nicht nur der beschriebene Opportunismus, das gerade zur Verhinderung weiterer Eskalation Notwendige zu gewähren, sondern offensichtlich auch innere Uneinigkeit im Ministerrat, in dem „Hardliner" wie Pillersdorf nicht zu jedem Zeitpunkt die Meinungsführerschaft innehatten. Der Arzt *Fischhof*, der zu einer der tragenden Figuren der Revolution werden sollte führte den „*Sicherheitsausschuss zur Wahrung der Rechte des Volkes und der öffentlichen Sicherheit*" der im Rathaus tagte und im Sommer 1848 zeitweise ein „Machtzentrum" bildete, nachdem die Regierung Wien fluchtartig verlassen hatte[477]. Fischhof, ab 1. Juni 1848 de facto Chef der Exekutivgewalt, gelang es zumindest für einige Wochen Unruhen zu verhindern[478].

4.3.3. Der Reichsrat im Jahr 1848

Ab Ende Mai 1848 wurden die Wahlen zum konstituierenden Reichstag durchgeführt und am 14. Juni abgeschlossen. Nach entsprechenden Forderungen der Studenten war vom Bestehen einer bestimmten Steuerlast als Wahlvoraussetzung abgegangen worden; dennoch bestanden erhebliche Einschränkungen in der Wahlberechtigung. Kurz vor Ablauf der Wahlfrist waren zwar auch bestimmte Arbeiter zur Wahl zugelassen wurden; die Frist hatte jedoch nicht ausgereicht um die plötzlich wahlberechtigten Arbeiter auch über ihre Rechte zu informieren. Den Wahlbehörden war diese Entscheidung des Kabinetts ebenfalls unbekannt[479]. Ungeachtet derartiger Unregelmäßigkeiten wurde der nach dem Wahlergebnis zusammengesetzte erste österreichische Reichstag am 22. Juli 1848 von Erzherzog Johann in Vertretung des Kaisers in der spanischen Hofreitschule eröffnet. Die insgesamt 383 Abgeordneten gehörten knapp zur Hälfte slawischen Nationalitäten an und vertraten vor allem das Besitz- und Bildungsbürgertum; wesentliche Aufgabe des *konstituierenden* Reichtags war die Ausarbeitung einer Verfassung[480]. Diese Aufgabe erfüllte ein Verfassungsausschuss,

---

475 Berger Waldenegg (2001) Die Wiener akademische Legion während der Revolution von 1848 aus Sicht des Ministerrates S. 126

476 Berger Waldenegg (2001) aaO., S. 130.

477 Buchmann (2002), Hof - Regierung - Stadtverwaltung S. 99.

478 Berger Waldenegg (2001) aaO., S. 130.

479 Gottsmann (2000) Der Reichstag 1848/49 und der Reichsrat 1861 bis 1865, S. 569 ff.

480 Buchmann (2002), Hof - Regierung - Stadtverwaltung S. 99.

der in zwei Unterausschüssen arbeitete[481]. Das vom Reichsrat mit großer Ernsthaftigkeit[482] betriebene Verfassungsprojekt sollte nie in Kraft treten; dennoch veränderte der erste österreichische Reichstag die österreichische Gesellschaft. In der dritten Reichstagssitzung am 26. Juli 1848 stellte der Abgeordnete *Kudlich* aus Lobenstein in Schlesien folgenden Antrag[483]:

> *„Von nun an ist das Untertänigkeitsverhältnis samt allen daraus entsprungenen Rechten und Pflichten aufgehoben; vorbehaltlich der Bestimmungen, ob und wie eine Entschädigung zu leisten sei."*

Der von Kudlich eingebrachte Antrag fand zwar lebhafte Zustimmung, wurde in der Folge aber Gegenstand heftiger Auseinandersetzungen, die vor allem die Entschädigungszahlungen für Grundbesitzer betrafen. Die Diskussion über die *Aufhebung der bäuerlichen Untertänigkei*t wurde erst in der 36. Sitzung des Reichstags am 7. September 1848 mit einer Abstimmung abgeschlossen, die im Ergebnis zwar die Aufhebung der Grunduntertänigkeit vorsah, in zahlreichen Einzelfragen aber von Kudlichs Antrag abwich bzw. wesentliche Detailfragen Ausschüssen oder Landtagen überließ. Dennoch kann die Beschlussfassung über ein für den Staat zentrales Thema durch ein erstmals gewähltes Parlament als bemerkenswertes Lebenszeichen des soeben geborenen österreichischen Parlamentarismus verstanden werden, wenn auch später von Unregelmäßigkeiten bei der Abstimmung die Rede war. Behaupte wurde, dass nicht der deutschen Sprache mächtige Abgeordnete bewusst falsch über den Abstimmungsinhalt informiert worden sein sollen[484]. Der Reichsratsbeschluss vom 7. September 1848 wurde vom Kaiser am 9. September sanktioniert[485]. Trotz aller Unzulänglichkeiten gehört die Befreiung der Bauern aus der „Erbuntertänigkeit" zu den wenigen bleibenden Errungenschaften der revolutionären Phase. Wirksam wurde sie jedoch nicht durch den Reichstagsbeschluss vom 7. September 1848, sondern durch das kaiserliche Grundentlastungspatent vom 4. März 1849. Dadurch verbesserte sich die Situation der Bauern nachhaltig, was insbesondere auch im Interesse des an Stabilität im ländlichen Raum interessierten Kaiserhauses lag. Auch hier erfüllte der Hof nur Forderungen, die unabwendbar waren oder ihm

481 Gottsmann (2000)aaO., S. 569 ff.

482 Buchmann (2002), aaO., S. 99.

483 Österreichisches Parlament, Parlamentskorrespondenz, unter http://www.parlament.gv.at/ZUSD/PDF/1848_Die_Aufhebung_der_baeuerlichen_Untertaenigkeit.pdf (20.12.2014).

484 Österreichisches Parlament, aaO.

485 Österreichisches Parlament (2008), aaO.

selbst Vorteile brachten. Eine wirksame Verbesserung von *Arbeitsbedingungen* und damit der Lebensverhältnisse der Lohnarbeiter war noch nicht Ziel der kaiserlichen Politik, da aus dieser Schicht der Gesellschaft noch keine Gefahr für die Monarchie drohte. *Schumpeter* zitiert einen kaiserlichen Finanzminister in einer Antwort auf die besorgte Frage eines Hofrates, was angesichts der schwierigen wirtschaftlichen Lage aus dem *„gemeinen Mann"* werden solle mit den Worten, dass für diesen *„immer gesorgt"* sei, da er sich *„zu allem bequeme"*[486].

Ohne Schmälerung der Verdienste von *Kudlich* lag die Überwindung der Feudalherrschaft, vergleichbar den Anliegen der Studentenschaft und den schon im März 1848 eingesetzten Bemühungen zur Reform des Bildungswesens, somit ohnehin im Interesse des Hofs, der die Bauern auf die Seite der Monarchie ziehen und eine Verbrüderung mit den Revolutionären vermeiden wollte[487]. Anders als manchen Revolutionären war der Regierung auch bewusst, dass der Wegfall der Grundherrschaft eine neue Organisation der Verwaltung auf den unteren Ebenen und damit Gemeinden im heutigen Sinne erforderlich machte. Diesem Bedürfnis nach öffentlicher Verwaltung entsprach das „provisorische Gemeindegesetz"[488], das vom späteren Innenminister Graf Stadion schon im März 1848 ausgearbeitet wurde und zwar nie vollständig in Kraft getreten ist, aber dennoch als Grundlage der autonomen Gemeindeverwaltung als gelegentlich übersehene Errungenschaft der Revolution des Jahres 1848 gilt[489].

4.3.4. Das Ende der Revolution und der Kremsierer Entwurf

Die heftigen Auseinandersetzungen über die Grundreform im Reichsrat mögen zwar den Beginn des österreichischen Parlamentarismus markieren, eine dessen wesentliche Funktionen, der Kanalisierung der politischen Auseinandersetzung erfüllte er im Sommer der Revolution 1848 jedoch noch nicht. Die Auseinandersetzung auf der Straße setzte sich fort und entzündete sich am 24.8.1848 in der „Praterschlacht"[490]. Auslöser war gewesen, dass die Löhne für vor allem weibliche und junge Arbeiter reduziert worden waren, die meist Erdarbeiten zur Donauregulierung verrichteten. Bereitgestellt wurden oft Arbeitsplätze für sinnlose Tätigkeiten, deren Bezahlung zudem nicht gesichert war, so dass in späterer Folge dem Staat vorgeworfen wurde, die Unruhen durch

486 Zit. nach Schumpeter (1965), Geschichte der ökonomischen Analyse, Bd. 1, S. 412.
487 Hye (2007), 1848/1849 - Die Wende in der Habsburgermonarchie, S. 10.
488 Provisorisches Reichsgemeindegesetz RGBl Nr. 170/1849.
489 Hye (2007), 1848/1849 - aaO., S. 10.
490 Brauneder (2000) Die Verfassungsentwicklung in Österreich, S. 69 ff.

geplante Nichtbezahlung der Arbeiter bewusst geschürt zu haben[491]. Der Sicherheitsausschuss unter Fischhoff löste sich in der Folge auf; bei der Praterschlacht waren 22 Menschen getötet und einige Hundert verwundet worden[492]. Deutlich geworden war dabei auch die Spaltung der Revolution. Bürgerliche Kräfte und Bauern, die durch die bevorstehende Grundentlastung ihr wesentliches Revolutionsziel erreicht hatten unterstützten die radikalisierten Aufständischen kaum noch[493].

Der Reichstag setzte in seinen beiden Ausschüssen die Arbeit an der Verfassung ohne Rücksicht auf die dramatischen Geschehnisse auf den Straßen fort und näherte sich in seinen Vorstellungen immer stärker an ein konstitutionelles Verfassungsmodell mit Abkehr vom monarchischen Prinzip an. Diese Entwicklung widersprach jedoch den sich wandelnden Machtverhältnissen auf der Straße, auf der nur zunächst die Revolutionäre ein Übergewicht hatten. Am 6. Oktober 1848 kam es in Wien wieder zu heftigen Kämpfen, bei denen mehr als 30 Menschen starben. Eine wütende Menschenmenge zog zum Kriegsministerium am Hof und lynchte dort den Kriegsminister Graf Latour[494]. Kaiser Ferdinand flüchtete am nächsten Tag, dem 7. Oktober 1848, nach Olmütz. In Wien übernahmen Revolutionäre die Macht, die von radikal-demokratischen Abgeordneten des Reichstags, der akademischen Legion und anderen Gruppen unterstützt wurden[495]. Auf Befehl vom Kaiser Ferdinand I. wurde der Reichstag in die nicht von Revolutionären bedrohte Kleinstadt Kremsier verlegt und tagte dort weiter. Feldmarschall Fürst Windisch-Grätz, der Oberbefehlshaber der kaiserlichen Truppen, schlug am 31. Oktober die Revolution in Wien nieder. Bei den Kämpfen kamen mehr als 4.000 Menschen ums Leben; zahlreiche Revolutionäre wurden standrechtlich erschossen. Die Wiener Revolution war damit de facto zu Ende, auch wenn der Reichstag in Kremsier seine Beratungen im Winter 1848/1849 weiterführte und weitgehend abschloss[496]. Der später so bezeichnete Kremsierer Entwurf berief sich auf das Prinzip der Volkssouveränität und sah ein Zweikammerparlament, dessen zweite Kammer aber von den Ländern besetzt werden sollte, vor; ebenso wie Gewaltenteilung. Dass der Kremsierer Entwurf, in den Worten Brauneders, nicht nur *reifer* und *durchdachter*,

491 Niederhauser (1990), Sturm im Habsburgerreich.
492 Brauneder (2000) aaO., S. 69 ff.
493 Niederhauser (1990), aaO.
494 Enne (2011) Ein Dokument der Todesangst S. 92-99
495 Gottsmann (2000) Der Reichstag 1848/49 und der Reichsrat 1861 bis 1865, S. 569 ff.
496 Gottsmann (2000) aaO., S. 569 ff.

sondern auch „*origineller*“[497] war als der von Pillersdorf nutzte wenig; auch er trat nie in Kraft.

4.3.5. Die Entwicklung zum österreichischen Neoabsolutismus

Mit dem Sieg der kaiserlichen Truppen, der nach einem Sturmangriff auf Wien am 31. Oktober 1848 besiegelt war brach die österreichische Revolution des Jahres 1848 zusammen. In den Monaten des Aufstands war aber nicht zuletzt durch das hilflos wirkende Agieren von Kaiser Ferdinand deutlich geworden, dass dieser und die meisten Minister den Herausforderungen der Revolution nicht gewachsen gewesen waren und durch widersprüchliche, von den Revolutionären häufig als Bestätigung ihrer Position empfundenen Schritte wie etwa der Aufstellung der *Akademischen Legion* keinen klaren Kurs vorgegeben hatten. Als am 21. November 1848 Felix Fürst zu Schwarzenberg zum Außenminister und Ministerpräsidenten ernannt worden war bildete er zunächst eine neue Regierung, der *Graf Stadion* als Innenminister, *Freiherr von Bach* als Justizminister und *Freiherr von Krauß* als Finanzminister angehörten[498]. Schwarzenberg gab seine Regierungserklärung am 27. November 1848 vor dem Reichstag zu Kremsier ab, an dem allerdings nur noch etwa zwei Drittel der Abgeordneten teilnahmen. Vor allem Abgeordnete, die mit den Revolutionären sympathisierten waren zur Sitzung nicht mehr erschienen[499]. Schwarzenberg hatte als Bedingung für seine Amtsübernahme gefordert, dass der Kaiser zum Thronwechsel bereit sein würde. Auch Franz Karl, der Bruder des Kaisers, musste auf den Thron verzichten, um die Thronbesteigung des erst achtzehnjährigen Neffen des Kaisers zu ermöglichen[500]. Am 2. Dezember 1849 wurde Franz Josef zum Kaiser ernannt. Trotz seiner Jugend ließ der Kaiser keinen Zweifel daran, dass er die Monarchie konsequent verteidigen würde. Erster Schritt dazu war eine vom neuen Innenminister *Graf Stadion* ausgearbeitete Verfassung, die am 4. März 1849 verkündet und als „oktroyierte Verfassung“ in Kraft gesetzt wurde[501]. Diese Verfassung sah

497 Brauneder (2009) Österreichische Verfassungsgeschichte, S. 117. Mit der Kapitulation der Aufständischen in Ungarn und Venedig im Sommer 1849 war die Revolution in Österreich endgültig beendet.

498 Satzinger (2008), Vöcklabruck - Stadtgeschichte - Von den Anfängen bis 1850, S. 522 ff.

499 Satzinger (2008), Vöcklabruck - Stadtgeschichte - Von den Anfängen bis 1850, S. 523 ff.

500 Kaiser Ferdinand soll seinem Neffen den Thron mit den Worten „Gott segne dich, sei brav, es ist gern geschehen“ übergeben haben was, wenn das Zitat zutrifft, als Hinweis dafür verstanden werden kann, dass der Kaiser selbst sich seiner Überforderung durch die Revolution bewusst war; vgl. dazu Brauneder (2000), S. 69 ff.

501 RGBL 1848 / 150.

im Vergleich zum Kremsierer Entwurf eine deutlich stärkere Stellung des Kaisers und einen Wahlzensus für Mitglieder des Oberhauses sowie, in geringerem Ausmaß, auch des Unterhauses vor[502]. Als neues Staatsorgan wurde mit der oktroyierten Märzverfassung der *Reichsrat* geschaffen, der nicht nur als beratendes Organ der Regierung, sondern auch des Kaisers selbst agieren sollte; die Mitglieder wurden vom Monarchen alleine ernannt. Damit wurde die Bedeutung das Parlament deutlich geschmälert[503]. Der Reichsrat wurde später als einziges der in der oktroyierten Märzerfassung vorgesehenen neuen Organe auch tatsächlich errichtet[504]. Zunächst wurde jedoch die Verfassung noch am 4. März 1849 für das gesamte Kaisertum Österreich in Kraft gesetzt. *Brauneder* erkennt darin ein typisches frühkonstitutionelles Element, das der Verfassung eine „Klammerfunktion" für den monarchischen Gesamtstaat zuschreibt[505]. Am 30. April 1849 übernahm der Kaiser den Oberbefehl über die gesamte Armee und reduziert so die Macht des Kriegsministeriums; *Buchmann* spricht von einer beginnenden *Militärmonarchie*[506]. Der neu geschaffene Reichsrat spielte bald eine zentrale Rolle bei der Etablierung absolutistischer Strukturen, wodurch die Kompetenzen des Ministerrats, der später den Titel der *Ministerkonferenz* erhielt, verringert wurden. In der Praxis erwiesen sich die vom Kaiser ernannten Reichsratsmitglieder als konservativ, während die Minister eher fortschrittlich und zum Teil auch liberal zu agieren versuchten. Dieser Gegensatz schuf den Boden für eine Vielzahl von Konflikten und Intrigen, die im folgenden Jahrzehnt die neoabsolutistische Politik entscheidend beeinflussen sollten[507]. Das nach dem Zeitpunkt seines Erlasses an 31. Dezember 1851 benannten Silvesterpatent, das aus drei Erlässen bestand, ordnete die Aufhebung der de facto nie in Kraft getretenen oktroyierten Märzverfassung an; ebenso aufgehoben wurden die Pressefreiheit, die Öffentlichkeit von Gerichtsverfahren und die aufgrund des provisorischen Gemeindegesetzes geltenden Gemeindeverfassungen. Unangetastet blieb aber die Aufhebung der Erbunteränigkeit. Detailliert ausgeführt wurden die Grundsätze des Neoabsolutismus, die mit den Silvesterpatenten verkündet worden waren, durch den zu diesem Zeitpunkt siebzigjährigen *Baron Kübeck zu Kübau*, Staats-

502 Brauneder (2009), Verfassungsgeschichte, S. 120.

503 Brauneder (2009), aaO., S. 120.

504 Buchmann (2002), Hof - Regierung - Stadtverwaltung, S. 107.

505 Brauneder (2009), aaO., S. 120.

506 Buchmann (2002), aaO., S. 107.

507 Walter.(1970), Die Geschichte der Ministerien. Durchbruch des Absolutismus bis zum Ausgleich mit Ungarn; S. 54 sowie Friedjung (1908/1912) Österreich von 1848-1860.

diener seit einem halben Jahrhundert, der neben *Graf Stadion* die oktroyierte Märzverfassung formuliert und auch das Statut für den Reichsrat ausgearbeitet hatte[508]. Mit den Silvesterpatenten des Jahres 1851 hatte der Kaiser die absolute Gewalt wieder erlangt. Ein konstitutionelles System wurde erst wieder mit der Dezemberverfassung vom 21.12.1867 für die österreichische Reichshälfte er errichtet[509]. Die neu fundierte absolutistische Herrschaftsform führte aber auch dazu, dass der Kaiser für alle Misserfolge, insbesondere auch militärischer Art, unmittelbar verantwortlich gemacht wurde. Militärische Niederlagen in Italien im Jahr 1859 gelten als eine Ursache für die ab diesem Zeitraum schrittweise, wenn auch nicht durch explizite Rechtsakte umgesetzte Reliberalisierung[510]. Die mit dem Namen des Justizministers *Freiherr von Bach* verbundenen Verwaltungsreformen, denen wegen ihres hierarchischen Aufbaus die Bezeichnung „*Bach'sche Verwaltungspyramide*" verliehen worden war prägen heute noch die politische Einteilung Österreichs[511]. Ob der Neoabsolutismus und die vorangehenden Ereignisse, insbesondere die fehlende Umsetzung des von Historikern hochgelobten *Kremsierer Entwurfs*, bereits das Ende der Monarchie eingeleitet haben[512] mag im gegebenen Zusammenhang dahinstehen.

4.4. Exkurs: Verfassungsentwicklung in Österreich und Preußen

4.4.1. Zusammenfassung der Entwicklung in Österreich

Nicht nur der 1848 verabschiedete Kanon der „Grundrechte des deutschen Volkes" sondern auch die preußische Verfassung von 1848 orientierte sich an der belgischen Verfassung von 1831 und einem preußischen Verfassungsentwurf aus dem Mai 1848[513] und normierte einerseits einen klassischen Abwehrkatalog, der auf den Schutz vor Übergriffen des Feudalherrschers gerichtet war wie etwa die Gewährung der Versammlungsfreiheit, der Vereinigungsfreiheit, den Schutz des Briefgeheimnisses sowie dem Recht auf den gesetzlichen Richter[514], aber auch eine Reihe von Gleichheitsrechten wie den Zugang zu öffentlichen Ämtern, Regelun-

508 Rumpler/Malfèr, Protokolle des österreichischen Ministerrats, Vorwort.
509 Walter (1970), aaO., S. 180.
510 Ausführlich Brandt (1978), Der österreichische Neoabsolutismus.
511 Brandt,. Liberalismus in Österreich (2011), S. 136 ff.
512 Zur dazu geführten Diskussion Berger Waldenegg (2001), Die Wiener akademische Legion während der Revolution von 1848 aus Sicht des Ministerrates.
513 Kühne (1998), Die Reichsverfassung der Paulskirche, S. 164 ff.
514 Ausführlich dazu Classen in Isensse, Rn. 31 ff. zu § 187.

gen zur Staatsbürgerschaft sowie allgemeine Gleichheitsgrundsätze. Die als Vorbild dienende belgische Verfassung hatte die Funktion eines „*Frühwarnsystems*", das im Falle von für die Monarchie bedrohlichen Unruhen Konzessionen an revolutionäre Gruppen vorsah[515]. In Belgien hatte die Strategie der *antizipierten Flexibilität* funktioniert, so dass die Revolutionen von 1848 Belgien kaum betrafen. In Österreich führte die Schaffung einer Verfassung als sichtbares Entgegenkommen an die Revolutionäre hingegen nicht zur Befriedung, sondern zunächst zur weiteren Eskalation der sozialen Unruhen und letztendlich zum Kaiserwechsel, zur raschen Vorlage von drei Verfassungsentwürfen und zu einer neoabsolutistischen Phase von einem Jahrzehnt. Diese Phase war andererseits die Grundlage des Umbaus des Kaiserreichs zu einer bürgerlichen Gesellschaft machtpolitischer Rahmen weitreichender gesellschaftlicher Reformen. Getragen wurde die österreichische Revolution von Studenten, bürgerlichen Kräften und radikalisierten Arbeitern, die für eine soziale Revolution, aber auch eine liberale Erneuerung des absolutistischen Staates, die Abschaffung der Zensur und eine liberale Verfassung mit föderalistischen Staatstrukturen kämpften. Ein entsprechender Entwurf („*Kremsierer Entwurf*") trat jedoch ebenso wenig in Kraft wie eine bereits im März 1848 eilig noch von Ferdinand vorgelegte Verfassung („Pillersdorf'sche Verfassung") und im Ergebnis die am 3. März 1849 vom Kaiser oktroyierte Verfassung.

Ferdinand I, übergab die Macht während der Revolution 1848/1849 an den damals erst 18jährigen Franz Josef, der in der Folge beinahe sieben Jahrzehnte bis zu seinem Tod im Jahr 1816 Kaiser blieb[516]. Ferdinand galt als führungsschwach; die Revolution als bedrohlich für die Monarchie[517]. In der Folge erlebte Österreich wieder eine Phase des Stillstands und der absoluten Machtausübung des Kaiserhauses[518]. Zu den wenigen bleibenden Errungenschaften der revolutionären Phase gehörte die Befreiung der Bauern aus der „Erbuntertänigkeit" durch das Grundentlastungspatent vom 4. März 1849. Die damit bezweckte und auch erreichte Neutralisierung der zuvor unzufriedenen Bauern als potentielle Revolutionäre lag vor allem im Interesse des Kaiserhauses lag, das Stabilität im ländlichen Raum für die Stabilisierung der eigenen Macht benötigte.

---

515 Ebel (1986) Der papierne Wisch, S. 11.

516 Ferdinand I überlebte den Rücktritt noch 27 Jahre als Gutsherr in Böhmen; dort starb er 1875.

517 Ausführlich zur Revolution von 1848/1849 Häusler (1979), Von der Massenarmut zur Arbeiterbewegung; Höbelt (1998) Österreich und die deutsche Revolution; Violand (1984), Die soziale Geschichte der Revolution in Österreich 1848.

518 Die Periode von 1849 bis 1867 wird als Neoabsolutismus bezeichnet; ausführlich dazu Berger- Waldenegg (2001), aaO.

4.4.2. Die rechtliche Einordnung der Paulskirchenverfassung

Die Verfassung der USA aus dem Jahr 1787 besteht aus vier Seiten, wobei die vierte Seite zu etwa einem Drittel mit der Unterschriften der „Verfassungsväter" beschrieben ist. Verfassungsurkunden des deutschen Konstitutionalismus umfassen oft mehrere hundert Seiten an Beilagen und eine Vielzahl von Texten unterschiedlicher Herkunft, die mehr oder minder explizit aufeinander bezogen sind. Schon deshalb gab es in dieser Phase kein Verfahren der institutionalisierten Verfassungsgebung, das sich vom für andere Rechtsakte üblichen Erzeugungsverfahren unterscheidet. Erfolgte in späteren Phasen des deutschen Konstitutionalismus die Verfassungsgebung nicht mehr durch den Monarchen aus eigener Machtvollkommenheit alleine sondern durch ein Gesetzgebungsverfahren mit der Zustimmungspflicht eines Parlaments war auch eine Verfassung nach diesem für einfache Gesetze vorgesehenen Procedere zu erlassen[519]. Als Ausnahme lässt sich die Paulskirchenversammlung verstehen, deren rechtliche Stellung unter den Protagonisten unklar war. Nach wohl überwiegendem Verständnis der Versammlungsteilnehmer sollte die Versammlung als trotz Einsetzung durch den Bundestag des Deutschen Bundes demokratisch legitimiertes Organ mit den Aufgaben eines Nationalkonvents verstanden werden[520]. Das Fehlen eines Monarchen als Gegenüber für Verfassungsverhandlungen verlieh der Versammlung erst die Funktion als konstituierende verfassungsgebende Versammlung[521]. Der Status der Versammlung als verfassungsgebenden Körperschaft wurde somit durch mehr oder minder demokratische Legitimation ihrer gewählten Mitglieder bestimmt, die für eine konstituierende Nationalversammlung gewählt wurden und damit für die verfassungsgebende Versammlung ebenfalls als demokratisch legitimiert verstanden werden können[522]. Die Paulskirchenverfassung enthält auch ein herausgehobenes, für die Verfassung reserviertes Verfahren zur Änderung der Verfassung, was sie ebenfalls von anderen deutschen Verfassungstexten der Epoche unterscheidet. Vorgesehen für eine Verfassungsänderung war das Erfordernis der qualifizierten Mehrheit von zwei Dritteln in beiden Häusern sowie die Zustimmung des Monarchen[523].Einen *Schutz* der Grundrechte bedeutete das Konzept der erschwerten Abänder-

519 Heun (2008), Deutsche Verfassungsdokumente 1806 -1849, Teil I.

520 Hofmann (1986) Zur Idee des Staatsgrundgesetzes S. 261 ff.

521 Heun (2008), Deutsche Verfassungsdokumente 1806 -1849, Teil I, S. 371.

522 Dippel, Das Paulskirchenparlament 1848/49: Verfassungskonvent oder konstituierende Nationalversammlung JöR

523 Vgl. Paulskirchenverfassung, § 196.

barkeit der Verfassung jedoch nicht. In Art. 197 sah die Paulskirchenverfassung ausdrücklich vor, dass „*im Falle des Kriegs oder Aufruhrs (...) die Bestimmungen der Grundrechte über Verhaftung, Haussuchung und Versammlungsrecht von der Reichsregierung oder der Regierung eines Einzelstaates für einzelne Bezirke zeitweise ausser Kraft gesetzt werden*" konnten. Die Aussage *Lassalles*, Verfassungsfragen seien „*nicht in erster Linie Rechtsfragen sondern Machtfragen*"[524] trifft auf die Ausübung der Grundrechte erst Recht zu. Dass im Krieg oder im Falle von Unruhen die Interessen des Herrschers über individuelle Grundrechte dominierten war aus damaliger Sicht selbstverständlich und ist es aus Sicht des Verfassungsgebers noch heute, wie beispielsweise Art 11 Abs. 2 GG zeigt. Damals wie heute sind diese Beschränkungen aber auch als Relativierung des liberalen Ansatzes der Verfassung zu verstehen.

4.4.3. Das Grundrechtsverständnis der Paulskirchenverfassung

Die Revolution von 1848 bewirkte sowohl auf Ebene der Einzelstaaten wie des Bundes eine breite Diskussion über neu zu schaffende Verfassungen, die auch umfassende Grundrechtskataloge enthalten sollten[525]. Welche *Funktionen* von Grundrechten in Verfassungen aufgenommen werden sollten war unklar und umstritten. Ausgangslage der Diskussionen war zunächst ein von einzelnen Akteuren der Diskussion intendierter Rückgriff auf die französische Menschenrechtserklärung von 1789 sowie die der amerikanischen Verfassung von 1787, die als auch „*universalistische*" Menschenrechtserklärung an die Verhältnisse des Jahres 1848 adaptiert werden sollten[526]. Die damals seit 60 Jahren auf bundesstaatlicher Ebene in Deutschland ohne Entsprechung gebliebene Deklaration von Grundrechten, wie sie in der unterschiedlichen Akzentuierung der franzö-

---

524 Lasalle formulierte diese These im Jahr 1862 auf einer Berliner Bürgerversammlung im preußischen Verfassungskonflikt um das Budgetrecht des Parlaments und traf die Feststellung, dass auf dem Papier zahlreiche Verfassungen bestehen mögen, sich die „wirkliche Verfassung" aber nur in den wirklichen Machtverhältnissen manifestiere. Der Begriff der Verfassung lässt sich in diesem Zusammenhang als Metapher für die Verfassung eines Staates., nicht für ein Dokument, das diese im vornherein festlegen solle verstehen. Folgerichtig müssen zunächst die wahren Machtverhältnisse im Land geändert werden, damit eine schriftliche Verfassung dauerhaft Bestand haben könne; vgl. Lassalle (1862) Über das Verfassungswesen. Rede am 16. April 1862 in Berlin; Druckausgabe Hamburg 1993.

525 Hofmann in Isensee/Kirchhoff, Handbuch des Staatsrechts, § 195, Rn. 11.

526 Ausführlich zur Funktion der Grundrechte in der Konstitutionen der USA und Frankreichs Frotscher/Pieroth (2011), Verfassungsgeschichte, Rn. 25, 41 ff.

sischen Menschenrechtserklärung und der amerikanischen Verfassung bzw. der Bill of Rights aus dem Jahr 1791 als „*revolutionäre Tat*" [527] vorgenommen worden war wurde in immerhin 60 Artikeln der Paulskirchenverfassung nachgeholt. In diesem Zusammenhang lässt sich feststellen, dass die Paulskirchenverfassung die Staatsordnung eines nationalen und insofern auch liberalen Rechtsstaates formulierte, da dieser in erster Linie auf Beseitigung polizeistaatlicher Machtausübung und damit die Normierung klassischer *Abwehrgrundrechte* zielte, andererseits auch auf die Beseitigung noch bestehender ständischer Strukturen[528].

„*Revolutionäre Ansätze*" enthielt die Verfassung dagegen nicht[529], obwohl die sozialen Umstände der 1848 noch weitgehend ungestört von der staatlichen Einflussnahme fortschreitenden und zur sozialen Verelendung immer weiterer Bevölkerungsteile führenden industriellen Revolution im Zuge der Beratung der Grundrechte ebenfalls erörtert worden waren. Auf ein „Grundrecht auf Arbeit" oder die Aufnahme von zwingenden Schutznormen zu Gunsten der Arbeiter als Grundrecht konnte sich der Verfassungsgeber jedoch nicht einigen[530]. Dies erscheint auch deshalb bemerkenswert, weil der deutsche Verfassungsgeber des Jahres 1848 erneut eine in Frankreich einsetzende Entwicklung nicht aufgegriffen hat[531]. Zeitgleich hatte der französische Verfassungsgeber sich intensiv mit dem Schutz von Besitzlosen *und Fabrikarbeiten beschäftigt, wenngleich das von zahlreichen Gruppen geforderte Recht auf Arbeit* nicht in die Verfassung vom 4. November 1848 aufgenommen wurde. Als frühe Stufe der Gewährung sozialer Grundrechte und damit im heutigen Sinne als verfassungsrechtliche Verankerung eines an den Staat gerichteten Leistungsanspruchs kann jedoch das 1848 in Frankreich normierte Recht auf kostenlose Grundschulunterricht verstanden werden[532]. Allerdings hatte die provisorische Regierung unter da Lamartine bereits im Mai 1848 einen Zehn- bis Elfstundentag eingeführt und die Bildung von Gewerkschaften erlaubt. *Nationalwerkstätten* zur Beschäftigung der Arbeitslosen realisierten de facto weitgehend das Recht auf Arbeit, wenn ihm die verfassungsrechtliche Verankerung auch verwehrt blieb. Die ursprünglichen Formulierungen des Verfassungsentwurfs, die von der Nationalversammlung vor dem Juniaufstand ausgearbeitet und nach dessen Niederschlagung nicht übernommen worden waren gingen wesentlich weiter und lassen sich als frü-

527 Hofmann in Isensee/Kirchhoff, Handbuch des Staatsrechts, § 195, Rn. 11.
528 Hofmann in Isensee/Kirchhoff, Handbuch des Staatsrechts, § 195, Rn. 11.
529 Hofmann in Isensee/Kirchhoff, Handbuch des Staatsrechts, § 195, Rn. 11.
530 Kuhne (1985), Die Reichsverfassung der Paulskirche, S. 157 ff.
531 Hofmann in Isensee/Kirchhoff, Handbuch des Staatsrechts, § 195, Rn. 11.
532 Hofmann in Isensee/Kirchhoff, Handbuch des Staatsrechts, § 195, Rn. 1.

he Verankerung von insbesondere auch auf die Gewährung von kostenloser Bildung für jedermann gerichteten staatlichen Leistungspflichten, die auch als Schutzpflichten verstanden werden können, in einer Verfassung verstehen. Die geplanten Artikel des Verfassungsentwurfs lauteten[533]:

> *Art. 6: Das Recht auf Bildung ist das Recht aller Bürger auf die Möglichkeit der vollen Entfaltung ihrer physischen, moralischen und intellektuellen Fähigkeiten vermittelst unentgeltlichen Unterrichts durch den Staat.*
>
> *Art. 7: Das Recht auf Arbeit ist das Recht eines jeden Mitgliedes der Gesellschaft, durch Arbeit leben zu können. Die Gesellschaft hat daher die Verpflichtung, allen arbeitsfähigen Personen, die anders keine Arbeit erhalten können, Arbeit zu verschaffen.*
>
> *Art. 9: Das Recht auf Unterstützung ist das Recht der Waisen. der Arbeitsunfähigen und der Greise, vorn Staat ihre Existenzmittel zu erhalten.*

An zentraler Stelle wurde dagegen die Volkssouveränität als Verfassungsprinzip verankert: Art. 1 der Verfassung lautet[534]:

> *„Die Souveränität beruht in der Gesamtheit der französischen Bürger. Sie ist unveräußerlich und unverjährbar. Kein Individuum, keine Fraktion des Volkes kann sich die Ausübung dieser Souveränität zueignen."*

Der 1848 verabschiedete Kanon der „Grundrechte des deutschen Volkes" orientierte sich demgegenüber nicht am französischen, sondern an einem belgischen und einem preußischen Verfassungsentwurf[535] und normierte einerseits einen klassischen Abwehrkatalog, der auf den Schutz vor Übergriffen des Feudalherrschers gerichtet war wie etwa die Gewährung der Versammlungsfreiheit, der Vereinigungsfreiheit, den Schutz des Briefgeheimnisses sowie dem Recht auf den gesetzlichen Richter[536], aber auch eine Reihe von Gleichheitsrechten wie den Zugang zu öffentlichen Ämtern, Regelungen zur Staatsbürgerschaft wie allgemeine Gleichheitsgrundsätze. Aus Sicht der späteren Verfassungsentwicklung von Bedeutung ist, dass die in der Paulskirchenverfassung Gleichheits- und Abwehrrechte enthält, aber auch *Grundpflichten*, die von den Verfassungsunterworfenen den Staat gegenüber zu erfüllen waren. Dazu zählten beispielsweise die zeitgleich in Frankreich als Grundrecht normierte Schulpflicht, die Wehr- und

533 In der Übersetzung von Karl Marx, MEW, Band 7 (1973), S. 494 ff.

534 In der Übersetzung von Karl Marx, MEW, Band 7 (1973), S. 494 ff. Lange bestand diese Verfassung nicht; bereits 1851 wurde sie de facto außer Kraft gesetzt und durch eine weitgehend auf Bonaparte zugeschnittene und die rechte des Volkes wie des Parlaments stark einschränkende Verfassung ersetzt.

535 Kühne. (1998), Die Reichsverfassung der Paulskirche, S. 164 ff.

536 Ausführlich dazu Classen in Handbuch des Staatsrechts, Rn. 31 ff. zu § 187.

Steuerpflicht sowie die Pflicht dem Staat Eigentum abzutreten. *Hofmann* weist aber darauf hin, dass die formulierten Pflichten aus Sicht der Staatsbürger auch Rechte repräsentierten wie etwa das Recht auf Schulbildung, das Recht Waffen zu tragen oder das Recht, einer gerechten Besteuerung unterworfen zu werden[537].

4.4.4. Verfassungsentwicklung in Preussen

In Preussen standen zunächst ebenfalls mehrere Verfassungsentwürfe im Raum. Neben dem Regierungsentwurf, der sich an der belgischen Verfassung anlehnte, ohne allerdings das Prinzip der Volkssouveränität zu übernehmen formulierte eine Kommission der Nationalversammlung einen nach dem Kommissionsvorsitzenden als „*Charte Waldeck*" bezeichneten Gegenentwurf, der deutlich erweiterte Grundrechte beinhaltete sowie eine Reihe antimonarchischer Vorschriften beispielsweise zur Errichtung eines zweiten, unter dem Kommando „des Volkes" stehenden Militärs[538]. Zu einer Einigung kam es nicht, da dem König die Forderungen der *Charte Waldeck*, insbesondere die dort vorgesehene Einführung eines Volksheeres, aber auch die Aufweichung des königlichen Vetorechts zu weit gingen[539]. Die Verfassung des Jahres 1848 wurde schließlich als *Oktroi* erlassen, der wesentliche Teile des Grundrechtekatalogs der Charte Waldeck übernahm, aber die Rechte des Königs deutlich stärkte und vor allem zahlreiche Ausnahmeregelungen konstituierte, die im Ergebnis die Letztentscheidungsgewalt des Königs festlegten. Im gegebenen Zusammenhang ist die Verfassung des Jahres 1848 insofern bemerkenswert, da sie einerseits in Art. 106 ihre Abänderbarkeit im Wege der einfachen Gesetzgebung vorsieht, zum anderen sollte sie durch die zu schaffenden Kammern des Abgeordnetenhauses nach deren Zusammentreten revidiert werden. Eine auf dieser staatsrechtlichen Grundlage durchgeführte Revision aus dem Jahr 1850 änderte nichts an dem Grundrechtskatalog, fügte aber eine Vielzahl von dem Herrscher zustehenden Optionen der *Einschränkung* des Grundrechtskatalogs zu[540]. Die revidierte Verfassungsurkunde für den Preußischen Staat von 1850, die im wesentlichen bis zum Ende des Königreichs Preußen in Kraft blieb enthielt zwar in teilweiser Anlehnung an den Grundrechtekatalog der Paulskirchenversammlung ebenfalls einen breiten Grundrechtekatalog, der jedoch unter einem sehr weit reichenden Vorbehalt auch des

537 Hofmann in Isensee/Kirchhoff, Handbuch des Staatsrechts, § 195, Rn. 11.

538 Ebel (1998),Der papierne Wisch.

539 Müssig (2008) Die europäische Verfassungsdiskussion des 18. Jahrhunderts, S. 130.

540 Kotulla (1992) Die Tragweite der Grundrechte der revidierten preußischen Verfassung vom 31.1.1850, S. 50 ff.

einfachen Rechts stand. In der Verfassungspraxis hat sich der staatsorganisatorische Teil der Verfassung insofern bewährt, als der Monarch die ihm zustehenden Vorbehaltsrechte maßvoll nutzte und sich auch die beiden Kammern nicht grundsätzlich gegenseitig blockierten[541]. Im Ergebnis hatte sich so das preußische Königtum mit einer nur mäßig liberalen Verfassung durchgesetzt, die aber ausreichend Freiheiten gewährte um eine weitere Revolution bis zum Ende des Preußischen Königtums im November 1918 zu verhindern. Ob sich die Haltung des Monarchen zur von ihm zunächst als *„papierner Wisch"* geschmähten Verfassung verbessert hat mag dahinstehen[542].

4.4.5. Entwicklung des preußischen Grundrechtsverständnisses nach 1848

Die Grundrechte der preußischen Verfassung wurden teils als unverbindliche Programmsätze, teils als einfaches Verwaltungsrecht verstanden[543]. Angeführt wurde der programmatisch als Grundrechte zu verstehende Teil der Verfassung durch den *Gleichheitssatz*, der einen an den Monarchen gerichteten Anspruch auf Gewährung gleicher Lebensverhältnisse beinhaltete, aber den gesellschaftlichen Verhältnissen entsprechend in den unterschiedlichen Epochen der konstitutionellen Phase unterschiedlich stark eingeschränkt war. Im Grundsatz bestand eine „dreifache Privilegierung"[544] der Stände nach Geburt, Besitz und religiösem Bekenntnis, was alleine illustriert, dass das Grundrechtsverständnis auch des fortgeschrittenen deutschen Konstitutionalismus nichts mit dem der französischen Menschenrechtserklärung oder der amerikanischen Bill of Rights gemein hat. Adressat der Gleichheitsrechte war mit dem König dessen Justiz und Verwaltung, die insofern zu gesetzmäßigem Handeln verpflichtet wurden. Die Gesetzgebung war an den Gleichheitssatz dagegen nicht gebunden[545]. Aus Sicht der Staatsrechtswissenschaften des 19. Jahrhunderts bewirkten die Verfassungen des deutschen Konstitutionalismus eine Einschränkung der Macht des Monarchen, ohne dessen Herrschaftsausübung grundsätzlich infrage zu stellen[546]. Daher

541 Müssig (2008), Die europäische Verfassungsdiskussion des 18. Jahrhunderts, S. 130.
542 Ausführlich dazu Ebel (1998), Der papierne Wisch.
543 Scheuner (1973) Die rechtliche Tragweite der Grundrechte in der Verfassungsgeschichte des 19. Jahrhunderts, S. 139 ff.
544 Müssig (2008), aaO.
545 Ebel (1998), aaO.
546 Stahl (1878) Die Philosophie des Rechts, Bd. 2, S. 260 ff.

wurde auch die *Gewaltenteilung* von der Staatsrechtswissenschaft lange Zeit weitgehend abgelehnt; die Parlamente wurden als Teilhaber an der Gesetzgebung, nicht aber an der Regierung verstanden[547]. Verfassungen konnte konzeptionell nur die Rolle einer Beschränkung der Staatsgewalt des Monarchen zukommen. *Formal* erfolgte diese Beschränkung der monarchischen Gewalt zunehmend durch Gesetze, an deren Erlass die Parlamente in unterschiedlicher Form teilhaben konnten. Für das Grundrechtsverständnis in der Phase des deutschen Konstitutionalismus bedeutet dies, dass Grundrechten zwar zunehmend die Funktion von Abwehrrechten gegen die staatliche Gewalt zukam, ohne eine unmittelbare Bindung des Gesetzgebers zu bewirken. Eine *unmittelbare Schutzwirkung* entfalteten Grundrechte jedoch zunehmend gegen Akte der Exekutive, wurden dadurch aber auf einen allgemeinen Gesetzesvorbehalt wie etwa die Garantie der Gesetzmäßigkeit der Verwaltung eingeschränkt[548]. Dem Parlament kam nach dieser Konzeption im Ergebnis die alleinige Kompetenz zum Schutz der Grundrechte zu, da es grundrechtskonforme Gesetze zu erlassen hatte[549]. *Dogmatisch* wurde eine Beschränkung der Grundrechtsfunktionen auf Freiheit- und Abwehrrechte erst mit der Etablierung des rechtswissenschaftlichen Positivismus in den 1870er Jahren begründet[550].

4.4.6. Nachwirkungen der Grundrechtediskussion

Mit der Weimarer Reichsverfassung erhielt die Diskussion über Grundrechtsfunktionen eine neue Wendung, der eine grundlegende Auseinandersetzung über die Verankerung der Grundrechte in der neu zu schaffenden demokratischen Verfassung vorausgegangen war. Wie drei Jahrzehnte später bei der Erschaffung des Grundgesetzes realisiert war bereits 1918 / 1919 ein den restlichen Verfassungstext vorgestellter Grundrechtekatalog im Gespräch[551]. *Preuß*, der als einer der Väter der Weimarer Reichsverfassung gilt und deren Entwurf vorwiegend alleine redigierte[552] wollte zunächst auf eine Verankerung von Grundrechten weitgehend verzichten, da er mit Blick auf die einzige damals ver-

547 Dahlmann (1835) Die Politik (...) Ausgabe 1997, Abs. 180.
548 Grimm. (1987) Die Entwicklung der Grundrechtstheorie in der deutschen Staatsrechtslehre des 19. Jahrhunderts, S. 308 ff.
549 Scheuner, Die neuere Entwicklung des Rechtsstaats in Deutschland, in Scheuner, Staatstheorie und Staatsrecht, 1978, S. 185 ff.
550 Pauly (1993) Der Methodenwandel in deutschen Spätkonstituionalismus, S. 92 ff.
551 Antrag Nr. 89 (Quarck/Sinzheimer) in NV, Bd. 336, S. 370.
552 Gusy (2006), Die Weimarer Reichsverfassung, S. 78 ff.

fügbaren Erfahrung mit dem Versuch einer demokratischen Verfassungsgebung auf deutschem Boden, die Frankfurter Paulskirchenverfassung, fürchtete, auch die politischen Kräfte der entstehenden Weimarer Republik könnte über eine kontroverse Grundrechtsdiskussion mit absehbarer Uneinigkeit über Bedeutung und Anwendung der Grundrechte in Streit und so in die Gefahr geraten, sich gegenseitig bei der Verankerung der Grundrechte in der Verfassung zu blockieren[553]. Preuß agierte nach dem aus damaliger Sicht nachvollziehbaren Ansatz, lieber keine Grundrechte als keine Verfassung zu normieren. Aus Preuß' Sicht war die Paulskirchenverfassung gescheitert, da die Grundrechtsdiskussion zu einem „Glaubenskrieg" geworden sei, in dem sich unversöhnliche Fronten gegenüberstanden[554]. Preuß sprach sich daher ausdrücklich dafür aus, im Weimarer Verfassungsgebungsprozeß *„das Werk zu Ende zu bringen"* auch wenn die Grundrechte keine bzw. keine vollständige Regelung erfahren hätten[555]. Darüber hinaus ging er aber auch davon aus, dass in einer demokratisch verfassten Republik die explizite Normierung von Grundrechten überflüssig sei, da das Staatsorganisationsrecht, dass die politische Organisation Staat trage und dessen demokratische Verfasstheit garantiere alleine ausreichend sei und sein müsse, um im Ergebnis reflexiv auch die individuelle Freiheit zu schützen[556]. Abgesehen von der aus Preuß' Sicht abzusehenden fruchtlosen und langwierigen Diskussion um die Grundrechte in der aufgeheizten Stimmung des Jahres 1919 stand zudem zu befürchten, dass eine zu umfassende Normierung von Grundrechten die Weimarer Reichsverfassung unanwendbar machen könnte oder zu unbestimmte Formulierungen mit der Folge der Beliebigkeit der Grundrechtsanwendung und des Entstehens einer am Einzelfall orientierten Grundrechtsjudikatur führen könnten[557]. Diese defensive Konzeption, durch weitgehenden Verzicht auf die Aufnahme von Grundrechten in der Verfassung deren Bedeutungsverlust zu verhindern, bevor die Verfassung überhaupt Wirkungen bei der Neuordnung des demokratischen Staatswesens entfalten konnte scheiterte an den politischen Forderungen der Reichsregierung wie auch politischer Parteien[558]. Der schließlich in die Weimarer Reichsverfassung implementierte inhomogene und wenig wirkungsvolle Grundrechtskatalog scheint Preuß aber aus der ex post Beurteilung Recht zu geben.

553 Preuss in NV, Bd. 336, S. 339.
554 Gusy (2006), Die Weimarer Reichsverfassung, S. 78.
555 Preuss in NV, Bd. 336, S. 339.
556 Preuss (1921), Deutschlands republikanische Reichsverfassung, S. 24 f.
557 Gusy (2006), Die Weimarer Reichsverfassung, S. 78 ff.
558 Gusy (2006) aaO.

4.5. Die Notwendigkeit von Bildungsreformen aus Sicht des Hofes

4.5.1. Die Haltung des Hofs zur Studentenschaft

Dass gerade die Bildungspolitik und die Studienbedingungen, die seit Jahrzehnten von Studierenden wie Lehrenden mehr oder minder im Verborgenen kritisiert worden waren Gegenstand von Reformen werden würden, war abzusehen und passt in das beschriebene System des kaiserlichen Pragmatismus und Opportunismus, da Studenten entscheidend an den Unruhen beteiligt waren[559]. Während aber die konstitutionelleren Entwicklungen des Revolutionsjahrs 1848, auch das war wohl Teil der kaiserlichen Strategie, wieder zurückgenommen wurden sobald dies aus Sicht des Hofes ohne Gefahr für den Bestand des Kaiserreichs möglich war, hatten die Bildungsreformen im wesentlichen Bestand und wurden gerade während des Neoabsolutismus konzipiert und umgesetzt[560]. Dies lässt sich schon auf den ersten Blick als Respekt vor dem revolutionären Potenzial der Studentenschaft verstehen, das durch weitgehende Studienreformen gering gehalten werden sollte. Schon mitten in der Revolution, am 23. März 1848, wurde das „*Ministerium des öffentlichen Unterrichts*" eingerichtet, dem die oberste Leitung des gesamten Unterrichtswesens übertragen wurde. Einbezogen in die Kompetenz des neu und erstmals geschaffenen Ministeriums waren nach seiner Funktionsbezeichnung alle Ausbildungseinrichtungen von der Volksschule bis hin zur Universität. Franz *Freiherr von Sommaruga* wurde erster Unterrichtsminister[561]. Ein Blick auf die oben skizzierte Entwicklung des Aufstands des Jahres 1848 zeigt, dass die Maßnahme aber zumindest keinen umgehend wirksamen Einfluss auf die Studentenschaft gehabt haben dürfte. Dass eine nennenswerte Anzahl von Studenten alleine durch die Bündelung der Kompetenzen für ihre Angelegenheiten bei einem Minister und die damit administrativ und politisch erfolgende Gleichstellung mit anderen bedeutenden Materien im Sinne des Hofes beeinflusst und veranlasst werden konnten, sich der weiteren Teilnahme an der Revolution zu enthalten, ist weder anzunehmen noch überliefert.

Sommaruga sah es wohl anders. Anfang Mai 1848 stellte er „*Fortschritte bei Behebung des aufgeregten Zustandes*" fest[562], wofür er den „*Ordnungssinn*

---

559 Lentze (1962), Die Universitätsreform des Ministers Graf Leo Thun-Hohenstein, S. 148 ff.

560 Lentze, aaO., S. 148 ff.

561 Ausführlich dazu Berger Waldenegg (2008), Die Wiener Akademische Legion.

562 Zit. nach Berger Waldenegg (2008), Die Wiener Akademische Legion, S. 124.

der meisten Studenten" wie auch die beginnende „*Epurierung der Legion*" verantwortlich machte. Insbesondere vom Geiste der Ordnung beseelt sei „*das Korps der Juristen*", das „*stets als konservativ*" gegolten habe[563]. Pillersdorf war gegenteiliger Auffassung; am 12. Mai stellte er fest, dass die Studentenschaft „*besonders tätig*" sei und sich als Vertreterin aller Bevölkerungskreise geriere[564]. Besonderes täten sich Mediziner und Techniker als Agitatoren hervor, während, wie schon *Sommaruga* hervorgehoben hatte, sich die Juristen als ordnungsliebend erwiesen hätten und daher kaum eine besondere Gefahr sein würden[565]. Ob hier im Grunde auch heute noch anzutreffende Stereotypen bemüht wurden oder Berichte von Spitzeln verarbeitet ist den Materialien des Ministerrats nicht zu entnehmen. *Berger Waldenegg* beschreibt das Vorgehen der Regierung als „*Zuckerbrot und Peitsche*", was aber nicht ausschließt, dass einige der schon früh an der Bildungsreform Beteiligten von deren Inhalten auch tatsächlich überzeugt waren.

So sehr in der Forschung festzustehen scheint, dass die Revolution von 1848, genau genommen bereits die Ereignisse im März 1848, Grundlage der später mit dem Namen Thun-Hohenstein assoziierten Reform des Bildungssystems war,[566] so wenig wird offensichtlich hinterfragt, *warum* dies so gewesen sein soll. Schon von Anfang März 1848 an hatte das Kabinett der Beobachtung des Verhaltens der Studentenschaft in der sich abzeichnenden Revolution besondere Bedeutung beigemessen. *Kolowrat-Liebsteinsky* sprach in einer Diktion, die zumindest aus heutiger Sicht die außerordentlich große Distanz der sich gegenüberstehenden Teile des Volks, die aus ihrer Sicht jeweils um die richtige Form der Ordnung des Staat rangen, verdeutlicht, von „*einer Horde solcher Buben*". *Pillersdorf*, der Innenminister, dessen Namen für den ersten österreichischen Verfassungsentwurf steht war in heutiger Terminologie „Hardliner" und sah es überhaupt „*mit Missfallen*", dass Studenten an den Aufständen in der Stadt teilnahmen. Es sei daher notwendig, „*dem Unfuge der sich fast täglich erneuernden Unruhen (...) ein Ende zu setzen*".

4.5.2. Studenten als Gegner des Hofs im Revolutionsjahr 1848

Zusammengefasst lässt sich feststellen, dass die Politik der Regierung im Revolutionsjahr 1848 keine klare Linie erkennen lässt und nicht nur von dem Prinzip

563 Zit. nach Berger Waldenegg (2008), aaO.
564 Zit. nach Berger Waldenegg (2008), aaO.
565 Zit. nach Berger Waldenegg (2008), aaO.
566 Lentze (1962), Die Universitätsreform des Ministers Graf Leo Thun-Hohenstein, S. 148.

„Zuckerbrot und Peitsche", sondern wohl stärker noch von dem dahinterstehenden Prinzip geprägt war, den Studenten sukzessive Zugeständnisse zu machen, um die weitere Eskalation auf der Straße, und auch die Gewinnung weiterer Sympathisanten für die Revolution unter den Studenten durch eine erkennbar studentenfeindliche Haltung der Regierung zu vermeiden, diese Zugeständnisse aber umgehend zurückzunehmen, sobald die Studenten nach Meinung des Ministerrats eine Schwäche zeigten. Die Politik des Jahres 1848 wurde zumindest bis August des Jahres von revolutionären Aktionen und Forderungen der Studenten einerseits und oft sehr raschen Reaktionen des Ministerrats andererseits geprägt. Dass nach Beurteilung beider Seiten der Umgang des Hofes mit den Studenten das weitere Schicksal nicht nur des Ministerrats, sondern der Monarchie beeinflussen könnte lässt sich aus dieser raschen Abfolge von Aktion und Reaktion ableiten. Jede Erwägung zu Folgen denkbaren Alternativverhaltens der Regierung ist naturgemäß Spekulation. Bedenkt man jedoch den zunächst hohen Organisationsgrad der Studenten und die raschen, heftigen Reaktionen auf Übergriffe des Staates, wie sie etwa am 13. März zum Aufstand führten erscheint es durchaus vorstellbar, dass ein *konsequent kompromissloses* Vorgehen der Revolution zum Erfolg verholfen hätte. Das Ende der Revolution und damit der Erfolg der Strategie des Hofes im Umgang vor allem mit Studenten lässt sich mit den durchaus selbstzufriedenen Worten von Schwarzenbergs so zusammenfassen: *„Die Studenten studierten, die Garden bewachten und die Regierung regierte wieder*[567]*"*. Während des nachfolgenden Neoabsolutismus fühlten sich die Minister vor Anfeindungen der Straße und insbesondere vor Studenten sicher. Auf Dauer wuchs aber eine neue Generation von Studierenden heran, die nur wenig von der Revolution mitbekommen hatten, aber in den Genuss einer vollständig reformierten Ausbildung gelangten. Dass die Reformen des Studiums nach Ende der Revolution realisiert wurden, spricht zumindest für die Erkenntnis, dass von unzufriedenen, hoffnungslosen und sozial benachteiligten Studenten eine unmittelbare Gefährdung der Monarchie ausgehen konnte.

4.5.3. Die Haltung des Kaisers zum Parlamentarismus

Als im Jahr 1883 an der Wiener Ringstraße das damalige Reichsratsgebäude, das heutige Parlament, mit imperialem Prunk eröffnet wurde war Kaiser Franz Joseph anwesend; in der Folge hat er das Gebäude bis zu seinem Tod, mit Ausnahme einer weiteren Eröffnung eines später angefügten Neubaus, nie mehr betreten[568]. Die Thronrede, die jährlich in der dafür vorgesehenen Säulenhalle des

---

567 Zit. nach Berger Waldenegg (2008), Die Wiener Akademische Legion, S. 133.
568 Rumpler (2000), Einleitung. Grenzen der Demokratie im Vielvölkerstaat, S. 3.

Parlaments verlesen werden sollte verlas der Kaiser meistens im Zeremoniensaal der Hofburg[569]. Diese Tatsache alleine verdeutlicht, dass die Hinwendung des Hofs zu Parlamentarismus und Konstitutionalismus auch nach 1867 widerwillig und gegen eine innere Überzeugung erfolgte, um den vermeintlichen Verhältnissen der Zeit zu entsprechen und zumindest die Macht zu retten, die aus Sicht des Hofes gerettet werden konnte[570]. *Rumpler* geht davon aus, dass die österreichische Geschichte sehr anders verlaufen wäre, hätten die Entscheidungsträger der Monarchie spätestens 1848 verstanden, dass Konstitution wie Parlament *„als die großen Modernisierungs- und Überlebenschancen für die habsburgische Länder- und Völkerföderation“* bei überzeugter und konsequenter Umsetzung eine überlebensfähige Machtposition der Monarchie schaffen hätten können, anstelle sie sukzessive und dauerhaft zu zerstören, wozu unüberlegte, halbherzige und vor allem *„wie alles in der Geschichte der ‚failed spurts' in der Habsburgermonarchie zu spät gesetzte“* Liberalisierungs- und Demokratisierungsschritte im Ergebnis beigetragen haben[571]. Nicht übersehen werden darf aber, dass in späterer Folge der Machtkampf der Parteien den Parlamentarismus geschwächt und im Ergebnis dem Parlament das Potenzial als Faktor der Machtbalance im Verhältnis zum Hof genommen hat. Machtzentrum des Staates blieben daher „Krone und Hofpartei, Regierung und Hochbürokratie“[572].

Die skizzierte Entwicklung darf bei Beurteilung der Hochschulreformen nicht außer acht gelassen werden, da sie auch die Haltung definiert, in der die Krone das Bildungswesen allgemein und insbesondere die „staatstragende Juristenausbildung“ reformieren wollte: So viel wie nötig, so wenig wie möglich.

4.6. Zwischenergebnis

Dass die mit dem Namen Leo Thun-Hohenstein verbundenen Bildungsreformen und insbesondere die Reform der Juristenausbildung die bildungspolitische Realität in Österreich bis zum heutigen Tage geprägt haben und weiterhin beeinflussen ist beinahe schon Stereotyp und übliche Diktion dazu veröffentlichter Forschungsarbeiten und in dieser Allgemeinheit kaum ernsthaft bestritten. Verdeutlicht wurde aber in diesem Abschnitt, dass die Umsetzung von berechtigten oder unberechtigten Forderungen vor allem im Bereich der Hochschulen entscheidend von der Manifestation der gesellschaftlichen Macht von

569 Rumpler (2000), aaO., S. 3.
570 Rumpler (2000), aaO., S. 3.
571 Rumpler (2000), aaO., S. 3.
572 Rumpler (2000), aaO., S. 8.

Studenten abhing. Eine Studentenschaft, beeinflusst von einer womöglich oft idealisierenden Rezeption der deutschen Hochschulentwicklung, ist auf einen Staat getroffen, der zunächst um buchstäblich jeden Preis versucht hat die bestehenden Verhältnisse aufrechtzuerhalten, um dann doch umso schneller auf das Unvermeidliche zu reagieren und wesentliche Forderungen der Studenten zu erfüllen. Diese Konstellation kann als wesentlicher Grund dafür gesehen werden, dass die Entwicklung in Österreich im Jahr 1848 so viel heftiger verlief als beispielsweise in Preußen, wo Studenten schon lange vor der Revolution zumindest im Vergleich zum Österreichischen Kaiserreich freiere Studienbedingungen vorgefunden hatten und deshalb vergleichsweise wenig revolutionäres Potenzial einbrachten, sieht man von der vor allen an der „nationalen Frage“ orientierten Rolle der Burschenschaften ab.

Nachhaltige Wirkung entfalteten in Österreich aber weniger die demonstrativen und kurzfristigen Maßnahmen des Jahres 1848, sondern die Einsicht des neoabsolutistischen Staates, dass nur eine nachhaltige Befriedung der Studentenschaft deren revolutionäres Potenzial auf Dauer hintanhalten könnte. Übertragen auf die Verhältnisse der Gegenwart lässt sich feststellen, dass Studenten trotz seit Jahren unter Schlagworten wie *„überlaufene Hochschulen“* und *„Bologna“* subsumierter, womöglich essenzieller und berechtigter, Kritik kaum politische Schlagkraft entfalten, was umso paradoxer anmutet, da ihr Anteil an ihrer Altersgruppe ein Vielfaches im Vergleich zum 19. Jahrhundert umfasst. Mit Blick auf die Hintergründe der Bildungsreform 1848 lässt sich dies womöglich so verstehen, dass effektiver Einfluss von Studenten auf ihre Ausbildungs- und Lebensbedingungen ein Machtpotential voraussetzt, dass vom Staat als bedrohlich eingeschätzt wird. Dies ist in der Gegenwart ganz offensichtlich nicht der Fall.

5. Die Umsetzung der Bildungsreform

5.1. Die bildungspolitischen Maßnahmen des Jahres 1848

5.1.1. Der Auftakt zur Bildungsreform im Frühjahr 1848

> *„In allen Zweigen der Volksbildung wird zu Umgestaltungen geschritten werden. Besonnenheit und weise Erwägung muß diese Umgestaltungen entwerfen und durchführen. Wir wollen ein Gebäude aufführen von fester Dauer, ähnlich - so sehr es nur immer die Verhältnisse des Vaterlandes gestatten - jenen blühenden Hochschulen Deutschlands, die wir als Vorbilder gründlicher wissenschaftlicher Ausbildung verehren. Lern- und Lehrfreiheit, durch keine Schranke als jene constitutioneller Gesetze gebunden, wird ihre Grundlage sein."*[573]

Aus Sicht von Studenten, die am Ende ihres Studiums standen, scheint das Jahr 1848 eine günstige Gelegenheit gewesen zu sein in den Staatsdienst aufgenommen zu werden. Die Unsicherheiten des Revolutionsjahres wie der Wechsel verschiedener Reformschritte, die zeitweilige Schließung der Universität und eine Mischung verschiedener Studienordnungen haben offensichtlich dazu geführt dass, so der Wiener Professor der politischen Wissenschaften und Gesetzeskunde *Tomaschek* rückblickend, *„sogar Leute auf Grund bloßer Frequentienzeugnisse in den Staatsdienst aufgenommen wurden“*[574]. Insgesamt sei in diesem Jahr durch das miteinander und gegeneinander von Lernfreiheit, alten Studienordnungen und Professoren, die nicht wussten aufgrund welcher Gesetze sie lehren und prüfen sollten ein „Mischmasch“, entstanden, in den nur *„mit viel Geist Ordnung“* gebracht werden könne[575]. Daher waren bereits unmittelbar in der revolutionären Phase des Frühjahr 1848 auch Bestrebungen im Gange, eine neue Prüfungsordnung zu schaffen, wobei etwa nach *Tomaschek* in Anlehnung an das damalige deutsche System sämtliche Zwischenprüfungen und Abschlussprüfungen in einer einzigen Staatsprüfung zusammengefasst werden sollten[576]. Die Einsicht, dass nicht nur des Studiensystem, sondern auch das Prüfungssystem grundlegend geändert werden müsse war unter den Hochschullehrern im Früh-

---

573 Franz Freiherr Sommaruga, am 30. März 1848 vor Studierenden in Wien, zit. nach Heintl (1848), Mitteilungen aus den Universitäts-Acten, S. 10.

574 Zit. nach Lentze (1962), Die Universitätsreform des Ministers Graf Leo Thun-Hohenstein, S. 74.

575 Zit. nach Lentze (1962), aaO., S. 74.

576 Lentze (1962), Die Universitätsreform des Ministers Graf Leo Thun-Hohenstein, S. 76.

jahr 1848 im Grunde unumstritten, wenn auch nicht ausnahmslos eine Reform der Prüfungsordnung in der Radikalität gefordert wurde, wie sie Tomaschek vorgeschlagen hatte[577].

Am kaiserlichen Hof wurde das universitäre Chaos des Frühlings 1848 hingegen mit einer gewissen Erleichterung zur Kenntnis genommen, da es mit ein Vorwand war, die Hochschulen zu schließen und so die Zahl der Studenten in Wien und damit deren revolutionäres Potenzial zu verringern. Neben der in diesem Jahr oft gezeigten „Peitsche", als die auch Hochschulschließungen zumindest für Studierende, die Schwierigkeiten hatten ihr Studium zu finanzieren und nicht das Glück, auf Basis von Anwesenheitszeugnissen in den Staatsdienst übernommen zu werden und mit einer Studienverlängerung vor allem finanziell belastet wurden zu verstehen sind zeigte der kaiserliche Staat noch im März 1848 auch das „Zuckerbrot". Der zeitgleich mit Errichtung des Ministeriums für Unterricht am 27. März 1848 zu dessen Minister bestellte Franz Freiherr von Sommaruga trat bereits am 30. März 1848 in der Aula der Universität Wien vor die Studenten und versprach ihnen *„blühende Hochschullandschaften"*, die nach Sommarugas Ankündigung insbesondere durch weitgehende Angleichung des österreichischen an das deutsche Studiensystem entstehen sollten. Sehr konkret wurde Sommaruga gegenüber den Studenten freilich nicht:

> *„In allen Zweigen der Volksbildung wird zu Umgestaltungen geschritten werden. Besonnenheit und weise Erwägung muß diese Umgestaltungen entwerfen und durchführen. Wir wollen ein Gebäude aufführen von fester Dauer, ähnlich - so sehr es nur immer die Verhältnisse des Vaterlandes gestatten - jenen blühenden Hochschulen Deutschlands, die wir als Vorbilder gründlicher wissenschaftlicher Ausbildung verehren. Lern- und Lehrfreiheit, durch keine Schranke als jene constitutioneller Gesetze gebunden, wird ihre Grundlage sein"*[578].

Sommaruga wird daher die Einführung der Lehr- und Lernfreiheit zugeschrieben, wenn auch nicht übersehen werden darf, dass insofern die praktischen Auswirkungen zunächst gering blieben, da in Folge der Revolution die Gymnasien und Universitäten bis ins Frühjahr 1849 geschlossen blieben, so dass Sommarugas Zusage zunächst vor allem deklarativen und kalmierenden Charakter hatte.[579]. Die Umsetzung des Versprechens, *„so sehr es nur immer die Verhältnisse des Vaterlandes gestatten"* eine an deutschen Vorbildern orientierte österreichische

577 Lentze (1962), aaO., S. 74 ff.

578 Zit. nach Heintl (1848), Mitteilung aus den Universitäts-Acten Nr. 17.

579 Wenski (1974), Franz Seraphin Exner. Österreichischer Philosoph und Schulorganisator.

Hochschullandschaft zu schaffen stand aber auch vor der Schwierigkeit, dass die dazu erforderliche Infrastruktur nicht im Ansatz vorhanden war. Als Keimzelle einer lebendigen Hochschule nach deutschem Muster, eines eigenständigen Universitätsorganismus, wurden in Deutschland Institute, Seminare, Forschungslabors und andere Einrichtungen verstanden, in denen Hochschullehrer neben der Wissensvermittlung durch Vorlesen von Lehrbüchern die beanspruchte und versprochene Lehrfreiheit umsetzen sollten[580]. Erforderlich war damit ein „gewaltiger Modernisierungsschub“[581], der sich auf Gebäude, Lernmaterialien und vor allem die Berufung ausländischer Gelehrter an die Universität beziehen musste. Die Studierenden wurden in diese Überlegungen zunächst kaum einbezogen, was auch dazu führte, dass sie andere Vorstellungen von „Lehr- und Lernfreiheit“ hatten als die Hochschullehrer. Studenten erhofften sich ersatzlosen Wegfall des verschulten Unterrichts und studentische Freiheiten, wie sie in Deutschland an einigen Hochschulen insbesondere von Burschenschaften gelebt werden konnten; Hochschullehrer erwarteten hingegen Einfall staatlicher Vorgaben, was sie wann wie zu unterrichten hatten.

Der erste Schritt des neu geschaffenen Unterrichtsministeriums unter *Sommaruga* zielte jedoch in eine dritte Richtung: Anfang April 1848 wurde den einzelnen Lehranstalten, Gymnasien wie Fakultäten, wieder die Leitung über die Anstalt übertragen und somit auch ein Teil der universitären Autonomie wiederhergestellt. Der Staat zog sich zunächst aus der Verwaltung der Lehranstalten zurück, ohne gleichzeitig Lehr- und Lernfreiheit zu verfügen, wie auch immer Lehrende und Lernende sich diese vorstellten[582]. Mit einer ministerialen-Verfügung vom 10. Mai 1848 wurde die Errichtung einer siebenten und im Folgejahr auch einer achten Schulstufe angeordnet und damit die Philosophische Fakultät von den Aufgaben einer allgemeinen Vorbereitung der Studierenden entlastet, was allgemein aber auf Widerstand stieß. Professoren, die auf dieser Stufe unterrichten sollten mussten die prestigeträchtige Institution Universität mit der Lehrtätigkeit an einem Gymnasien tauschen; Schüler, die sich von Universität ein zumindest gewisses Maß der Liberalisierung erhofften mussten länger an der Schule verbleiben[583]. Da Universitäten und Gymnasien aber geschlossen waren konnte sich der Protest nicht an den Unterrichtsanstalten selbst artikulieren. Weitere Maßnahmen der ersten Woche nach Gründung des Unterrichtsministeriums wurden hingegen teils bereits als erste Schritte der Lehr und

580 Seidl (2009), Eduard Suess und die Vermittlung der Erdwissenschaften, S. 78.

581 Seidl (2009), aaO.

582 Engelbrecht (1986), Geschichte des österreichischen Bildungswesens. Bd. 3, S. 222.

583 Engelbrecht (1986), Geschichte des österreichischen Bildungswesens. Bd. 3: S. 147.

Lernfreiheit wahrgenommen[584]. So wurden beispielsweise die Reiserestriktionen für Studenten weitgehend aufgehoben; Reisen ins Ausland und sogar das Studium im Ausland waren wieder möglich, was ebenfalls unter dem Gesichtspunkt der Umstände des Augenblicks im Frühjahr 1848 zu verstehen ist, da jeder Student, der weniger in Wien war auch ein potentieller Revolutionär weniger war. Das Prüfungssystem wurde deutlich gelockert und die Prüfungsreihenfolge den Studierenden überlassen; auch wurden die verpflichtenden Semestral- und Annualprüfungen abgeschafft[585]. Die Qualifikation der Hochschullehrer sollte durch Einführung der in Österreich bis dahin nicht bekannten Habilitation nach deutschem Vorbild gesteigert werden; das Verfahren setzte einen Probevortrag sowie ein Kolloquium vor dem Lehrkörper, eine öffentliche Probevorlesung und die Vorlage einer schriftlichen Abhandlung voraus[586]. Aus hochschulpolitischer Sicht mindestens ebenso entscheidend war, dass die den Hochschulen verliehene Autonomie auch auf die Auswahl von diesen selbst als geeignet angesehener Hochschullehrer erstreckt wurde. Die rasche Abfolge der Liberalisierungsanordnungen für Bildungsanstalten im Frühjahr 1848 verdeutlicht nicht nur die beschriebene Politik von *Zuckerbrot und Peitsche* und ein stark reaktives Muster bei Gestaltung politischer Entscheidungen, sondern insbesondere auch, dass diese nicht aus dem Stand erfolgten sondern zurückgingen auf entsprechende Vorüberlegungen und Entwürfe aus der vorrevolutionären Zeit, die unter den damals gegebenen politischen Umständen nicht umsetzbar waren.

5.1.2. Der „*Entwurf der Grundzüge des öffentlichen Unterrichtswesens*“

Sommaruga trat am 9. Juli 1948 nach etwas mehr als drei Monaten als Leiter des Ministeriums in Zusammenhang mit dem Sturz Pillersdorfs zurück, hat aber nach zeitgenössischer Beurteilung durch „*hochwichtige vorbereitende Verfügungen*“ die Wurzeln für die spätere Bildungsreform gelegt, wobei vor allem die Verlängerung der Gymnasialzeit positiv gewürdigt wurde[587]. Vom 18. Juli bis zum 21. Juli 1849 veröffentlichte die Wiener Zeitung unter dem Titel „*Entwurf der*

584 So Wenski (1974), Franz Seraphin Exner. Österreichischer Philosoph und Schulorganisator S. 56.

585 Zu den entsprechenden Anordnungen in zeitgenössischer Darstellung Heintl (1848), Mitteilungen aus den Universitäts-Acten, S. 71 ff.

586 Heintl (1848), aaO., S. 71.

587 Frankfurter (1893), Leo Graf Thun-Hohenstein, Franz Exner und Hermann Bonitz, S. 4.

Grundzüge des öffentlichen Unterrichtswesens in Österreich" ein Konzept der geplanten Unterrichtsreform, das auch als Zusammenfassung der von Sommaruga begonnen Maßnahmen und als sein „Rechenschaftsbericht"[588] verstanden wurde, aber bereits die Handschrift von *Franz Exner*, der von Sommaruga ausdrücklich zur Schaffung eines ersten Entwurfs einer Unterrichtsreform aus Prag nach Wien berufen worden war und anderen Mitgliedern einer Kommission unter der Leitung des *Freiherrn von Feuchtersleben*, einer der treibenden Kräfte der Reform,[589] erarbeitet wurden.

Feuchterleben, ein Mediziner, der als eine der wenigen wissenschaftlichen Kapazitäten der Wiener Universität des Vormärz galt und früh die Ansätze der in heutiger Terminologie *psychosomatischen Medizin* verfolgt hat, ist womöglich auch durch die Wirren des Jahres 1848 und seinen frühen Tod im September 1849 bald in Vergessenheit geraten, gilt aber als einer der entscheidenden Akteure der frühen Phase der Reform, da er, soweit, überliefert weitgehend unbeirrt von den revolutionären Wirren weiter an der Reform gearbeitet hat, obwohl gerade im Herbst 1848 aus damaliger Sicht völlig unklar erschien, welches Schicksal des Kaiserreich nehmen würde[590]. Dass Feuchtersleben aber dennoch am, 6. Oktober 1848 von seiner Funktion zurücktrat, war einerseits dem neuerlichen Ausbruch der Unruhen geschuldet, aber wohl auch darin begründet, dass seine Vorschläge zur Reform der medizinischen Fakultät dort auf erhebliche Gegenwehr stießen, da sie mit dem Ziel, das Niveau der Fakultät zu heben auch die Entlassung einiger Hochschulprofessoren vorsah. *Helfert*, später Unterstaatssekretär, stellte lakonisch fest: „*So erhielten denn zu Ende September oder in den ersten Octobertagen fünf Mitglieder der Wiener medicinisch-chirurgischen Facultät ihren unerwarteten Abschied*[591]". Dies zeigt, dass mit dem Bewusstsein der Unumgänglichkeit der Bildungsreform auch die Gewissheit entstanden war, dass

588 Meister (1973) Feuchterslebens Anteil an der Unterrichtsreform 1848 und an der Akademie der Wissenschaften, S. 71. Andere Autoren verstehen die Grundsätze schlichter als Vorhabensbericht einer staatlichen Institution; vgl. Engelbrecht (1986), Band 3, S. 517.

589 Frankfurter (1893), aaO., S. 8. Ernst Freiherr von Feuchtersleben hatte die Position eines Unterstaatssekretärs inne, galt aber während der kommissarischen Verwaltung des Ministeriums durch Innenminister Anton Freiherr von Doblhoff-Dier als entscheidende Gestalter der Reformschritte im Unterrichtsministerium, der aus persönlicher Bescheidenheit die Berufung zum Minister abgelehnt hatte; dazu Frankfurter, Leo Graf Thun-Hohenstein, Franz Exner und Hermann Bonitz,

590 Meister (1950), aaO., S. 215ff. S. 4ff.

591 Helfert, zit. nach Frankfurter (1893), Leo Graf Thun-Hohenstein, Franz Exner und Hermann Bonitz, S. 11.

mit einem wesentlichen Teil der Professoren, die sich freiwillig im Hochschulsystem des Vormärz zum Sprachrohr der Studienhofkommission gemacht hatten ein Neubeginn nicht möglich sein würde. Betroffenen waren vor allem Professoren, die weder der herausragender Kompetenz verdächtig waren noch sich im Vormärz durch persönlichen Mut ausgezeichnet hatten. Die Initiatoren der Hochschulreform waren sich somit schon im Jahr 1848 bewusst, dass neben den Unterrichtsbedingungen auch die Qualität der Unterrichtenden entscheidend für das akademische Leben an den Universitäten sein würde. In weiterer Folge haben sich zahlreiche Professoren *gegen* die Studienreformen ausgesprochen[592].

Als gesichert gilt trotz der tragenden Rolle Feuchterslebens jedoch, dass wesentliche Teile des Entwurfs von *Exner* stammen[593]. Der Entwurf beinhaltete in mehr als 100 Paragraphen die Regelungsziele der Reform getrennt in Bezug auf sämtliche Typen von öffentlichen Unterrichtsanstalten von den Volksschulen bis zur Universität. Das Leitbild der Universität nach dem Entwurf Exners war in § 62 wie folgt formuliert[594]:

> *Die Universitäten haben die gelehrte Bildung in den allgemeinen Wissenschaften zu gewähren, sie haben ferner für jene öffentlichen Dienste vorzubereiten, welche eine Vorbildung durch specielle Fachwissenschaften auf Grundlage der Gymnasial-Bildung erfordern, und die gelehrte Bildung in diesen Fachwissenschaften zu pflegen; sie haben endlich in den Jünglingen durch Lehr- und Lernfreiheit die kräftige Entwicklung, durch Wissenschaft und angemessene Disciplin die Veredlung des Charakters zu bewirken.*

5.1.3. Reformarbeiten während der Revolution

Wie oben erörtert[595] dienten die Universitäten des Vormärz der Nutzbarmachung der Fähigkeiten der Studierenden für die Zwecke des Kaiserreichs und hatten den Anschluss an die Entwicklungen in Deutschland auch durch die Abschottungspolitik, die schon Joseph II. eingeleitet hatte, vollkommen verloren[596]. Professoren im Vormärz hatte zu lehren was ihnen der Staat vorgab, die Lehre eigener Gedanken oder von Auffassungen, die als Widerspruch zum katholi-

---

592 Lentze (1962), Die Universitätsreform des Ministers Graf Leo Thun-Hohenstein, S. 168 ff.

593 Meister (1963) Entwicklung und Reformen des österreichischen Studienwesens, Bd. 1.

594 Dazu Frankfurter (1893), Leo Graf Thun-Hohenstein, Franz Exner und Hermann Bonitz, S. 4.

595 Vgl. Kapitel 3.3.

596 Meister (1958), Die Geschichte des Doktorats der Philosophie an der Universität Wien, S. 568 ff.

schen Glauben aufgepasst werden konnten war ihnen streng verboten. Didaktische Freiheiten waren dadurch nicht völlig ausgeschlossen, aber doch von der Beachtung der Dekrete der Hofkanzlei abhängig und stets Quelle der Gefahr, die engen vorgegebenen Grenzen von „Lehrfreiheit" zu überschreiten[597]. Unterricht an Hochschulen war im heutigen Verständnis *Schulbetrieb*, in dem weder Diskussionen noch die Entwicklung neuer Lehren erwünscht waren; die Studierenden hatten zu rezitieren, was ihnen penibel und detailliert vorgeschrieben wurde[598]. Dies bedacht erscheint es umso bemerkenswerter, dass zeitlich unmittelbar nach den ersten revolutionären Erhebungen auch von Wissenschaftlern wie *Feuchtersleben*, aber auch *Hye* und einer Reihe anderer Professoren der Wiener Universität zunächst ohne Hilfe aus dem Ausland Grundideen einer Ausbildungsprüfung über alle Ausbildungsstufen gleichsam „aus der Schublade gezogen" und zur Grundlage einer Unterrichtsreform werden konnten, die in nahezu jedem Detail den Vorgaben widersprach, die bisher für jeden Hochschullehrer Grundlage seiner Lehrtätigkeit und seiner Anstellung gewesen waren. Dies zeigt, dass die repressive Bildungspolitik des Vormärz, ungeachtet einiger weniger Freiräume, die sich einzelne Hochschullehrer geschaffen hatten, zwar den Unterrichtsbetrieb prägen und akademisches Leben an den Hochschulen wie es sich in Deutschland entwickelt hatte weitgehend verhindern konnte, nicht aber die Freiheit des Denkens und zumindest das Empfinden dafür, welche Reformen des österreichischen Bildungswesen dringend benötigte. Dass sich beispielsweise *Hye* später explizit gegen die Thun-Hohensteinschen Reformen ausgesprochen hat zeigt aber auch, dass Professoren 1848 womöglich gegen ihre Überzeugungen agierten.

Nicht weniger bemerkenswert erscheint, dass trotz aller Unruhen, Unklarheiten und der Flucht des Kaisers und seiner Regierung aus Wien die Arbeiten an der Bildungsreform weitergingen. Dass sich im Jahr 1848 dennoch die meisten Hochschullehrer und Intellektuellen in Unkenntnis der Entwicklung noch bedeckt hielten zeigt sich daran, dass der im Juli 1848 veröffentlichte *„Entwurf der Grundzüge des öffentlichen Unterrichtswesens in Österreich"* kaum öffentliche Resonanz fand. *Wenski* begründet dies naheliegend mit der *„unruhigen Lage"*[599], aber auch damit, dass viele, die sich zu einer Stellungnahme dazu berufen fühlten zunächst die weitere Entwicklung abwarten wollte um sich nicht, im Falle eines Rückfalls in die Bildungspolitik des Vormärz, die aus Sicht des Sommers

597 Rüdegger (1964), Die philosophischen Studien, S. 39 ff.
598 Rüdegger (1964), aaO., S. 39 ff.
599 Wenski (1974) Franz Seraphin Exner (1974), S. 79.

1848 ebenso wenig auszuschließen war wie ein Zerbrechen des Kaiserreiches an der Revolution den Unwillen der einen oder anderen Seite zuzuziehen[600]. Dieses *opportunistische Schweigen* änderte sich erst, als im Jahr 1849 hinreichend klar geworden war, dass trotz und womöglich auch wegen des Fehlschlagens der Revolution eine Unterrichtsreform umgesetzt werden würde. Die Kommission unter Feuchtersleben zeigte sich aber auch von der weitgehend ausbleibenden Rezeption ihrer Vorschläge unbeeindruckt und arbeitete weiter daran; auch war sie bestrebt möglichst unmittelbar über die Vorgänge im Hochschulwesen des Deutschen Reiches informiert zu bleiben. So wurden im August 1848 österreichische Bildungspolitiker zu einer Versammlung deutscher Hochschullehrer nach Jena entsandt[601]. In Österreich war zu diesem Zeitpunkt die Revolution noch nicht beendet, sondern hatte, bezogen auf das Maß des Ausbruchs von Gewalt, noch nicht einmal ihren Höhepunkt erreicht. Nachdem der Kaiser wie der Reichstag im Oktober 1848 geflohen waren wurde in Wien, wo *Exner* geblieben war wie auch in Kremsier, wo sich der zwischenzeitlich zuständige Minister *von Stadion* und Unterstaatssekretär *Helfert* wie auch die meisten anderen Minister aufhielten[602] an der Reform weitergearbeitet und die Ergebnisse laufend ausgetauscht[603]. *Helfert*, der schon in Prag für Exner gearbeitet hatte war als Unterstaatssekretär Nachfolger von Feuchterslebens und gilt neben seinen Amtsvorgänger als wesentlicher Treiber der Reform während der Revolution und in deren unmittelbarer Folge.

5.1.4. Zentrale Personen der Bildungsreform

5.1.4.1. Leo Thun-Hohenstein

Bei etwas pointierter Interpretation lässt sich *Lentze* so verstehen, dass Leo Thun-Hohenstein, geboren 1811 in Tetschen, verstorben 1888 in Wien, ein Hocharistokrat aus altem böhmischem Adelsgeschlecht, zur Reform des vormärzlichen Unterrichtssystems der österreichischen Monarchie deshalb besonders geeignet war, da er es weitgehend nicht durchlaufen hatte, was ihm eine Erziehung in der beschriebenen geistigen Enge der ersten Hälfte des 19. Jahrhunderts ersparte[604].

---

600 Wenski, (1974), aaO., S. 79.

601 Frankfurter (1893), Leo Graf Thun-Hohenstein, Franz Exner und Hermann Bonitz, S. 4.

602 Lediglich Minister Kraus war in Wien geblieben. In dessen Auftrag erledigte Exner in dieser Zeit die wesentlichen Amtsgeschäfte des Ministeriums.

603 Wenski (1974), aaO., S. 85.

604 Lentze (1962), Die Universitätsreform des Ministers Graf Leo Thun-Hohenstein, S. 80.

Wie seine beiden Brüder wurde Leo Thun-Hohenstein durch einen Hofmeister im Privatunterricht ausgebildet, der ihm die gesamte Bildung des Gymnasiums sowie der beiden für die Universität erforderlichen philosophischen Jahrgänge vermittelte. Der Blick von Außen, gemeinsam mit der Notwendigkeit der ständigen autodidaktischen Fortbildung unzähliger Interessen an allen geistigen Entwicklungen der Epoche, mag sinnvolle Voraussetzung für eine im Wortsinne *radikale*, da an den Wurzeln ansetzende Reform des Bildungssystems gewesen sein. Mit diesem haderte Leo von Thun-Hohenstein aber vor allem, soweit er doch damit in Kontakt kommen musste. Von 1827-1831 studierte er *„mit gutem Erfolg“* [605] Rechtswissenschaften in Prag und litt nach Lentze zeitlebens an der *„dürftigen Ausbildung“*, die ihm dort vermittelt worden war[606]. Thun beurteilten die Qualität der Ausbildung als derart gering, dass er feststellte, selbst kein *„tüchtiger Jurist“* geworden zu sein, da er keine *„tüchtige juristische Ausbildung“* genossen habe[607]. Schuld war für ihn vor allem der Jospehinismus, den er deshalb als Geisteshaltung identifizierte, die durch eine Reform des öffentlichen Unterrichts in der Monarchie und insbesondere auch der juristischen Ausbildung überwunden werden müsste[608]. Seine Ablehnung des österreichischen Bildungssystems, die sich in seinem späteren Wirken im Bestreben dieses so rasch wie möglich zu verändern ausdrücken sollte kann somit auch alles Reaktion auf eigene, als negativ empfundene, Erfahrungen mit diesem System verstanden werden.

Leo Thun-Hohenstein widmete sich nach Abschluss des wenig befriedigenden Studiums der Rechtswissenschaften der Literatur, erfüllte bald aber auch eine Vielzahl von Funktionen im Staatsdienst des Kaiserreiches. Die Neigung sich um öffentliche Belange zu kümmern entdeckte er früh, verstand darunter aber nicht nur den Staatsdienst, sondern alle Funktionen, in denen er auf den *„Zustand des Vaterlandes oder vielmehr des Volkes, meiner Landsleute einwirken“* könnte[609]. Frankfurter stellt fest, dass Thun bereits früh nach Tätigkeiten suchte, die öffentliche Wirksamkeit entfalten würden[610]. Anlässlich einer Reise nach Großbritannien entdeckte er als spezielle Materie der öffentlichen Belange das Gefängniswesen und interessierte sich für dessen

605 Lenzte (1962), aaO., S. 80.
606 Lentze (1962), aaO., S. 80.
607 Helfert (1892), Graf Leo Thun im kaiserlichen Justiz- und Verwaltungsdienste.
608 Lentze (1962), aaO., S. 80.
609 Zit. nach Frankfurter (1893), Leo Graf Thun-Hohenstein, Franz Exner und Hermann Bonitz, S. 22.
610 Frankfurter (1893), aaO., S. 22.

Ausgestaltung im Sinne der Allgemeinheit wie der Insassen. Seine Erfahrungen und Ansichten dazu veröffentlichte er in einer 1836 erschienenen Schrift über die „*Notwendigkeit der moralischen Reform der Gefängnisse*“ [611]. 1839 war er an Bestrebungen zur Gründung eines „*Vereins zum Wohle entlassener Züchtlinge*“ beteiligt; zwei Jahre später an einer „*Anstalt zur Erziehung verwahrloster Kinder*“ [612]. Bereits bei diesen Bemühungen hat sich Thun nach Beurteilung von Frankfurter durch die Charaktereigenschaften ausgezeichnet, die etwa ein Jahrzehnt später sein Vorgehen bei der Reform des österreichischen Bildungswesens charakterisieren sollten. Trotz „*mancher herben Enttäuschungen*“ habe sich Thun nicht beirren lassen seine Vorstellungen weiter zu verfolgen[613]. Ebenso charakteristisch sei der Mut gewesen, mit dem Thun seine Vorstellungen verfolgt habe. Gezeichnet wird so aus beinahe noch zeitgenössischer Sicht das Bild eines Mannes, der sich weder von äußeren Umständen noch von der Schwierigkeit einer Aufgabe ablenken ließ, sobald er das Gefühl hatte dem öffentlichen Interesse durch eine bestimmte Tätigkeit dienen zu können. Dabei scheint er sich vor allem auch durch eine in der Diktion des 19. Jahrhundert als „tiefe Menschlichkeit“[614] beschriebene Haltung ausgezeichnet zu haben. Thun selber scheint nach den überlieferten Dokumenten dieser frühen Zeit von seiner Fähigkeit, den selbst gesetzten Ansprüchen genügen zu können noch nicht überzeugt gewesen zu sein, wie nachfolgende Aufzeichnung verdeutlicht:

> *„Ich habe nicht die Prätension, durch die Gelegenheiten, welche die Reise uns bietet, gleich zu einer praktischen Tüchtigkeit und Einfluss zu gelangen, wozu ich nicht vorbereitet bin. Alles, was ich wünsche und erstrebe, ist sehen zu lernen in praktischen Dingen, in allem, was zum öffentlichen Leben gehört; zu verstehen, welchen Einfluss gewisse Thatsachen, gewisse Institutionen und Gesetze auf das sociale Leben ausausüben; zu erkennen, was man wird studieren und sich aneignen müssen nach der Rückkehr in die Heimat. Denn mehr und mehr sehe ich der Masse der Kenntnisse über Thatsächliches und Theoretisches, die mir fehlen, und die doch unerlässlich sind für jeden, der sein Leben den Geschäften widmen will. Gott gebe mir Beharrlichkeit und Muth für dieses Unternehmen! Ich betrachte meinen Eintritt in eine Carriere wie ein Experiment, auf das ich selbst begierig*

611 Leo Thun-Hohenstein „Die Notwendigkeit der moralischen Reform der Gefängnisse mit Hinweisung auf die zur Einführung derselben einigen Ländern getroffenen Maßregeln, beleuchtet von L. Grafen von Thun“, Prag 1836.

612 Frankfurter (1893), aaO., S. 22.

613 Frankfurter (1893), aaO., S. 22.

614 Frankfurter (1893), aaO., S. 23.

bin. An diese nächste Epoche meines Lebens denke ich manchmal mit Hoffnung, nicht eben mit Zuversicht.[615]"

Früh widmete er sich der Nationalitätenfrage, die im Kaiserreich eine zentrale Rolle spielte. Thuns Herkunft aus Böhmen prädestinierte ihn zur Auseinandersetzung mit der böhmischen Sprache und Literatur, deren Missachtung im Kaiserreich er ausdrücklich bedauerte. Thun wandte sich ausdrücklich gegen die Unterdrückung der böhmischen Kultur; sowohl dazu als auch zur „*Stellung der Slowaken in Ungarn*" verfasste er Denkschriften[616]. Weitere Aufsätze zur Slawenfrage folgten, ebenso wie Aufsätze zu einer Reihe weiterer gesellschaftspolitisch zur damaligen Zeit relevanten Fragen[617]. Interesse und Engagement für das öffentliche Leben manifestierte sich bei Leo Thun als Teilhabe an der öffentlichen Diskussion, womit er sich von der oft als charakteristisch für die Epoche des Vormärz verstandenen Haltung des „Rückzugs ins Private" abgegrenzte. Auch unter dem Aspekt der Nationalitätenfrage beschäftigte sich Thun früh dem Schulwesen in Böhmen und setzte sich dafür ein, ausschließlich böhmisch sprechenden Kindern auch Unterricht in böhmisch zu erteilen. Mit eigenen finanziellen Mitteln unterstützte er die von ihm eingerichtete Anstalt für hilfsbedürftige Kinder. Ebenso beteiligte er sich an der Einrichtung einer Ausbildungsstätte für Volksschullehrer[618]. Als Brotberuf wählte er zunächst eine juristische Karriere und wurde 1838 Richter beim Prager Kriminalgericht. Bald darauf trat er in den Staatsdienst ein und arbeitete zunächst als Kreiskommissär bei verschiedenen Kreisämtern. Eine der Beurteilungen seiner Vorgesetzten in dieser Funktion attestierte ihm „*vorzügliche dienstlicher Eigenschaften, fleckenlose Moralität, wahre werktätige Religiosität*" und einen „*geraden, biederen Sinn*[619]". Diese Eigenschaften qualifizierten in Vormärz offensichtlich für höhere Aufgaben. Im Februar 1845 wurde Thun zum Sekretär bei der niederösterreichischen Landesregierung ernannt, fand aber bei der Vereinigten Hofkanzlei Verwendung. Wohlgefühlt scheint er sich dort nicht zu haben, vor allem die Tatsache, dass seine mühsam

---

615 Zit. nach Frankfurter (1893), Leo Graf Thun-Hohenstein, Franz Exner und Hermann Bonitz, S. 21 f.

616 Leo Thun-Hohenstein (1842) Über den gegenwärtigen Stand der böhmischen Literatur und ihre Bedeutung; Prag 1942 bzw. Die Stellung der Slowaken in Ungarn, Prag 1843.

617 Überblick bei Frankfurter (1893), aaO.; Thun-Hohenstein, Leo (1842) S. 22, Fn. 44.

618 Frankfurter (1893), Leo Graf Thun-Hohenstein, Franz Exner und Hermann Bonitz, Thun-Hohenstein (1842), Über den gegenwärtigen Stand der böhmischen Literatur und ihre Bedeutung; S. 27.

619 Frankfurter (1893), aaO., S. 27.

ausgearbeiteten Vorschläge zur Verbesserung der Verwaltung unbeachtet zu den Akten gelegt wurden dürfte ihn besonders gestört haben[620].

Zum „österreichischen Beamten" wurde er, ohne seinen böhmischen Wurzeln je verleugnen zu wollen, in den Jahren zwischen 1845 und 1848, die er zeitweise in Wien verbrachte und dabei Kontakte sowohl zu Aristokraten, als auch zu anderen jüngeren, aus damaliger Sicht freisinnigen Beamten knüpfte. Zahlreiche spätere Weggefährten in seiner Zeit als Unterrichtsminister lernte er in dieser Zeit kennen; so etwa Exner, dessen Mentor Bolzano, Sommaruga und Bach. Die meisten Mitglieder dieses Kreises waren auch Mitglieder des „juridisch-politischen Lesevereins", in den Thun ebenfalls eintrat. In heutiger Diktion erwies sich der Graf somit als Meister des „Networking", was ihm in seiner späteren Tätigkeit als Minister entgegenkam. Die meisten seiner Gesprächspartner und Freunde der ersten Jahre in Wien waren von dem böhmischen Grafen offensichtlich sehr angetan und später gerne bereit, seinen Wunsch nach Zusammenarbeit nachzukommen. 1846 begleitete er Franz Graf Stadion, damals Gouverneur für Mähren, nach Galizien, wo bereits politische Unruhen ausgebrochen waren. Thun selbst bewertete die Mission, die Stadion als außerordentlich bevollmächtigter Kommissär durchführte als sehr bedeutsam und sah sich als verpflichtet daran im Interesse seines Vaterlandes teilzunehmen, wie er seiner Schwester im Jahr 1846 mitteilte:

> *„Von dem Resultate hängt das Glück oder Unglück Galiziens und (…) der Monarchie nicht weniger ab, als es schien, dass sie von dem Feldzuge, zu denen es gar nicht mehr kam abhängen werde. So gut es also in der Ordnung war, dass sich zu jedem Feldzuge Freiwillige meldeten, ebenso und noch mehr scheint es mir in der Ordnung, dass man gleiche Bereitwilligkeit zeige jetzt der Regierung zur Pacification des Landes seine Dienste anzubieten[621]"*.

Dienst in Galizien versah Thun bald darauf ein zweites Mal, erneut unter Stadion, als *Gubernialrath* bei der galizischen Landesstelle, wo er den Dienst im Oktober 1847 antrat. Auch dort fand er allgemeine Anerkennung und erhielt nach Ablauf seiner Dienstzeit ein für damalige Verhältnisse überschwängliches Zeugnis von Stadion. Die Stationen seiner Karriere bis zum Jahr 1848 zeichnen das Bild einer pflichtbewussten, gegenüber der Monarchie unbedingt loyalen, aber nicht unkritischen Persönlichkeit, eines Staatsbeamten, der trotz hohem Sendungsbewusstsein in Bezug auf die Sache, der er sich gerade angenommen hatte nicht sich selbst in den Vordergrund spielte sondern versuchte zu erfüllen, was er für

620 Frankfurter (1803), aaO., S. 27 f.

621 Zit. nach Frankfurter (1893), Leo Graf Thun-Hohenstein, Franz Exner und Hermann Bonitz S. 28.

seine Pflicht hielt. Gerade die Fähigkeit und der Mut bestehende Verhältnisse infrage zu stellen werden ihm als Eigenschaften attestiert, die ihn auch bei späteren Aufgaben besonders auszeichneten. Abgesehen von seinem frühen Engagement für böhmische Schulen und seiner eigenen Erfahrung mit dem österreichischen Bildungswesens des Vormärz besaß Leo Graf Thun keine spezifische Qualifikation, die ihn für das Amt Unterrichtsministers prädestiniert hätten. Diese mag ein Hinweis darauf sein, dass der Kaiser wegen der nach den Ereignissen des März 1848 erkannte Dringlichkeit der Reformen des Bildungswesens keinen ausgewiesenen Schul- oder Hochschulexperten benötigte, sondern einen unbedingt loyalen Staatsbeamten, der mit Akribie auch eine Behörde leiten konnte. Thuns Führungsstil lässt ihn in heutiger Diktion als „Kommunikationstalent“ erscheinen. Trotz der Neigung sämtliche Dokumente genauestens durchzuziehen und gegebenenfalls auch in Hinblick auf Nebenaspekte zu korrigieren bevorzugte er das Gespräch und versuchte, soweit möglich, andere Entscheidungsträger von seiner Auffassung zu überzeugen[622]. Dass er selbst die Vorgaben des restriktiven Bildungssystems des Vormärz wie das Verbot von Auslandsstudien keineswegs strikt eingehalten bzw. Wege gefunden hatte diese zu umgehen war bei seiner Berufung offensichtlich kein Hindernis, sondern womöglich eher Vorteil. Leo Thun hatte trotz des grundsätzlichen Verbotes des Auslandsstudium in England und Frankreich studiert, was die in der Rezeption oft als ausnahmslos rigoros verstandenen Restriktionen des Vormärz zumindest relativiert[623]. Zur Zeit der Revolution im April 1848 übernahm er auf persönlichen Wunsch des Kaisers die Funktion des Leiters der Regierung in Böhmen; eine Bestellung, die er mit wenig Begeisterung quittiert haben soll. Überliefert ist nach einer zeitgenössischen Biographie folgende Äußerung:

> *„Wahrlich (...) in dieser Zeit kann doch niemand, dem der Eid eines Staatsbeamten heilig ist, danach lüstern sein, einen solchen Posten zu übernehmen“*[624].

Dass er es dennoch tat, illustriert die unbedingte Loyalität, die Leo Thun-Hohenstein, ein überzeugter Katholik, dem kaiserlichen Staat entgegenbrachte, so heftig er auch einzelne Elemente staatlichen Lebens wie die Bildungspolitik kritisiert hatte. Leo Thun-Hohenstein war ein gebildeter Universalist, der an jedem Posten, an den man ihn setzte, versuchte, seine Pflicht als Staatsdiener

---

622 Frankfurter (1893), Leo Graf Thun-Hohenstein, Franz Exner und Hermann Bonitz S. 24 f.

623 Mazohl (2008), Universitätsreform und Bildungspolitik, S. 134.

624 Von Wurzbach (1882 Biographisches Lexikon des Kaiserthums Oesterreich. Band 45, Seite 54 ff.

zu erfüllen und dem Kaiser so weit wie möglich zu nutzen. Als Universalgelehrter mit weit gefächerten persönlichen geistigen Interessen und langer Erfahrung im österreichischen Staatsdienst, der hohen Bedarf an Reformen sah, aber jede Form von Revolution gegen den Kaiser scharf ablehnte, kann er als Idealbesetzung für die Position des Unterrichtsministers mit dem Ziel einer Stärkung des Kaiserreichs durch Befriedigung der Studenten, die mit der Reform des Bildungswesen und vor allem der Universitäten erreicht werden sollte gesehen werden. Aus Sicht des Kaisers, der mit der oktroyierten Märzverfassung 1849 de facto die Revolution beendete und die Epoche des Neoabsolutismus einleitete, bot Thun-Hohenstein die Gewähr, dass er die als notwendig erkannten Reformen im Interesse des Kaiserhauses umsetzen würde. Hohensteins betont konservative Orientierung und seine erklärte Unterstützung der katholischen Restauration, als deren wesentlicher Vertreter er selbst gilt, versicherten den Kaiser darin, einen Reformer, aber keinen Revolutionär an die Spitze des nunmehr als *Ministerium für Unterricht und Cultus* nominal erweiterten Ministeriums zu berufen. Für den Kaiser hatte er sogar sein Leben riskiert: *Von Wurzbach* berichtet, dass die Revolutionäre, die er als „*Gesindel aus ganz Europa charakterisiert*" hatte gedroht hätten „*den Grafen aufzuhängen*"[625]. Dieses Schicksal blieb Leo Thun-Hohenstein erspart. Er starb 1888 eines natürlichen Todes; seine Auseinandersetzungen führte er mir der Kraft des Geistes und der Sprache. Dabei konnte er durchaus hart sein, wenn es seiner Überzeugung entsprach, was er beispielsweise in Personalfragen immer wieder bewies. So widersetzte er sich auch Interventionen des gesamten Professorenkollegiums, wenn er dessen Auffassung nicht teilte. Die Entfernung des Hegelianers *Heyssler* von der Universität trat etwa auf den Unmut des Kollegiums; der Völkerrechtsprofessor Neumann intervenierte untertänig, aber letztlich erfolglos bei Thun:

> *„Die Wichtigkeit des Gegenstandes und das mir so oft bewiesene ehrende Vertrauen ermuthigen mich, die von mir letzthin als Mitglied der Deputation des juridischen Professorencollegiums vorgebrachten Bemerkungen neuerdings und inständig Euer Excellenz ans Herz zu legen. In Folge seiner Quiescirung und des durch den Tod seines Vaters auf einige Hundert Gulden reducirten Einkommens der von ihm zärtlich geliebten Familie, ist Dr. Heyssler, wie Euer Excellenz bekannt sein wird, zum Entschlusse gelangt, sich um die Advocatur oder das Notariat zu bewerben (...) Gerade der wissenschaftliche Standpunct, den Dr. Heyssler einnimmt, hat, wenn ich nicht irre, zu manchen Bedenken Veranlassung gegeben. Ich bin kein unbedingter Verehrer Hegel's, aber ich kann nicht umhin zu bemerken, daß seine Lehre vom Absoluten von der modernen Encyclopädie (...) verketzert worden ist,*

625 Von Wurzbach (1882 Biographisches Lexikon des Kaiserthums Oesterreich. Band 45, S. 55.

während die Jung-Hegelianer unserer Tage aus derselben Lehre die tollsten Umsturzideen abzuleiten bemüht sind. Es ist eben das Schicksal jedes herrschenden philosophischen Systems, in den entgegengesetztesten Richtungen ausgebeutet und gedeutet zu werden. Dr. Heyssler, obgleich auf dem Systeme Hegels fußend, ist als selbstständiger Denker weit entfernt, dessen blinder Nachbether zu sein. Er hat das unbestreitbare Verdienst, durch seine ernste, tief eingehende Auffassung des organischen Staates die alte und längst überwundene Fiction des Naturzustandes, die mechanisch gelehrte und mechanisch von studierenden Generationen nachgelernte Vertragstheorie, welche consequenter Weise zum contrat social führen muß, aus den Hörsälen unserer Universität verbannt, die erkünstelte und verderbliche Sonderung von Recht und Sittlichkeit beseitigt zu haben. Ich glaube die Überzeugung aussprechen zu können, – und eine auch nur flüchtige Durchsicht seiner Vorlesehefte wird sie bestätigen –, daß Dr. Heysslers Lehre vom Staatsrechte die Jugend zum Nachdenken, zum gründlichen Studium auffordert und eben deshalb am besten geeignet ist, sie vom seichten Räsonniren und anmaßlichen Weltverbessern abzuhalten (...)Der Zweck dieses meines Schreibens ist, die Bitte des juridischen Professorencollegiums um Verleihung einer – wenigstens außerordentlichen – Kanzel an Dr. Heyssler, so viel an meinem schwachen Fürworte liegt, zu unterstützen. Ich kann und will nicht läugnen, daß auch freundschaftliche Zuneigung für den mir sehr werthen Freund und mehrjährigen Berufsgenossen mit meine Feder leitet; aber Eure Excellenz kennen mich zu gut, um erst der Versicherung zu bedürfen, daß ich meinen eigenen Bruder in ähnlichem Falle nicht anempfehlen würde, wenn ich die geringste Besorgnis für das Interesse der Sache und des Staates hegen könnte. Ich würde mit vielen Andern es für ein Glück erachten, wenn eine so bedeutende Persönlichkeit, ein Mann von so tiefem Wissen und so respectablem Character wie Dr. Heyssler bleibend für die Wissenschaft und den Unterricht der Jugend gewonnen würde"[626].

Ob Thun hier eine harte Entscheidung traf, da er die von Heyssler vertretenen Lehren aus innerer Überzeugung abgelehnte oder in Kenntnis der kaum gegebenen Vermittelbarkeit einer gegenteiligen Entscheidung opportunistisch entschieden hat mag dahinstehen; die Entscheidung, auch die Intervention eines bedeutenden Gremiums außer acht zu lassen zeugt zumindest von der Konsequenz, mit der Leo Thun-Hohenstein die von ihm übernommene Aufgaben umsetzte.

5.1.4.2. Franz Seraphin Exner

Als Minister *Sommaruga* noch im April 1848 den Prager Philosophieprofessor Franz Exner nach Wien als wissenschaftlichen Beirat berief um einen Entwurf der Unterrichtsreform auszuarbeiten[627] kannte er ihn bereits: Schon 1845-1847 war Exner in Wien gewesen, um eine damals noch von der Studienhof-

626 Schreiben des Leopold Neumann an Thun vom 21.September 1850.

627 Vgl. Heintl (1848), aaO.

kommission angedachte Gymnasialreform umzusetzen[628]. Exner, 1802 in der niederösterreichischen Provinz geboren, erlebte in mehrerlei Hinsicht die Enge des vormärzlichen österreichischen Unterrichtswesens während seiner eigenen Ausbildung und späteren Tätigkeit als Hochschullehrer. Exner studierte in Wien zunächst Philosophie, dann Rechtswissenschaften ebenfalls in Wien und Pavia und geriet früh in Kreise aufgeklärter katholischer Intellektueller. Exner suchte stets den intellektuellen Diskurs und bemühte sich um Freundschaften mit in der damaligen Zeit angesehenen Persönlichkeiten. *Frankfurter* versteht einen einjährigen Studienaufenthalt Exners in Pavia im dritten Studienjahr als wesentlichen Wendepunkt seines Lebens. Beim dortigen Justizpräsidenten *von Blumfeld* wurde er in literarische Kreise eingeführt und fand rasch Anerkennung als für sein Alter reifer, bereits auffallend gebildeter Gesprächspartner und Lehrer. In Pavia kam er auch erstmals in Kontakt mit der dort herrschenden vorrevolutionären Stimmung, ohne selbst davon in seiner kritischen, aber uneingeschränkt loyalen Haltung zur Monarchie erschüttert zu werden[629]. Zurückgekehrt nach Wien promovierte er zunächst zum Doktor der Philosophie; endgültig hatte er sich zu diesem Zeitpunkt aber noch nicht gegen die Rechtswissenschaften entschieden. An der Universität Wien lernte er erstmals selbst den Repressionsmechanismus des Systems Metternich kennen. Sein Lehrer an der Wiener philosophischen Fakultät und späterer Freund *Rembold* war Gegenstand einer Untersuchung wegen abweichender Lehren geworden. Seine Schuld war nach *Frankfurter* gewesen ein nicht genehmigtes Lehrbuch zu benutzen und seine eigenen Aufzeichnungen nicht den Behörden zur Genehmigung vorgelegt zu haben. Rembold wurde zwar im Ergebnis exkulpiert, aber auch pensioniert und so von der Universität entfernt. Der Freundeskreis um Exner versuchte Rembold, der nur eine sehr geringe Pension bezog, zu unterstützen, was Rembold aber weitgehend ablehnte. Bemühungen wieder in den Staatsdienst aufgenommen zu werden scheiterten. Auch eine Bewerbung Rembolds in Göttingen schlug fehl. Später studierte er in Budapest Medizin und wurde Hausarzt in Wien. Für *Frankfurter* verkörpert er einen Mann, „*dessen Schicksale die vormärzlichen Zustände in eigenthümlicher Weise beleuchten*“[630].

Exner zeigte sich von der Behandlung seines Lehrers und Freundes erschüttert, aber unverändert willens selbst eine Laufbahn als Hochschullehrer

628 Diese Reform hatte der Kaiser noch 1847 abgebrochen und verfügt, dass es „bei den gegenwärtigen Zuständen im Allgemeinen zu bleiben habe“; vgl. Engelbrecht (1984), aaO., S. 284.

629 Vgl. Frankfurter (1893), S. 49.

630 Vgl. Frankfurter (1893), S. 156.

einzuschlagen[631]. Nach einem offensichtlich schwierigen Entscheidungsprozess entschied sich Exner letztendlich für die Philosophie und fand als Supplent verschiedener Professoren Zugang zum Lehrkörper der Universität, wo ihm *„sein vielseitiges Wissen (…) nämlich schon lange die Hochachtung der Professoren der philosophischen Studienabtheilung verschafft“* hatte[632]. Bemerkenswert erscheint in diesem Zusammenhang, dass er sich trotz des staatlichen Vorgehens gegen seinen Freund und Lehrer Rembold und somit in Kenntnis der *„Gefahren welche die Beschäftigung mit Philosophie in jenen Zeiten mit sich führte“* für diesen Weg entschied. Bedingt durch den *„außerordentlichen Erfolg seiner Vorträge an der Universität“*[633] wurde ihm 1831 der Lehrstuhl für Philosophie in Prag angeboten. Für Exner war dies ein beträchtlicher Karrieresprung; in Wien hatte er noch nicht einmal über eine feste Anstellung verfügt. *Frankfurter* weist bereits aus der Sicht des Jahres 1893, als sein umfassendes Werk über Exner, Bonitz und Thun erschien, darauf hin, dass die Philosophie unter den *„traurigen Umständen“* des damaligen Studiensystems nur über eine *„dienende“* Rolle gegenüber den anderen Fakultäten verfügte und die Fakultät den Namen *philosophische Fakultät* im Grunde nicht verdiente[634]. Trotz der strengen Reglementierung des Studienablaufs wie der Lehrinhalte und des Zwangs zur Verwendung der vorgeschriebenen Lehrmaterialien entfaltete Exner in Prag eine ausgeprägte Wirksamkeit und wurde, obwohl zu Beginn seiner Lehrtätigkeit erst 29 Jahre alt, von den Studierenden nach kurzer Zeit akzeptiert. Anzunehmen ist, dass in der tschechischen Diaspora weniger strenge Zensurbestimmungen herrschten als in Wien. Daher konnte Exner auch Lehrinhalte außerhalb des strengen Studienplans vortragen und eröffnete seinen Hörern auch Einblicke in die intellektuelle Diskussion in Deutschland. Die Beurteilung seiner Studenten, er sei *„wie ein Professor in Deutschland“* soll ihm außerordentlich gefallen haben. Nach einigen Jahren in Prag galt er dort als *„populärster Professor“*[635], der von seinen Studenten verehrt und bewundert wurde[636]. In den zeitgenössischen Beurteilungen seiner Studenten schwingt daher uneingeschränkte Verehrung, die mit Blick auf die den Hochschullehrern vom vormärzlichen Studiensystem zugedachte Rolle des Vermittlers ausschließlich von vom Staat bestimmten und für den Staat nützlichen Wissens umso bemerkenswerter erscheint. Studenten attestierten ihm den

631 Vgl. Frankfurter (1893), S. 49.
632 Vgl. Frankfurter (1893), S. 50.
633 Vgl. Frankfurter (1893), S. 50.
634 Vgl. Frankfurter (1893), S. 53
635 Frankfurter (1893), S. 50
636 Hanslik, zit. nach Frankfurter S. 56.

Versuch *„sich von den Fesseln des vorgeschriebenen Lehrbuches loszusagen"*. Die Hochachtung für den Professor trug aber auch idealisierende Züge. Exners Student *Hanslik* formulierte so[637]:

> *„Exners schöne Denkerstirne schien uns von einer Art idealem Heiligenschein umwoben, sein ruhig blickendes, geistvolles Auge, seine etwas bedeckte, wohltönende Stimme, seine ganze ehrwürdige Erscheinung erfüllte uns mit Achtung und Sympathie."*

Exner drohte trotz der im Verhältnis zu Wien wohl etwas geringeren Restriktion in Prag zeitweise das Schicksal seines Lehrers Rembold zu erleiden und musste sich für seine Lehrinhalte immer wieder auch in Wien rechtfertigen. Anpassung an das von ihm verlangte zurückhaltende Verhalten zeigte er dennoch wenig. Dies manifestierte sich etwa darin, dass er regen Kontakt zu *Bernard Bolzano* pflegte, einem Theologen und Philosophen, der sich auch als Mathematiker einen Namen machte. Bolzano war, wie ab 1837 Exner, 1818 Dekan der philosophischen Fakultät in Prag geworden, im Folgejahr jedoch wegen zu massiver Kritik an der Monarchie und zu „liberaler" Haltungen seines Amtes enthoben worden[638]. 1819 war, wie oben ausführlich erörtert, das Jahr der Karlsbader Beschlüsse und Bolzano kann als eines ihrer ersten und prominentesten Opfer im Kaiserreich verstanden werden. Exner pflegte ständigen vor allem brieflichen Kontakt zu Bolzano, der ihn in seinen Haltungen stark beeinflusst hat. Erst ab 1840 durfte Bolzano wieder eingeschränkt lehren; theologische Vorlesungen blieben ihm aber verboten. Exner hatte, trotz eigener Schwierigkeiten mit kirchlichen Behörden und der kaiserlichen Zensur, einen Freundeskreis mit regelmäßigen Gesprächsabenden zu Bolzano und seinen Lehren initiiert, was unter den damaligen Umständen vor allem in den Jahren nach den Karlsbader Beschlüssen für persönlichen Mut, aber auch starke Überzeugungen spricht. In einem Brief an Bolzano aus dem Jahr 1833 beschrieb Exner seine Verehrung wie folgt[639]:

> *„Sie haben mir durch die Mittheilung Ihres Mskts[640] eine recht grosse Freude gemacht, denn ich hoffe nun über manche Gegenstände meiner Wiss. viel mit Ihnen verkehren zu dürfen, u. dadurch ein Bedürfnis zu befriedigen, das wahrscheinlich jeder, am meisten aber der Anfänger fühlt u. das in der Dürre unseres Lebens doppelt drückend ist. Zu- gleich komm' ich mit einem Manne in nähere ,Berührung, von dessen Charakter als Menschen u. Denker*

637 Hanslik, zit. nach Frankfurter, S. 55.

638 Werner (1876), S. 116.

639 Schreiben Exners an Bolzano vom 27.6.1833 in Winter (1935) Bernard Bolzanos Schriften, Bd. 4, S. 1-7.

640 Gemeint ist: Manuskripts

ich fern' und nahe stets mit einer Achtung sprechen gehört, wie sie nur Wenigen gezollt wird, und mit dem in einiger Verbindung zu sein ich mit zum Glücke meines Lebens zähle".

Bolzano und Exner führten eine rege Korrespondenz über allgemeine philosophische Themen, aber auch religionsphilosophische Fragen. Bolzano hatte sich als Gegner der katholischen Restauration profiliert und den Zorn der katholischen Kirche, insbesondere des Prager Bischofs *Anckwicz*, einem erklärten Verfechter der katholischen Restauration hervorgerufen. Bolzanos Lehrbuch der Religionswissenschaft wurde am 23. September 1839 auf den Index der verbotenen Bücher gesetzt ohne dass Bolzano dies erfahren hätte, da das Werk anonym veröffentlicht worden war. Der Nachfolger des Erzbischofs Anckwicz, von Schrenk 1838/49, war hingegen Freund und Schüler Bolzanos und Verfechter der katholischen Aufklärung. Exner war also unmittelbar mit dem Konflikt zwischen katholischer Restauration und Aufklärung konfrontiert und hat in diesem eindeutig Stellung bezogen. Für Bolzano wurde er zum Vertrauten im Kampf gegen die katholische Restauration und Adressaten eines Briefwechsels, der sich immer wieder auch den religiösen Grundsatzfragen widmete, derentwegen Bolzano zeitweise verfolgt worden war. Bemerkenswert erscheint, dass Bolzano offensichtlich bereits im Jahr 1844 Anzeichen für ein Zurückweichen der Restauration wahrzunehmen glaubte, worüber er seinen Freund Exner mit folgenden Worten in Kenntnis setzte:

„Also zu glauben (oder Dogma) ist nur, dass Gott die Welt nicht hervorgebracht habe aus einem Stoffe, den er nicht selbst gemacht. Nur wer dies lehrt, lehrt etwas Giaubenswidriges; wer aber Mos sagt: Gott hat die Welt hervorgebracht aus einer zu aller Zeit vorhandenen Materie, denn die Substanzen der Welt sind alle zu aller Zeit vorhanden, sie sind nie in einer Zeit entstanden, aber immer da, nur durch ihn, durch seinen ewigen Willen, der sagt nichts wider den katholischen Glauben verstoßend. Der Tag wird wieder länger; wir werden obsiegen!"[641]

Exner zeigte sich in den Jahren in Prag ungebrochen als Verehrer der österreichischen Monarchie, aber doch auch als Kritiker des in ihr herrschenden vormärzlichen Unterrichtssystems mit seiner strengen Zensur. Selbst scheint er grosso modo den Weg gefunden zu haben nur soviel an Kritik zu äußern bzw. öffentlich werden zu lassen, dass es seinen Status nicht gefährdete und ihm das Schicksal von Rembold und Bolzano erspart blieb. 1837 hielt er als Dekan der philosophischen Fakultät eine Rede über *„Die Stellung der Studierenden auf der Universität"*, die wenn auch in verklausulierter Form seine Verachtung für das repressive System des Unterrichts zum Ausdruck brachte; insbesondere darüber, dass den

641 Bolzano aaO.; S. 122 f.

Studenten jede Möglichkeit der Entfaltung eigener Gedanken genommen wurde, wenn sie sich an das Lehrprogramm der Fakultät hielten. Exner erwies sich aber auch als scharfsinniger Philosoph, der mit einzelnen Werken Aufmerksamkeit selbst in Deutschland fand[642]. *Frankfurter* charakterisiert Exner über eine Kommentierung des zitierten antihegelianischen Werks wie folgt:

> *„Was aber dem Werkchen Exners die ungewöhnliche Wirkung verlieh, durch welche es in der Geschichte der Entthronung der Hegelischen Philosophie seinen Platz behauptet, das ist die Frische und Unerschrockenheit, mit welcher es, auf Erfahrung und gesunde Beobachtung gestützt, den dialektischen Phantomen des Gegners zu Leibe geht, indem es die concrete Bewährung des abstract Gelehrten unerbittlich fordert, und wo sie versagt, die hohlen Begriffsgebilde mit feinem Spott in ihr Nichts auflöst“*[643]

Exners zunehmende Bekanntheit als Verfasser antihegelianischer, scharfsinniger Werke führte dazu, dass er 1842 einen Ruf als Nachfolger Fichtes an die philosophische Fakultät der Universität Tübingen erhielt, den er ablehnte; ebenso lehnte er 1845 einen Ruf an die Universität Bonn ab. Trotz aller Kritik an dem Unterrichtswesen des Kaiserreichs im Vormärz blieb er diesem treu und verzichtete auf die Erfahrung, seine Lehrtätigkeit in Deutschland auszuüben. Maßgeblich für diese Entscheidung mag aber auch seine private Situation gewesen sein. 1840 hatte er geheiratet; nach seinen Briefen etwa an seinen engen Freund *Mozart* fand er in seinem Familienleben Erfüllung[644], obwohl er schon zu dieser Zeit von Krankheiten wie einem.schweren Augenleiden, das ihn zwang Vorleser in seinen Vorlesungen zu beschäftigen gezeichnet war. Trotz Ablehnung des Rufs nach Tübingen bewirkte seine wachsende Bekanntheit in Deutschland, dass er zu Vorträgen eingeladen wurde, was im Jahre 1842 anlässlich einer Reise nach Berlin zu einem Kontakt führte, der im gegebenen Zusammenhang sechs Jahre später entscheidende Bedeutung erlangen sollte. Auf eine Empfehlung von *Hartenstein* lernte er *Hermann Bonitz* kennen, an den er sich trotz unterbrochenem Kontakt sechs Jahre später erinnern sollte. Exners Einbindung in die Unterrichtsreformen des Kaiserreichs begann bereits 1844, als er beauftragt wurde einen neuen Studienplan auszuarbeiten. 1845 wurde er als Mitglied der Studienkommission nach Wien beordert mit dem Auftrag, an der Umsetzung der neuen Studienordnung mitzuwirken[645]. Wie erörtert wurden diese Reformbestrebungen des Vormärz nicht mehr umgesetzt.

---

642 Insbesondere seine „Abrechnung mit Hegel: „Die Psychologie der Hegelschen Schule“ (Bd. 1: Leipzig 1841, Bd. 2: 1842).

643 Frankfurter (1893), Leo Graf Thun-Hohenstein, Franz Exner und Hermann Bonitz, S. 73.

644 Frankfurter (1893), aaO., S. 64.

645 Von Wurzbach, Biographisches Lexikon des Kaiserthums Oesterreich, Bd. IV. S. 115 f.

Nach der Revolution hatte Exner, der folglich 1848 kein Neuland betrat, noch fünf Jahre Gelegenheit an der Unterrichtsreform mitzuwirken.

Unmittelbar vor dem Gang nach Wien hatte sich seine Beliebtheit bei den Prager Studenten weiter gesteigert. Zunächst war zu Beginn des Jahres 1848 zum Rektor der Universität gewählt worden; die Annahme der Wahl hatte er aber aus gesundheitlichen Gründen und wegen anderer Verpflichtungen abgelehnt. Als das Aufbegehren Wiener Studenten im März 1848 auch Prag erreichte stellte er sich als „Tribun der Studentenlegion“[646] an die Spitze ihrer Bewegung und begleitete eine Studentendelegation nach Wien, wo die wesentlichen Forderungen Prager Studenten übererreicht wurden. Zurück in Prag verhandelte er mit Gouverneur Graf Stadion selbst über die vorläufige Gewährung wesentliche Rechte, die von den Studenten gefordert worden waren und erreichte am 28. März 1848 das von Stadion in Wien abgesprochene Zugeständnis, dass den Prager Studenten die Erfüllung der zentralen Forderungen der Märzpetition eingeräumt würden. Nach zeitgenössischen Berichten hat sein Weggang nach Wien in Prag nicht nur an seiner Fakultät große Bestürzung ausgelöst. Eine Prager Zeitung berichtete[647]:

> *„Einen herzergreifenden Abschied nahmen vorgestern die Hörer der Philosophie von ihrem vielgeliebten Tribun Professor Exner. Schon am Vormittag, als der Gefeierte seine Berufung nach Wien zur Studienplanberathung dem Collegium verkündete und in unvergesslichen, feurigen Worten seinen Jüngern noch einmal die Gefahr der Jetztzeit schildernd, das Wohl des Vaterlandes an das Herz legte, wurde einstimmig beschlossen, den scheidenden Lehrer unbewaffnet zum Bahnhof zu geleiten. Dem Zuge schlössen sich nachmittags auch viele Mitglieder der andern, besonders der Juristen-Facultät an. Am Thore des Bahnhofes nahmen die Tribunen und Professoren Abschied, ein Chor stimmte einen Scheidegesang an und, vor Thränen des Wortes nicht mächtig, stieg Professor Exner in den Waggon. An der aufgestellten Studentenescorte fuhr der Zug langsam vorüber. Kein lautes Vivat erscholl; selbst das viel beliebte Släva ward von Thränen erstickt, die reichlich die Wangen eines jeden netzten. Es waren Männer und Jünglinge, die weinten, und niemand schämte sich seiner Thränen. Ein leises: Auf Wiedersehen! war der letzte Scheideruf“.*

Exner, für *Frankfurter* die *„Seele des Reformwerks“*[648], gilt neben *Bonitz* und *Thun-Hohenstein* als zentrale Figur der österreichischen Bildungsreform und, wie erörtert, weitgehend alleiniger Verfasser des *Entwurfs der Grundzüge des öffentlichen Unterrichtswesens in Österreich*, was insbesondere durch seine handschriftlichen

646 Frankfurter (1893) Leo Graf Thun-Hohenstein, Franz Exner und Hermann Bonitz, S. 89.

647 Zit. nach Frankfurter (1893), aaO., S. 90.

648 Frankfurter (1893), S. 43.

Aufzeichnungen zwischenzeitlich als erwiesen gilt[649]. Wie weit der Entwurf in späterer Folge die schließlich umgesetzte Reform beeinflusst, geprägt oder, wie Ogris meint[650], gar bereits vorweggenommen hat mag unterschiedlich beurteilt werden. Inhaltlich hat dieser Entwurf eine Grundkonzeption des gesamten Unterrichtswesens von der Grundschule bis zur Universität skizziert, wie sie heute im Grundsatz noch besteht. Dass *Exner* diese Leistung im revolutionären Umfeld des Jahres 1848 erbracht hat mag ihn, wie die anderen Reformer des Revolutionsjahrs auch, trotz seiner bereits 1844 aufgenommenen Vorarbeiten besonders auszeichnen. Mit dem *„Provisorischen Gesetz über die Organisation der akademischen Behörden"* vom 30. September 1849 stammt nach derzeitigem Forschungsstand auch das entscheidende Organisationsgesetz für das reformierte Hochschulwesen aus der Feder Exners[651].

Der hochschulbezogene Abschnitt des Gesetzes orientierte sich an den Strukturen des preußischen Hochschulwesens, die Exner bei Studienreisen zu deutschen Hochschulen selbst kennengelernt hatte, und zielte auf die Schaffung der Hochschule nach preußischem Vorbild, in der die Forschung im Vordergrund stand und nicht die Erziehung des vom Staat benötigten akademischen Personals nach staatlichen Vorgaben. Auch Exner war bewusst, dass diese Neuausrichtung mit dem im österreichischen Hochschulsystem sozialisierten Personal kaum gelingen würde, weswegen das Unterrichtsministerium versuchte, möglichst viele deutsche Hochschullehrer an die Universität Wien zu verpflichten. Exner fühlte sich bei der Auswahl von Lehrpersonal alleine dem Erfolg der Studienreform verpflichtet und kaum den spezifischen gesellschaftlichen Bedingungen in Wien, was dazu führte, dass gerade in der Zeit bevor Thun-Hohenstein das Unterrichtsministerium übernahm mehrere Protestanten an die Universität Wien berufen wurden[652]. Exner versuchte damit das Konzept der *voraussetzungslosen Wissenschaft*, die nur nach der Qualifikation der Kandidaten fragen solle, umzusetzen, löste dadurch aber *„auf die streng katholischen Kreise*

---

649 Wenski (1974) Franz Seraphin Exner, S. 79. Zeitweise waren auch Feuchtersleben oder Sommaruga als Autoren genannt worden. Gegen Sommaruga als Autor spricht freilich schon, dass dieser ja Exner nach Wien berufen hatte um die grundlegenden vorbereitenden Arbeiten zu leisten, was nicht dafür spricht dass er diese Arbeit dennoch selbst erbracht hat.

650 Ogris (2003), Elemente europäischer Rechtskultur, S. 336.

651 Meister (1962) Entwicklung und Reformen, S. 105 ff.

652 Grundlegend hat sich diese Praxis aber auch nach Thuns Amtsübernahme nicht geändert, wie in der Folge auszuführen ist.

in Österreich" eine *„Schockwelle*" aus[653] und konnte sich deshalb kaum Freunde in der katholisch-theologischen Fakultät machen. Folge dieser Brüskierung war, dass die von ihm in Angleichung an die reichsdeutschen Universitätsordnungen vorgesehene Aufhebung der Doktorenkollegien insbesondere an den Universitäten Graz und Wien starken Widerstand fand, in dessen Rahmen das theologische Doktorenkollegium in Wien besonders gegen *Exners* Pläne opponierte[654]. Selbst *von Feuchtersleben* unterstützte in dieser Sache die Doktorenkollegien, so dass das Organisationsgesetz vom 30. September 1849, konzipiert als Kompromisslösung, zwei getrennte Kollegien für Professoren und Doktoren vorsah.

Lentze bewertet dieses Ergebnis als *„ersten Sieg, den die altösterreichische Tradition über die Reformpartei*" erreichen konnte[655]; und damit als erste Niederlage Exners, der in dieser Frage im katholischen Wien weitgehend alleine dastand. *Exner* arbeitete bis 1850 an der Reform und starb bereits 1853. Dass sein vergleichsweise kurzes Wirken nicht vergessen wurde zeigt die Bedeutung, die er für die Grundlagenarbeit an der Unterrichtsreform hatte. Persönliche Eitelkeit war ihm ebenso fremd wie Machtstreben. Exner lehnte mehrfach eine Berufung zum Minister ebenso ab wie die zum Unterstaatssekretär. Sein Dienstrang blieb der eines Ministerialrats, als der er am 4. September 1848 bestellt wurde[656]. Exners Bedeutung für den Erfolg des Reformwerks lässt sich kaum auf das reduzieren, was er in den wenigen Jahren seiner Tätigkeit in Wien im Ministerium tatsächlich erreichen konnte sondern beruht vor allem auch auf seinem persönlichen Einsatz für die Öffnung der österreichischen Bildungssystems und seinem Mut, auch Protestanten wie etwa Bonitz für Wien anzuwerben, der Exners Werk nach dessen frühem Tod weiterführte und beispielsweise auch das von Exner mitbegründete Blatt „Zeitschrift für die österreichischen Gymnasien" weiter herausgab.

5.1.4.3. Hermann Bonitz

Hermann Bonitz war, wie erörtert, eine zufällige „Entdeckung" Exners und in Österreich als deutscher Protestant auf den ersten Blick die personifizierte Öffnung des österreichischen Unterrichtswesens gegenüber dem Vormärz, wenn die Berufung von Protestanten, wie oben angesprochen, auch erheblichen Widerstand

653 Lentze (1962), Die Universitätsreform des Ministers Graf Leo Thun-Hohenstein, S. 33.

654 Lentze (1962), aaO, S. 35.

655 Lentze (1962), aaO, S. 35.

656 Ogris (2003), Elemente europäischer Rechtskultur, S. 336.

in Österreich hervorrief[657]. Der Hintergrund der Verpflichtung Bonitz' durch Exner im Jahr 1848 beleuchtet die Persönlichkeiten beider Männer. Nach dem zufälligen Zusammentreffen mit Bonitz in Berlin im Jahre 1842 hatte Exner seiner Frau durchaus begeistert von seinen Erfahrungen in Berlin im Allgemeinen und besonders vom Zusammentreffen mit Bonitz berichtet[658]:

> *„Das hiesige wissenschaftliche Leben und Weben übt einen elektrischen Einfluss; ich bin geladen wie eine Leydnerflasche, und der Stoff drängt, als Funke wieder auszufahren. Ein Monat freie Zeit könnte ihn sehr fördern. Von persönlichen Bekanntschaften habe ich bisher nur eine gemacht, mit Dr. Bonitz, einem Freunde Hartensteins, einem jungen, feurigen und liebenswürdigen Mann; ich hoffe mit ihm einen Briefwechsel zu errichten, der mich in einiger Verbindung mit Berlin erhalten wird."*

Zu dem von Exner erhofften Briefwechsel kam es nicht; aber Exner hatte Bonitz offenbar nachdrücklich im Gedächtnis behalten. Nach Veröffentlichung des *„Entwurfes der Grundzüge des öffentlichen Unterrichtswesens in Österreich"* im August 1848 hatte Exner rasch erkannt, dass dessen Umsetzung vor allem davon abhängen werde, die dafür geeigneten Personen mit entsprechenden Unterrichtserfahrungen zu finden; vor allem aber eine Persönlichkeit, die österreichische Lehrer so auszubilden in der Lage wäre dass sie das neue Unterrichtssystem auch in den Schulen umsetzen könnten[659]. Nach seinen eigenen Erfahrungen in der Ausbildung als Professor in Prag ging Exner davon aus, diese Persönlichkeit nur außerhalb Österreichs finden zu können. Bonitz dürfte nicht wenig erstaunt gewesen sein, als er im Sommer 1848 nach sechsjähriger Kontaktunterbrechung folgendes Schreiben von Exner erhielt:

> *„Erlauben Sie mir, eine alte und mir sehr werte Bekanntschaft zu erneuern. Oft schon wünschte ich dies im Interesse eines wissenschaftlichen Gedankenaustausches zu thun, ward jedoch durch Geschäfte und eine wenig löbliche Schreibfaulheit daran gehindert; dafür muss ich mir es nun gefallen lassen, wenn Sie mich infolge dieser Zeilen einen Egoisten schelten, wenngleich Sie nicht in Abrede werden stellen können, dass ich ein Egoist bin, der Sie aufrichtig hochachtet; dies ist mir einiger Trost. Die Umwandlungen in Österreich kennen Sie; infolge derselben bin ich in Wien beim Ministerium des Unterrichtes beschäftigt, an der Reform unserer Unterrichtsanstalten mitzuwirken. Wir brauchen für unsere Universitäten einige tüchtige Männer für classische Philologie, ferner für Deutseh, für Geschichte u. s. w.; besonders die ersteren sind uns dringend nöthig zur Heranbildung von*

657 Lentze (1962), Die Universitätsreform des Ministers Graf Leo Thun-Hohenstein, S. 130 ff..

658 Zit. nach Frankfurter (1893), Leo Graf Thun-Hohenstein, Franz Exner und Hermann Bonitz S. 75.

659 Frankfurter (1893), aaO., S. 93 ff.

Gymnasiallehrern. Jüngere, energische Männer, die als Gelehrte einen Ruf haben und bei der Reform der Gymnasien mitzuwirken vermöchten, müssen wir besonders wünschen; sehr erfreulich wäre es, wenn sie schon künftigen October hier sein könnten. Die Bedingungen werden gewiss anständig sein"[660].

Exner beantwortete dieses Schreiben am 8. August 1848 mit dem Ausdruck großer Freude und Überraschung und benannte einige Personen, die er als Lehrer für das neu zu schaffende österreichischen Unterrichtssystem empfehlen könne. Ob er selbst nach Wien kommen würde ließ Bonitz zunächst offen, deutete aber seine grundsätzliche Bereitschaft an. Gleichzeitig unterstrich er, wenn auch aus heutiger Sicht womöglich etwas „dick aufgetragen", seine persönliche Bescheidenheit und wies darauf hin, dass er die Universitätslaufbahn bisher nicht beschritten habe, da er selbst nur „Mittelmaß" sei, Universitätslehrer aber nach seiner Überzeugung etwas Besonderes leisten müssten[661]. Bonitz empfahl - hellsichtig - auch ausdrücklich, seine Verpflichtung zu überdenken, da es in der katholischen Bevölkerung Anstoß erregen könnte einen Protestanten an einer leitenden Stelle im Unterrichtswesen beschäftigen. Exner wiederholte sein Angebot an Bonitz im September 1848. Bonitz sagte unter der Bedingung zu, dass er zunächst nach Wien kommen müsse um sich ein Bild von den Verhältnissen zu machen und anschließend eine endgültige Entscheidung treffen wolle. Als Bonitz diese Reise am 11. Oktober 1848 antreten waren die Verhältnisse jedoch katastrophal; die Unruhen in Wien veranlassten ihn zunächst seine Reise zu verschieben. Weihnachten 1848 traf er schließlich Wien ein und nahm die ihm angebotene Stelle im Januar 1849 an; im Februar 1849 wurde er zum Professor für klassische Philologie an der Universität Wien ernannt. *Bonitz* nahm seine Tätigkeit in Wien im Frühjahr 1849 auf und lehrte einerseits klassische Philologie an der Universität, andererseits arbeitete er mit *Exner* an Entwürfen für die Unterrichtsreform.

Hermann Bonitz, geboren am 29. Juli 1814 war nicht nur Protestant sondern auch Pfarrerssohn, verzichtete aber nach kurzer Überlegung auf das Studium der Theologie wie das der Rechte und entschied sich für das Lehramt, das er nach seinem Studienabschluss in Berlin und Stettin ausübte. Darüber hinaus erwarb er sich einen Ruf auch als Theoretiker des Unterrichtswesens, bis ihn, in den Worten eines beinahe noch zeitgenössischen Biographen, *„im Jahre 1848 der Ruf aus Wien auf ein größeres seiner gereiften Kraft angemesseneres Feld des Wirkens*

660 Zit. nach Frankfurter (1893), Leo Graf Thun-Hohenstein, Franz Exner und Hermann Bonitz S. 93 ff.

661 Frankfurter (1893), aaO., S. 93 ff.

rief" [662]Bonitz musste rasch die Grenzen der universitären Toleranz erleben; seine Berufung zum Dekan der Wiener Universität im Jahre 1851 wurde vom theologischen Doktorenkollegium beeinsprucht, so dass erneut gewählt werden musste. Bonitz hatte mit seinen Bedenken, ob er als Protestant im katholischen Umfeld Wiens akzeptiert werden würde somit Recht behalten. Der *Entwurf der Organisation der Gymnasien sowie Realschulen in Österreich* entstand dennoch unter Mitwirkung von Bonitz und wurde vom Kaiser am 16. September 1849 provisorisch in Kraft gesetzt[663]. *Exner* hatte, auch mit dem Ziel die Gymnasialreform dauerhaft zu evaluieren, noch 1850 die *„Zeitschrift für die österreichischen Gymnasien"* ins Leben gerufen, die Bonitz, bis er Österreich 1867 nach 18 Jahren verließ, teils gemeinsam mit anderen Pädagogen weiterführte. Trotz aller Widerstände gegen seine Person, die immer wieder auch Gegenstand an Thun gerichteter Eingaben etwa aus Kirchenkreisen waren, ließ Bonitz sich von seinem Ziel, eine in Österreich aus damaliger Sicht zumindest moderne Unterrichtsformen vor allem an den Gymnasien einzurichten nicht abbringen. Mit unter den gegebenen Umständen erheblichem Mut verkündete er seine Ziele auch offensiv in der ersten Ausgabe der „Zeitschrift für die österreichischen Gymnasien", die am 20. Februar 1850 veröffentlicht wurde. Bonitz bot den österreichischen Adressaten der Zeitschrift die preußischen Erfahrungen als Vorbild an und betonte gleichzeitig, dass eine einfache Übernahme preußischer Ausbildungsformen ausgeschlossen sei. Damit ist dieses Dokument auch deutlicher Hinweis dafür, wie die Konzepte und Erfahrungen des preußischen Bildungswesens in Österreich umgesetzt werden sollten[664]:

> *„Während die hiesige höchste Unterrichtsbehörde zum Behufe der Neugestaltung der Gymnasien und Bürgerschulen die Gutachten alle Lehrkörper ein holte und aufgrund derselben Beratungen veranstaltete (…) wurde in den meisten Staaten Deutschlands beratende Versammlungen über den selben Gegenstand gehalten. Teils die Strategie auf eigenem Antrieb der Lehrer welche (…) zusammentraten Interessen ihrer Schule zu beraten (…) Preussen hat seit vier Jahrzehnten dem gesamten Volksunterricht, namentlich der Einrichtung der höheren Schulen und der Fortbildung der Lehrer an den seltenen eine besondere Aufmerksamkeit gewidmet; dass diese Tätigkeit nicht ohne Erfolg geblieben ist begeistern nicht nur die Urteile unbefangener Beobachter (…) Denn wenn auch kein vernünftiger daran denken kann, Schuleinrichtungen eines Landes ohne weiteres auf ein anderes übertragen, in*

662 Sander: Bonitz (1903), Hermann. in: Allgemeine Deutsche Biographie (ADB). Band 47, S. 99–105.

663 Scharold, Hans (1955) „Bonitz, Hermann" in: Neue Deutsche Biographie 2 (1955), S. 447.

664 Bonitz, Zeitschrift für österreichische Gymnasien, Ausgabe 1, 1850, S. 1.

welchem, von allen anderen einwirkenden Umständen abgesehen, die wichtigsten Faktoren der Stammesverschiedenheiten und der bis zur bestandenen und noch fortwirkenden Einrichtungen zu beachten sind: so bringt doch andererseits der gleiche Zweck der höheren Bildung und die überall sich ähnliche Natur des jugendlichen Alters notwendig gleiche Fragen zur Beratung und es wäre Torheit, die anderwärts gemachten Erfahrungen und dargelegten Ansichten eigensinnig gehören zu wollen, nur um selbst dasselbe Lehrgeld zahlen zu müssen-und zwar auf Kosten der zu bildenden Jugend".

Thun-Hohenstein, dem die grundsätzliche Bevorzugung katholischer Professoren nachgesagt wurde hat Bonitz, gegen den zeitweise wegen seiner protestantischen Herkunft ein „Kesseltreiben" veranstaltet wurde[665] unterstützt, da er ihn für unersetzbar hielt und er sein Bestreben, die Hochschulreform nur mit katholischen Professoren durchführen zu können aufgab; auch, da diese oft zu liberal auftraten. Nach *Lentze* stand Thun-Hohenstein liberalen Katholiken noch ablehnender gegenüber als Protestanten[666]. Bonitz arbeitete in enger Zusammenarbeit mit Exner, die offensichtlich weitgehend reibungslos funktionierte; in Zweifelsfällen wurde Helfert hinzugezogen[667]. Nach seiner Amtseinführung als Minister überprüfte Thun die Arbeit von Bonitz und Exner und erwirkte noch im September 1849 dessen provisorische Ernennung. Daneben hielt Bonitz, zunächst als einziger Professor, die philologischen Vorlesungen. Nach anfangs eher spärlicher Zustimmung genoss Bonitz bald einen hervorragenden Ruf, der nicht nur Studenten, sondern auch ältere Lehrer in seine Vorlesungen kommen ließ. Von Zeitgenossen wurde sein Unterrichtsstil wie folgt beschrieben[668]:

„Sein Vortrag war die Schlichtheit selbst, ohne akademische Eleganz, deren er nicht bedurfte, um zu fesseln. Hatte er in etwas vorgebeugter Haltung mit raschem Schritt den Katheder bestiegen, dann war an dem Manne alles Leben und Bewegung. Das Interesse, das ihn für den Gegenstand erfüllte strömte auf die Hörer über"

Nachdem ein weiterer Professor hinzugekommen war beschränkte er sich zunehmend auf griechische Philologie und Sprache und erteilte schwächeren Studenten auch Privatunterricht[669]. Bonitz blieb trotz aller Widerstände bis 1867 in Österreich und wurde als Protestant zu einem der wesentlichen Reformer des ös-

---

665 Vgl. die an Thun gerichteten Schreiben von Radziwill und Diepenbrock oben Kap. 3.1.4.2.4.

666 Lentze (1962), Die Universitätsreform des Ministers Graf Leo Thun-Hohenstein, S. 130.

667 Frankfurter (1893), Leo Graf Thun-Hohenstein, Franz Exner und Hermann Bonitz S. 122.

668 Frankfurter (1893), S. 123.

669 Frankfurter (1893), S. 122.

terreichischen Schulwesens. *Engelbrecht* stellt fest, dass von einer „Verpreussung" des österreichischen Gymnasiums in der Epoche dennoch nicht die Rede sein könne[670]. Nach seiner Rückkehr nach Preußen war Bonitz zunächst wieder Schulleiter, später preußischer Schulpolitiker.

5.1.4.4. Karl Ernst Jarcke

Exner und nach seinem Amtsantritt *Bonitz* gelten als Architekten der Unterrichtsreformen und haben wesentlichen Anteil an der praktischen Umsetzungsarbeit, waren jedoch nicht die engsten Ratgeber und in hochschulpolitischen Fragen Vertrauten von Thun-Hohenstein, was zumindest im Fall von Bonitz wohl schon an dessen protestantischer Religionszugehörigkeit gescheitert wäre. Beraten ließ sich Thun-Hohenstein vor allem von zwei Preußen, die zum katholischen Glauben konvertiert waren und Thun-Hohensteins katholisch-konservative Grundhaltung teilten[671]. *Karl Ernst Jarcke* galt als wesentliche Exponent der Restauration in Österreich, war bereits im Jahr 1832 von Metternich berufen worden und bis 1848 in der Hof- und Staatskanzlei tätig gewesen. *Jarcke* hatte für Thun auf dessen Bitte noch vor Thuns Amtsantritt eine Denkschrift zu den Aufgaben eines Unterrichtsministers in Österreich gefertigt und darin die Förderung der Wissenschaft und der Schaffung eines *spezifischen katholischen Charakters der österreichischen Hochschulen* als Ziel skizziert, das dann erreicht sei, wenn die österreichischen Hochschulen das wissenschaftliche Niveau der protestantischen deutschen Hochschulen erreicht hätten ohne den spezifisch österreichisch-katholischen Charakter aufzugeben[672]. Thun hat wesentliche Elemente der Vorschläge Jarckes umgesetzt und auch in weiterer Folge diesen mehrfach an der Diskussion beteiligt. Jarcke und Thun-Hohenstein mögen auch deshalb, neben anderen, zu den Treibern der zumindest zu Beginn sehr radikal konzipierten Bildungsreformen geworden sein, da sie im Vormärz eine vergleichbar ambivalente Haltung zur österreichischen Monarchie entwickelt hatten. Nach der Beurteilung von *Lentze* liebte *Jarcke* den österreichischen Kaiserstaat per se in dem Maße, indem er die Menschen, die das Leben in ihm im Vormärz prägten, verabscheute[673]. Wie Thun-Hohenstein konzentrierte auch Jarcke seine Abscheu vor allem auf den Josephinismus, der zu einer *Verderbnis der österreichischen*

---

670 Engelbrecht (1986), Band 3, S. 148.

671 Zum Katholizismus Thuns oben Kap. 5.1.2.1 sowie Lentze (1962), Die Universitätsreform des Ministers Graf Leo Thun-Hohenstein, S. 80.

672 Lentze (1962), aaO., S. 82.

673 Lentze (1962), aaO., S. 82.

Intelligenz geführt habe. Trotz seinem auch opportunistischen Verhalten gegenüber Metternich, der für *Jarcke* vor allem deshalb eine Rolle spielte, da er nahe Kontakte zur Restauration unterhielt zu der sich auch *Jarcke* hingezogen fühlte, wagte *Jarcke* auch im Vormärz teils heftige Kritik an den Lebensverhältnissen in der Monarchie und vor allen am Studiensystem. In einem „*Über das Verhältnis der Staatsgewalt zum geistigen Leben der Nation*" betitelten Aufsatz forderte er im Jahr 1844 eine Abkehr von der Zensur, insbesondere der weitgehenden Behinderung freier Presse, die er für Armut des geistigen Lebens des Vormärz insbesondere verantwortlich machte[674]. Mit Thun-Hohenstein verband ihn somit die Hassliebe zu Monarchie, in der er aber wohl auch aus persönlichem Opportunismus stets die Priorität auf die grundsätzlichen Anerkennung der Monarchie legte, wie immer sich diese zu einem bestimmten Zeitpunkt auch auf das geistige Leben im Staat auswirken würde[675]. Der 1844 erschienene Aufsatz diente Jarcke in der Folge auch als Grundlage für die Denkschrift, die er im Jahr 1849 für Thun-Hohenstein verfasste. Für den Grafen war Jarcke die naheliegende Wahl als Ratgeber bei der Umsetzung der Reform, die durch eine radikale Änderung der Schulbildung und des Studiums das Überleben der Monarchie sichern sollte. Der Geist, in dem dieses Werk vollbracht werden sollte stand, so Lentze, für Thun nie außer Zweifel. Bereits *„vor Antritt seines Amtes war sich Thun darüber im klaren, dass seine Amtsführung* dem *Geist der-katholischen Revolution entsprechen*" müsste, weswegen er sich von Jarcke, den er als „*den bedeutendsten Kopf der katholischen Restauration in Österreich*"[676] einschätzte entscheidende Unterstützung bei Durchsetzung seines Reformvorhabens versprach[677].

5.1.4.5. *George Philipps*

Wie *Jarcke* stammte auch *George Philipps* aus Preußen, war aber als Katholik seit 1834 in München als Professor der Rechtswissenschaften tätig gewesen und über die Universität Innsbruck nach Wien gelangt. *Phillips, Jarcke* und *Thun-Hohenstein* einte die katholisch-konservative Grundeinstellung und die dennoch bestehende Überzeugung der Notwendigkeit tiefgreifender Reformen im Hochschulwesen und auch die reservierte Haltung gegenüber philosophischen Ansätzen. *Philipps,* der in Wien Rechtswissenschaften lehrte, sollte als überzeugter

674 Lentze (1962), Die Universitätsreform des Ministers Graf Leo Thun-Hohenstein, S. 82.
675 Lentze (1962), aaO., S. 82.
676 Lentze (1962), aaO., S. 82.
677 Wenski (1974), S. 74 f.

Anhänger der historischen Schule Thun-Hohenstein vor allem bei den Bemühungen um die inhaltliche Reform der juristischen Ausbildung zum entscheidenden Berater werden, was, sehr vereinfacht zusammengefasst, zur sukzessiven Öffnung des österreichischen Rechts für die Pandektenwissenschaft führte.[678] Die Umstände von *Philipps* Berufung geben einen in der bisherigen Forschung weniger beachteten Einblick in die Rekrutierung von Professoren in der Ära der Grafen Thun-Hohenstein. Leo Thun-Hohensteins Bruder *Friedrich* hatte sich an der juristischen Fakultät in München im Oktober 1849 nach geeigneten Kandidaten für einen juristischen Lehrstuhl in Wien umgesehen. Die Erschließung und Digitalisierung des Nachlasses von Leo Thun brachte einen Briefwechsel ans Tageslicht, in dem sich die Brüder Thun über mündliche Kandidaten austauschen[679]. Bemerkenswert dabei ist, dass die Kandidaten offensichtlich nicht der reinen Lehre wegen bereit waren, nach Wien oder an eine andere österreichische Fakultät zu wechseln, sondern sehr detaillierte vorhandenen finanziellen Bedingungen stellten, eine definitive Anstellung verlangten und teils auch ein mehr oder weniger ausdrücklich vereinbartes Rückkehrrecht an die Münchener Fakultät. Friedrich Graf Thun agiert in heutiger Terminologie als „Headhunter" für seinen Bruder. *Philipps* zeigte sich, so Leo Thuns Bruder, bereit nach Innsbruck zu wechseln, wenn man ihm ein Gehalt von 2000 fl CM bezahle und zudem die Übersiedelungskosten. Vor allem aber wolle er einen nach Innsbruck Wechsel mit seiner Frau besprechen, die dieser Entscheidung zustimmen müsse[680]. Zudem wünsche er für das Kirchenrecht berufen zu werden, ohne sich das Recht nehmen zu lassen, auch in anderen Disziplinen zu lesen. Die Korrespondenz zeigt auch, dass Friedrich Thun im engen Kontakt mit *Jarcke* stand, der er erst den Kontakt zwischen Friedrich Thun und *Philipps* herstellte und zu *Philipps* offenbar in enger Beziehung stand, da es ihm gelang diesen zu finden was Friedrich Thun selbst misslungen war[681]. Diese Korrespondenz verdeutlicht, dass Leo Thun-Hohenstein an Fakultäten in katholischen Ländern mit durchaus modernen Methoden nach katholischen Professoren suchte, die am Umbau der rechtswissenschaftlichen Fakultät in Wien beteiligt sein sollten; sie zeigt aber auch die Mitwirkung seines Bruders zumindest an der personellen Umsetzung seiner Reformvorhaben.

---

678 Lentze (1962), Die Universitätsreform des Ministers Graf Leo Thun-Hohenstein, S. 104 ff.

679 Brief des Friedrich Thun an Leo Thun vom 5. Oktober 1849, Staatsarchiv Tetschen Nachlass Thun A 3 XXI D 7.

680 Brief des Friedrich Thun an Leo Thun vom 5. Oktober 1849, aaO.

681 Brief des Friedrich Thun an Leo Thun vom 5. Oktober 1849, aaO.

5.2. Die Thun-Hohensteinschen Bildungsreformen

5.2.1. Überblick über wesentliche Einzelakte der Reformen

Leo Thun-Hohenstein übernahm das nunmehrige *Ministerium für Unterricht und Cultus* am 22. August 1849. Durch *A.H. Entschließung* vom 24. Februar 1855 bestätigte der Kaiser sein Konzept für die Studienreformen; gleichzeitig wurde der Entwurf einer A.H. Entschließung des Reichsratsvorsitzenden *Kübeck*, der ein Thuns Reformanliegen gegenläufiges Alternativkonzept einer Hochschulreform enthielt verworfen[682]. Gegenstand der A.H. Verfügung zu Gunsten Thuns war die Aufstellung von Studienplänen für sämtliche Fakultäten; an der Ausarbeitung der Studienpläne für die theologische Fakultät sollten die Bischöfe beteiligt sein. Ausdrücklich angeordnet war auch die Einführung eines eigenen akademischen Gottesdienstes[683]. In den nicht einmal sechs Jahren seiner Tätigkeit als Minister bis zur kaiserlichen Entscheidung zeichnete Thun-Hohenstein für eine Reform verantwortlich, die alle Bereiche öffentlichen Unterrichts umfasste und teils bis ins Detail die neu geschaffenen Unterrichtsbedingungen regelte. Wie erörtert, beruhten die Umsetzungsverordnungen und insbesondere die noch im Jahr 1849 verabschiedeten Regelungsvorhaben weitgehend auf den Vorarbeiten von *Exner* und nach dessen Eintreffen auch *Bonitz*. Leo Thun-Hohenstein wird aber das Verdienst zugeschrieben, die einzelnen Regelungswerke mit hohem Einsatz durchgesetzt zu haben[684], was das Verdienst der Verfasser der Vorarbeiten und Entwürfe nicht schmälert. Es illustriert im Gegenteil, das Männer mit sehr unterschiedlicher Herkunft, verbunden durch persönliches Vertrauen zueinander und, in heutiger Diktion, wohl auch *Teamfähigkeit*, in der Lage waren ein Reformkonzept, über das sie durchwegs nicht ausnahmslos einer Meinung waren gegen erbitterte Widerstände durchzusetzen. Der Gesamtansatz der Reformen zeigt sich in einer Durchsicht der einzelnen, mitunter auch nur Details des Studiums regelnden Rechtsakte, für die Thun-Hohenstein verantwortlich zeichnete. Dies verdeutlich nachfolgender auf die Jahre 1849 - 1851 bezogener beispielhafter Überblick ohne Anspruch auf Vollständigkeit[685]:

---

682 Lentze (1962), Die Universitätsreform des Ministers Graf Leo Thun-Hohenstein, S. 234.

683 Lentze (1962) aaO., S. 234.

684 Lentze (1962) aaO., S. 234.

685 Überblick nach der Aufstellung bei Wurzbach, aaO. S. 57 f.

- **30. August 1849**: Provisorisches Gesetz über die Prüfung der Kandidaten des Gymnasial-Lehramts:
- **16. September 1849**: Entwurf der Organisation der Gymnasien und Realschulen in Österreich[686].
- **27. September 1849**: Provisorisches Gesetz über die Organisation der akademischen Behörden.
- **11. Oktober 1849**: Allgemeine Anordnungen über das Studienwesen an der rechts- und staatswissenschaftlichen, medizinisch-chirurgischen und philosophischen Fakultät der K. K. Universitäten für das Jahr 1849.
- **11. Oktober 1849**: Provisorische Disziplinarordnung und Einführung von Kolleginnengeldern an den Universitäten.
- **24. Oktober 1849**: Kaiserliche Verordnung über die Einsetzung von provisorischen Schulräten und Inspektoren für die Volksschulen und Gymnasien.
- **26. Oktober 1849**: Provisorische Vorschrift über die künftige Regulierung der Gehalte und des Vorrückungsrechts der Fakultätsprofessoren;
- **10. Oktober 1849**: Erlass des Ministeriums des Cultus und öffentlichen Unterrichts vom 10. November 1849 betreffend die Ablegung der Prüfungen aus der Welt- und Österreichischen Staatengeschichte bei einem Privatdozenten und die Verkürzung der Mindestabstände zwischen den Prüfungen[687].
- **Anfang 1850**: Einzelne Regelungen betreffend das Ausleihen von Büchern aus den Bibliotheken der Studienanstalten mit dem Ziel, die Ausleihe zu erleichtern; Verbot der „Nachstunden" für Gymnasiallehrer mit gleichzeitiger Verbesserung ihres Gehalts, Bestimmungen zu Diözesan- und Klosterlehranstalten und einer Vielzahl weiterer Detailregelungen[688].
- **3. Mai 1850**: Erlass an die Gymnasial-Prüfungskommissionen in Wien, Prag, Lemberg und Innsbruck.
- **12. Juli 1850**: Erlass über die endgültige Einführung der Kollegiengelder samt Detailbestimmungen über das neue Gebührensystem[689].
- **30. Juli 1850**: Erlass über die juristischen Staatsprüfungen[690]; (RGBl 327/1850).

---

686 Dazu Mozart (1856) Das provisorische Prüfungsgesetz für die Candidaten des Gymnasial-Lehramtes Zeitschrift für die österreichischen Gymnasien 7 (1856), S. 673 ff.

687 RGBl. 72/1850; erweitert durch Erlass RGBL 150/1850.

688 Dazu von Wurzbach, S. 57 f.

689 Dazu von Habdank-Hankiewicz, Gesetze und Verordnungen, S. VI CLVI).

690 Ausführlich zur Staatsprüfungsordnung 1850 sowie Details einzelner Regelungen wie der Einführung der Kollegiengelder vgl. Thun, Au. Vortrag vom 22. Juli 1850; RGBl 1850, Beilageheft S. 224.

- **29. September 1850**: Allgemeinen Anordnungen über die Fakultätsstudien der Universitäten zu Wien, Prag Lemberg, Krakau, Graz und Innsbruck, der in § 44 die allgemeine Lehrfreiheit normierte[691]; die Universitäten Pavia und Padua behielten zunächst die bisherige Studienordnung (RGBl 370/1850).
- **19. Januar 1851**: Erlass des Ministeriums des Cultus und Unterrichts vom 19. Jänner 1851, womit Bestimmungen in Ansehung derjenigen Studierenden getroffen werden, welche von einer nach dem Systeme der Lernfreiheit organisierten Universität an eine der Universitäten zu Padua oder Pavia übertreten (RGBl 20/1851).
- **5. Juli 1851**: Erlass einer Begrenzung der freien Wahl der Lehrveranstaltungen gem. § 44 der allgemeinen Studienordnung von 1850[692].
- **2. Oktober 1855**: Erlass der juridischen Studienordnung, in der die Lehrfreiheit weitgehend aufgehoben wurde[693].

5.2.2. Die Auswirkungen der neuen Hochschulstrukturen

Zusammengefasst zeigt dieser beispielhafte Überblick, dass die Reformer insbesondere in der Zeit kurz nach der Amtsübernahme Thun-Hohenstein bestrebt waren, „Nägel mit Köpfen zu schaffen" und wesentliche Eckpunkte der Universitätsstrukturen wie auch inhaltliche Vorgaben über Studieninhalte und Studienaufbau durch zumindest provisorische Rechtsakte zu verankern. In der Folgezeit war das Ministerium vor allem damit beschäftigt, das für die reformierten Ausbildungsordnungen notwendige Personal zu finden, Infrastrukturen im Schulbereich zu schaffen und vor allem damit, der heftigen Kritik an den Reformen zu begegnen und gleichzeitig die Voraussetzungen für Thun-Hohensteins Anliegen einer grundlegenden Reform der juristischen Studien zu schaffen und den Kaiser von dem Konzept zu überzeugen. In der Praxis des nach der Revolution wieder in Gang kommenden Hochschulbetriebs scheint zunächst aber vor allem Verwirrung geherrscht zu haben. Mit im Rahmen des Durchsetzbaren hoher Geschwindigkeit und mit erkennbarer Konsequenz[694] hat Thun-Hohenstein eine bisher nicht gekannte und kaum vorstellbare akademische Selbstverwaltung der Hochschulen geschaffen, bei der Kollegien die Verantwortung für *„den Unterricht im Sinne freier Forschung und Lehre"* zugewiesen wurde und sich der Staat

691 1851 wurden die Annual- und Semestralprüfungen aufgehoben.
692 Lentze (1862), Die Universitätsreform des Ministers Graf Leo Thun-Hohenstein, 40 ff.
693 Lentze (1962), Die Universitätsreform des Ministers Graf Leo Thun-Hohenstein, S. 40 ff.
694 Lentze (1962), aaO., S. 40 ff..

insbesondere das Recht vorbehalten hatte, Professoren auf Basis der Vorschläge der Fakultät zu ernennen, Studien-und Prüfungsordnungen zu erlassen und dabei die erforderlichen Anforderungen zu definieren sowie den finanziellen Spielraum der Universitäten durch Festsetzung des Budgets zu gewährleisten[695]. Die Professoren hatten jedoch große Schwierigkeiten, ohne Erfahrung und entsprechende Handreichungen den gewohnten Universitätsbetrieb aufrecht zu erhalten. Die Studenten reagierten erwartungsgemäß und besuchten Vorlesungen, nachdem der darauf bezogene Prüfungszwang weggefallen war immer weniger[696]. Modernen Hochschulreformern ist dieses Phänomen offensichtlich bekannt,, weswegen mit neu geschaffenen Strukturen nach dem „Bologna-Prozess“ vor allem erhöhte Anwesenheitsverpflichtungen verbunden sind, was aber von Studenten und Professoren ebenfalls kritisiert wurde.

695 Lentze (1962), aaO., S. 40.
696 Lentze (1962), aaO., S. 40 ff.

6. Die Reform der juristischen Ausbildung

6.1. Die Entwicklung der Studienordnung für die juristische Fakultät

6.1.1. Die unmittelbaren Folgen der ersten Reformschritte

Alle Reformen der Hochschulorganisation, der Neuordnung des Studienbetriebs wie der Ausbildung und Prüfungsordnungen waren ausdrücklich als *„provisorisch“* deklariert. Dies entsprach der Herausforderung, die Neugestaltung des Hochschulstudiums im Rahmen einer Universität umsetzen zu müssen, die in den Jahrzehnten des Vormärz erstarrt war, mit der lange gewährten Autonomie aber plötzlich das verwirklichen sollte was ihr über Jahrzehnte strengstens verboten war. Für diese Aufgabe stand ihr anfangs im Wesentlichen nur das Personal zur Verfügung, das die restriktiven Studienbedingungen des Vormärz zumindest hingenommen, in der Praxis jedenfalls administriert hatte[697]. Die Durchführung der Reformen war daher ein Experiment, das zudem am deutschen Vorbild und damit an nicht vergleichbaren äußeren Voraussetzungen orientiert war[698]. Die provisorische Natur der reformbegleitenden Rechtsakte diente so zwangsläufig dazu, zunächst Erfahrungen zu sammeln und diese in spätere definitive Regelungen einzubeziehen. Auch ist anzunehmen, dass die Deklaration der Neuregelungen als *provisorisch* den Widerstand der „bewahrenden Kräfte“ reduzieren sollte. Aus deren Sicht mag nicht zwingend nachvollziehbar gewesen sein, warum das Kaiserreich den Kampf gegen die Revolution gewonnen hatte, in Folge dieses Sieges aber deren Forderungen erfüllen sollte. Besonders an den kleineren Universitäten scheint das Unverständnis der Professoren groß gewesen zu sein[699]. Aber auch *von Baumgartner*, der Vizepräsident der Österreichischen Akademie der Wissenschaften, stand dem Gedankengut des Vormärz näher als dem der Bildungsreformer[700]. *Lentze* stellt jedoch fest, dass die Qualität der provisorischen Regelungen allgemein derart hoch war, dass sie in der Folge weitgehend unverändert als endgültige Regelungen übernommen wurden[701].

697 Lentze (1962), Die Universitätsreform des Ministers Graf Leo Thun-Hohenstein, S. 39.

698 Lentze (1962), aaO. S. 39.

699 Schneider (Hrsg.) Briefe österreichischer Gelehrter aus den Jahren 1849-1862, Band 113, S. 181 ff.

700 Lentze (1962), aaO. S. 39.

701 Lentze (1962), aaO. S. 40.

6.1.2. Ziele des neuen Prüfungssystems

Das als „gemütlich" geschilderte Leben an der juristischen Fakultät des Vormärz war somit einer aufgezwungenen Autonomie gewichen, mit der zu einem guten Teil weder Studierende noch Professoren etwas anfangen konnten. *Tomaschek,* Professor für Politische Wissenschaften und Gesetzeskunde, forderte ein dem preußischen System angeglichenes Prüfungswesen, das den Gefahren der Lernfreiheit, als die er vor allem die Orientierungslosigkeit der Studierenden identifizierte, begegnen sollte. Mit *„dem ganzen Prüfungskram während des Studiums"* müsse aber *„Schluss gemacht werden"* und stattdessen *eine* Staatsprüfung als Abschluss des Studiums eingeführt werden, die von Professoren, Dozenten aber auch sonstigen ausgewiesenen Experten wie Staatsbeamten oder Doktoren abgenommen werden solle[702]. Dieser ersten und theoretischen Staatsprüfung solle eine drei jährige praktische Ausbildungszeit folgen, die mit einer zweiten praktischen Staatsprüfung beendet werden solle[703]. Dieses Modell entspricht weitgehend dem in Deutschland trotz einiger Reformversuche in den 1970er Jahren bis heute geltenden zweistufigen Ausbildungsmodell. Thun-Hohenstein war von den Ausführungen Tomascheks offensichtlich beeindruckt und berief ihn in das Unterrichtsministerium, wo er das Referat juristischen Studien übernahm, das bis dahin im Nebenamt durch *von Kremer,* einem niederösterreichischen Vizekammerprokurator geführt worden war, der als ausgewiesener Verfechter des Studiensystems des Vormärz galt. Die Umstände der Berufung Tomascheks zeigen aber, dass sich Thun-Hohenstein zu diesem Zeitpunkt noch um diplomatisches Auftreten auch gegenüber dem Hof, vor allem aber gegenüber den traditionsbewussten Gegnern seiner Reform bemühte. Begründet wurde das Ansuchen um die Ernennung Tomascheks damit, dass der Leiter des Referats praktische Ausbildungserfahrung haben müsse und das wichtige Amt nicht als Nebentätigkeit erledigen könne[704]. Tomaschek und Thun arbeiteten ständig am juristischen Ausbildungssystem; die juristischen

---

702 Tomaschek hatte selbst Schriftsteller als berufen betrachtet juristische Staatsprüfung abzuhalten, was ein interessantes Licht auf seine Bewertung der Fakultätskollegen wie auch des bei Abschluss des Studium erwünschten Ausbildungsniveaus wirft; vgl. Lentze (1962), aaO., S. 75. Ziel des Vorstoßes von Tomaschek dürfte aber vor allem gewesen sein das Prüfungsmonopol der Universität zu brechen und die Absolventen für die Anforderungen eines außeruniversitären Berufslebens zu qualifizieren.

703 Lentze (1962), Die Universitätsreform des Ministers Graf Leo Thun-Hohenstein, S. 75.

704 Lentze (1962), aaO. S. 76.

Ausbildungs- und Prüfungsordnungen erfuhren zwischen 1850 und 1854 einschneidende Veränderungen.

Tomaschek wurde zum wertvollen Mitarbeiter Thun-Hohensteins bei der Reform der juristischen Ausbildung. Bei der Gestaltung zeigte sich allerdings ebenfalls, dass sich Thun-Hohenstein als Verfechter des Machbaren verstand und die der Geisteswelt des Vormärz und insbesondere auch dem damals praktizierten „gemütlichen" Studium an der Wiener Fakultät verhafteten Gegner seiner Reform zunächst nicht überfordern wollte. Deshalb entsprach er den Vorschlägen Tomascheks in Bezug auf die Einführung des am preußischen Vorbild grundsätzlich angelehnten Staatsprüfungssystems, ohne aber dessen Radikalität zu übernehmen und den gesamten Ausbildungsstoff einer einzigen Staatsprüfung zu Studienabschluss vorzubehalten. Auch wurde der Vorschlag, fachspezifische Qualifikationsprüfungen für einzelne Berufszweige wie etwa Richter, Rechtsanwälte oder Notare einzuführen zunächst nicht umgesetzt, da Thun der befürchtete Widerstand als zu groß erschien[705]. Das Konfliktpotenzial der fachbezogenen Diversifizierung der juristischen Abschlussprüfung hat sich in Deutschland über Jahrhunderte bewahrt und besteht noch heute; eine grundlegende Reform in Richtung einer Diversifizierung der Abschlussprüfung konnte bis heute trotz mehrerer Modellversuche mit verschiedenen Reformansätzen in den 1970er Jahren etwa an den Universitäten Konstanz und Hamburg nicht durchgesetzt werden[706].

Um den Unterschied zum gewohnten Rigorosensystem nicht zu stark zu betonen, wurden in Anlehnung an dieses die zu lehrenden Fächer in einzelnen Gruppen zusammengefasst; auch sollte die nicht der ausgeübten Praxis, aber der Konzeption entsprechende Einheitlichkeit der Prüfungen dadurch betont werden, dass die Prüfung in eine allgemeine und zwei besondere Abteilungen aufgeteilt wurde. Das letztendlich gefundene Modell ist in der Form, wie es schließlich im Erlass über die juristischen Staatsprüfungen vom 30. Juli 1850 normiert wurde, nur in Kenntnis der umstrittenen Umstände seiner Entstehung als Kompromiss und nicht etwa als in der schließlich formulierten Form a priori konzipierte Regelung zu verstehen. Durchsetzen konnte Leo Thun-Hohenstein die Reform letztendlich nur deshalb, weil er den Kaiser von seinem Konzept überzeugen konnte[707].

---

705 Lentze (1962), aaO. Die Universitätsreform des Ministers Graf Leo Thun-Hohenstein, S. 76.

706 Gilles/Fischer, Juristenausbildung 2003, NJW 2003, 707.

707 Simon (2007) Die Thun-Hohensteinsche Universitätsreform und die Neuordnung der juristischen Studien- und Prüfungsordnung in Österreich, S. 1.

6.1.3. Die Prüfungsordnungen nach den Erlässen vom Sommer 1850

6.1.3.1. Die juristische Prüfungsordnung nach dem Erlass vom 30.07.1850

Wie erörtert wurde durch den gesetzestechnischen „Trick", die von Absolventen des juristischen Studiums insgesamt zu erbringenden Leistungsnachweise als „Staatsprüfung" zu bezeichnen und diese formal in drei Abschnitte aufzuteilen die Fiktion einer einheitlichen Staatsprüfung nach preußischem Vorbild erzeugt, die bei genauer Betrachtung jedoch in der grundsätzlich gewohnten Form einzelner Prüfungen abgehalten wurde. Suggeriert wurde damit eine noch radikalere Abkehr vom Studiensystem des Vormärz mit seinen Semestral- und Annualprüfungen, als es nach der Neuordnung tatsächlich der Fall war. Nach dem Erlass des Jahres 1850 wurden die Prüfungsfächer für die einzelnen Abschnittsprüfungen, für die auch eigene Bezeichnungen gefunden wurden wie folgt eingeteilt[708]:

1. Abschnitt: allgemeine Staatsprüfung:
Rechtsphilosophie, das bisherige Naturrecht, sowie Innere Verwaltungspolitik, Nationalökonomie, Finanzpolitik, Allgemeine und österreichische Statistik und ein Umriss der Weltgeschichte und österreichischen Geschichte;

2. Abschnitt: judizielle Staatsprüfung:
Österreichisches Strafrecht und Strafverfahren, Bürgerliches Recht, Handels- und Wechselrecht sowie Gerichtliches Verfahren in und außer Streitsachen;

3. Abschnitt: staatsrechtlich-administrative Staatsprüfung:
Österreichisches Staatsrecht, Kirchenrecht und zudem Verwaltungs- und Finanzgesetzkunde.

Die Abkehr vom Auswendiglernen als Wissensvermittlungsideal des Vormärz war notwendige Konsequenz der im Jahre 1850 als Reflex auf eine zentrale Forderung der Revolution normierten und von Thun-Hohenstein propagierten Lernfreiheit[709] und spiegelte sich auch in einzelnen, durchaus zeitgemäßen, Formulierungen der Prüfungsordnung 1850. So normieren deren §§ 38 und 39:

---

708 Erlass über die juristischen Staatsprüfungen vom 30. Juli 1850, RGBl 327 (1850).

709 Lentze (1962), Die Universitätsreform des Ministers Graf Leo Thun-Hohenstein, S. 76.

§ 38

Es kann von den absolvierten Studirenden nicht gefordert werden, dass sie aus den Studien schon alle Detailkenntnisse mitbringen, welche auf der von Ihnen gewählten staatsdienstlichen Laufbahn wünschenswert oder notwendig sind, da diese in ihrem vollen Umfange sich zu erwerben, oder sich dahin auszubilden, jene praktische Verwendung bestimmt ist, zu welcher sie erst nach zurückgelegten theoretischer Staatsprüfung zugelassen werden und da sie zur wirklichen Anstellung im Staatsdienste sich ohnedem noch weiterhin einer praktischen Prüfung zu unterziehen haben

§ 39

Bei der mündlichen und schriftlichen Prüfung wird es daher vor allem auf die Erprobung der allgemeinen Rechts und staatswissenschaftlichen Grundbildung sowie der Kenntnisse des Kandidaten in den Hauptlehren und wesentlichen Grundsätzen der oben angeführten den Lehrfächer und seines Überblicks über das Ganze eine jeder derselben und über ihren genetischen Zusammenhang ankommen

Die weiteren Regelungen insbesondere zur Lehrfreiheit verdeutlichen, dass diese in weitgehendem Maße gewährt werden sollte, jedenfalls soweit der Maßstab des Prüfungssystems des Vormärz angelegt wird. So stellt etwa § 4 in das Ermessen des Studierenden, welche der drei Prüfungsabteilungen er zuerst absolvieren möchte; auch konnten ein oder zwei Teilprüfungen bereits während des Studiums abgelegt werden. Damit ging die Studienordnung über das hinaus, was moderne Studienordnungen in der Regel vorhersehen, die eine bestimmte Reihenfolge der abzuwägenden Prüfungen normieren. Ausdrücklich Bezug genommen wurde auf die Lernfreiheit in mehreren Bestimmungen; so etwa in § 8:

> *Studierende, welche weder Doctorsgrad zu erwerben noch sich einer Staatsprüfung zu unterziehen gedenken, sind in der Anzahl und Auswahl der Vorlesungen nur Studienordnungen beschränkt. Aber auch für diejenigen, welche den Grad eines Doctors der Rechts- und Staatswissenschaften sich aneignen, oder sich der Staatsprüfung unterziehen wollen, gibt es in der Zukunft keine andere Beschränkung in der Wahl der Lehrgegenstände als diejenigen, welche in den §§ 10, 11 dieses Gesetzes enthalten sind*

Die angesprochenen Bestimmungen normierten, dass während des Studiums wenigstens *14 Semestral-Collegien* in den Prüfungsfächern in einem Umfang von zumindest vier Semesterwochenstunden absolviert werden mussten; daneben waren vier Vorlesungen an der philosophischen Fakultät, zwei davon über Philosophie, zwei über Geschichte zu hören. Eine diametrale Abkehr von bisherigen Regelungen sah auch unter Berufung auf Art. 6, der die Mindeststudiendauer mit acht Semestern festschrieb, § 7 vor. Diese Regelung gestattet es den Studierenden Studienzeit bis höchstens zur Hälfte der Gesamtstudienzeit, somit zwei Jahre, in die Studienzeit einrechenbar an einer ausländischen Universität zuzubringen *an welcher Lehr-und Lernfreiheit besteht*, soweit die jeweilige Universität ein gleichwertiges Studienangebot vorsah. Näher bestimmte Privatstudien in einzelnen angeführten Studienjahren werden ebenfalls nach § 7 in die gesamte Studienzeit einberechnet[710]. Die Prüfungen sollten überwiegend mündlich abgehalten werden; aber auch die aus Deutschland bekannten Klausuren wurden vorgesehen. Geregelt wurde auch, dass nicht nur Professoren, sondern auch in der Praxis erfahrene Juristen die Prüfungen abzuhalten sollten. Damit wurde das Prüfungsmonopol der Professoren gebrochen und ihr Prüfungsverhalten auch außerhalb der Universität bekannt[711]. Die Professoren waren daher mit der unerwarteten Situation ihrer Überprüfbarkeit konfrontiert. Wie bereits angesprochen fühlten sich Lehrende wie Lernende von den Neuerungen überfordert, so dass in der Praxis die meisten Studenten bei Belegung der Lehrveranstaltungen nach dem Studienplan von 1810 vorgingen, woran auch ein ambitionierter Studienführer von *Höfken,* der detailliert die Vorzüge der Lernfreiheit herauszustellen versuchte und die daraus folgenden Optionen erklärte nichts änderte[712].

6.1.3.2. Berufsprüfungen nach der Verordnung vom 7. August 1850

Nur eine Woche nach der Verordnung Thun-Hohensteins, die eine völlige Neuregelung der juristischen Studien vorsah erließ Justizminister *Schmerling* eine Verordnung, mit der die Voraussetzungen für die einzelnen juristischen Laufbahnen geregelt werden sollten[713]. Die Verordnung differenzierte zwischen drei Justiz-Dienstprüfungen wie folgt:

- Die ***Richteramts-Prüfung***, „welche zur Anstellung im Richterstande und in der Staatsanwaltschaft befähigt"[714];
- die ***Anwalts-Prüfung***, „welche zur Erlangung der selbständigen Advocatursausübung, sowie zum Notariate, aber auch zu jeder Anstellung im Richterstande bei der Staatsanwaltschaft und bei den Fiscalämtern befähigt"[715];
- die ***Notariatsprüfung***, „die zur Erlangung einer Stelle eines Notars befähigt[716]".

---

710 Die §§ 62, 63 sahen allgemein Übergangsvorschriften für Studien nach alten Studienordnung vor.

711 Lentze (1962), Die Universitätsreform des Ministers Graf Leo Thun-Hohenstein,., S. 77.

712 Lentze (1962), Die Universitätsreform des Ministers Graf Leo Thun-Hohenstein,., S. 77.

713 Verordnung des Justizministeriums vom 7. August 1859, RGBl. 328/1850.

714 § 6 ff. Verordnung RGBL 328/1850.

715 § 15 ff. Verordnung RGBL 328/1850.

716 § 18 ff. Verordnung RGBL 328/1850.

Nach § 5 der Verordnung war Voraussetzung aller dieser ausschließlich mündlich abgehaltener Prüfungen eine theoretische Staatsprüfung, die zuvor abgelegt werden musste. Die Prüfungskommission bestand aus zwei Richtern sowie einem Staatsanwalt und einem Rechtsanwalt.

6.2. Die Kritik an der Studienordnung 1850

6.2.1. Die Vorbehalte gegen die Lernfreiheit an den Hochschulen

Die ungewohnten Optionen der neuen Studienordnung haben Studierende weitgehend überfordert. Dieser Effekt wurde verstärkt dadurch, dass es den Professoren nicht anders erging und diese daher kaum Hilfe leisten konnten. Studierende versuchten somit aus ihrer Sicht notgedrungen in der Praxis so zu studieren wie im Vormärz; Lehrende versuchten in gleicher Weise zu lehren. Der Widerstand an der Universität, von der in Reaktion auf radikale Reformen radikale Veränderungsbereitschaft gefordert war zeigt die Janusköpfigkeit vor allen der Professorenschaft, die zwar eher im Verborgenen, aber teilweise doch eine Reform des überkommenen, zur geistigen Isolation Österreichs führenden Studiensystem des Vormärz gewünscht und sich in ihren Veränderungswünschen vor allem an deutschen Vorbildern orientiert hatte, nach der partiellen Umsetzung aber nicht nur ihr gewohntes Dasein an der Universität vermissten, sondern auch die plötzlich als schützenswert entdeckte besondere österreichische Prägung des Hochschullebens entdeckt hatte, die mit der Reform verloren schien[717]. In den Worten Lentzes erhob *„der gouvernementale Konservativismus“* [718] wieder sein Haupt, der den Verlust der *„spezifisch österreichischen Geistigkeit“*[719] beklagte. Aus dieser Sicht handelte es sich beim *revolutionär neuen* Studiensystem um eine Folge der Revolution, die ebenso beseitigt werden musste wie dies mit der Revolution selbst gelungen war. Dazu kam das Bewusstsein unmittelbarer Bedrohung der österreichischen Hochschullehrer dadurch, dass man sich künftig mit den in der Vergangenheit häufig idealisierten deutschen Universitäten auf geistiger Ebene messen und sich somit einer ungewohnten akademischen Konkurrenz stellen musste, diese Konkurrenz aber auch unmittelbar manchen Professoren den Lehrstuhl kostete bzw. zu kosten drohte. Wie erörtert musste die Rekrutierung ausländischer, in der Regel deutscher, Professoren notwendige Konsequenz

717 Lentze (1962), Die Universitätsreform des Ministers Graf Leo Thun-Hohenstein, S. 90.

718 Lentze (1962), aaO., S. 82.

719 Lentze (1962), aaO., S. 91.

der Ausrichtung der Studienpläne und der Studienordnung an deutschen Maßstäben sein.

Beispiel für die entweder als Ambivalenz oder aber als opportunistischen Gesinnungswechsel zu verstehende Haltung eines renommierten Hochschullehrers war die Haltung von *Anton Hye Ritter zu Gluner*, der bei Ausbruch der Revolution in Wien am 13. März 1848 dem Kaiser die Petition der Wiener Studierenden übergeben hatte. Deren zweite Forderung hatte ausdrücklich auch die *„vollständige Lehrfreiheit"* umfasst[720]. Als erste hochschulspezifische Forderung, die unmittelbar nach der Revolution vorgetragen wurde hat sie Signalwirkung entfaltet und wurde zum für die revolutionären Forderungen der Studenten maßgeblichen Schlagwort. Im Frühjahr 1848 war *Hye* auch einer der Berater des ersten Unterrichtsministers *Sommaruga* gewesen, der bereits die Grundzüge der Reform konzipieren ließ. Hyes spätere Wendung *gegen* die Lernfreiheit mag daher auch als Indiz dafür verstanden werden, dass die spontanen Reformbemühungen des Jahres 1848 nicht nur als reaktives Bemühen um Kalmierung der Situation an der Universität seitens des Hofs zu verstehen sind in dem, pointiert ausgedrückt alles versprochen werden konnte und auch alles versprochen wurde solange es dazu diente die Revolution einzudämmen, sondern sich auch Hochschullehrer in vergleichbarer Weise verhalten haben. Nach der Realisierung der zentralen revolutionären Forderung *Lernfreiheit* wandte sich *Hye*, im Vormärz eine der wenigen auffallenden und prägenden Persönlichkeiten des Lehrkörpers der Universität Wien[721], jedoch plötzlich gegen die Lehrfreiheit und prägte damit wohl auch die Auffassung zahlreicher anderer Hochschullehrer. *Hye* war inzwischen als Ministerialrat ins Justizministerium gewechselt. In der späteren Rezeption blieb er aus staatlicher Sicht als einer der „Helden der Revolution" in Erinnerung, dem es gelungen war für einige Zeit *„Excesse von der Universität fernzuhalten"*[722]. Die positive Besetzung der Person *Hye* schon unmittelbar nach Ende der Revolution barg für Thun-Hohenstein die Gefahr, dass Hyes Widerstand erhebliche Wirkung auf andere Hochschullehrer entfalten könnte, die in Hye ein Vorbild sahen. Im Jahr 1854 enthob ihn Thun-Hohenstein seines Amtes als Hochschullehrer für Strafrecht; seine Tätigkeit im Justizministerium behielt er jedoch. Ursache für den Zorn Thuns, einen offensichtlichen Racheakt

---

720 Vgl. oben Kapitel 4.3.1. sowie den dort abgebildeten Text der Petition.

721 Wurzbach (1882 Biographisches Lexikon des Kaiserthums Oesterreich. Band 9, Seite 458 ff.

722 Wurzbach (1882 Biographisches Lexikon des Kaiserthums Oesterreich. Band 9, Seite4 58 ff.

des Grafen[723], war wohl vor allem, dass Hye bei Justizminister *Krauss* gegen die Reform intrigiert hatte.

6.2.2. Die Vorbehalte gegen die Reform im konservativen politischen Umfeld

Der Ton in der politischen Auseinandersetzung um die Reform war rauh. Nicht nur Justizminister *Krauss*, auch andere führende Politiker der Epoche und auch andere Minister wie *Baumgartner* wandten sich gegen die Reformen, und gegen Thun persönlich. So formulierte Thuns wohl bedeutendster Gegenspieler, Reichsratspräsident Freiherr von Kübeck seine Reaktion auf die Entfernung von *Hye*, der zu ihm gekommen sei *„um seinen Schmerz auszudrücken"* wie folgt:

> *„Der stets als loyal gerühmte Minister des Unterrichts Graf Leo Thun hat aus einem Rachegefühl gegen den übrigens klugen Hye, der sich aber im falschen Vertrauen wahrscheinlich einige Kritiken gegen das Studiensystem erlaubt haben mag, bewirkt, dass er unter dem Vorwand, der aktive Hofraths-Dienst sei mit der Professur unverträglich, von der Professur entfernt wurde. Es beginnt eine wahre Partheywut mit Terrorismus einiger Machthaber"*[724]

Hye selbst schlug in einem ebenfalls scharf formulierten Aufsatz zurück[725]. Klarstellend anzumerken ist, dass sich Hyes Kritik an den Reformen insbesondere auch auf die im Anschluss zu erörterten *Inhalte* der juristischen Ausbildungsordnung und damit die künftige Ausrichtung des österreichischen Rechts bezog. Thun-Hohensteins, aber insbesondere auch Jarcke und Philipp, von denen er in diesen Fragen vor allem beraten und womöglich auch beeinflusst wurde hatten sich gegen das überkommenen, „schädliche" Naturrecht und für die Pandektisitik und damit das römische Rechts ausgesprochen[726]. Durch die offene Konfrontation mit Hye hatte Leo Thun-Hohenstein vor allem erreicht, dass die Gegner der Reform, die auf Grundlage ihres Verharrens in den geistigen Grundlagen des Vormärz gegen die Studienreform und insbesondere die Lern- und Lehrfreiheit, aber auch gegen organisatorische und administrative Veränderungen opponierten und Widersacher, die sich wie *Hye* vor allem gegen eine Kehrtwende der österreichischen Rechtslehre hin zur Pandektisitik und damit die Aufgabe der

723 Lentze (1862), S. 134.

724 Tagebuchaufzeichnung Kübecks bei Walter (1960), Aus dem Nachlaß des Freiherrn Carl Friedrich Freiherr Kübeck zu Kübau, 151.

725 Lentze (1862), Die Universitätsreform des Ministers Graf Leo Thun-Hohenstein, S. 134.

726 Simon (2007), Die Thun-Hohensteinsche Universitätsreform und die Neuordnung der juristischen Studien- und Prüfungsordnung in Österreich S. 27.

als spezifisch österreichisch verstandenen Rechtswissenschaft aussprachen zusammenfanden[727]. Leo Thun hatte es so verstanden, so unterschiedliche Gegner wie den als im Grundsatz gemäßigt geltenden *Hye* und den als vehementer und lautstarker Opponent auftretenden Reichsratspräsidenten *Kübeck*[728] zumindest zeitweise vereint zu haben.

Die Mehrzahl der Minister stand gegen Thun-Hohensteins Reform, wobei sich auch im Ministerrat sehr unterschiedliche Persönlichkeiten in ihrer Gegnerschaft zu Thun vereint sahen. So sprachen sich etwa von Metternich geprägte Berufsbürokraten wie Justizminister *Krauss* und der Handels-und Finanzminister *von Baumgartner*, im Vormärz Professor der Physik und ab 1851 Präsident der Österreichischen Akademie der Wissenschaften und Inbegriff des Intellektuellen seiner Zeit gegen die Reform aus. Wesentlicher Ansatzpunkt der Kritik war, dass der Revolution nicht nachträglich durch Anerkennung ihrer zentralen Forderungen Recht gegeben werden dürfe. Heftiger Widerstand bestand auch beim Klerus, der schlicht davon ausging, dass ein katholischer Unterrichtsminister sich verpflichtet fühlen würde, das alte Studiensystem wieder herzustellen. *Lentze* stellt fest, dass konservative kirchliche Kreise das Anliegen Thuns und vor allem auch *Jarckes* Österreich gerade im Sinne des Katholizismus geistig zu erneuern überhaupt nicht verstanden hätten[729]. In Bezug auf eine Reform des gesamten Studienwesens war Thun gegen den konservativen Katholizismus österreichischer Prägung unterlegen; für das Studium an der katholisch-theologischen Fakultäten hatte das Episkopat durchgesetzt den Studienalltag des Vormärz vor der Reform zu bewahren. Aufgrund der erklärt katholischen Überzeugung Thun-Hohensteins mag es für ihn eine besondere Tragik gewesen sein, dass sein Reformwerk, das er gerade im Sinne des von ihm verstanden Katholizismus gestalten wollte von einer anderen Strömung des österreichischen Katholizismus entschieden abgelehnt wurde. Dass er, obwohl er dadurch nicht nur persönlich diffamiert wurde sondern auch seine eigene weltanschauliche Position infrage gestellt wurde an der Reform festhielt wertet Lenze überzeugend als Zeugnis seiner *„geistigen Größe“*[730].

---

727 Lentze (1962), Die Universitätsreform des Ministers Graf Leo Thun-Hohenstein, S. 134.

728 Vgl. zur Person Kübecks von Wurzbach, aaO., Band 13, S. 308 ff.

729 Lentze (1962), aaO., S. 93.

730 Lentze (1962), aaO., S. 93.

6.3. Gutachten und Denkschriften zur Reform

6.3.1. Die Diskussion des Reichsrats

Reichsratspräsident *Kübeck* nutzte die Einführung der Reform in Siebenbürgen dazu, die Thun-Hohensteinschen Reformen am 1. August 1850 vor das Plenum des Reichsrats, für Lentze ein *„Hort frühmärzlicher Bürokraten"*[731] zu bringen. Diese schienen in den Strukturen des Kaiserreichs seit Beginn des neoabsolutistischen Phase, somit seit der oktroyierten Märzverfassung des Jahres 1849, zunehmend die Oberhand im politischen Diskurs zu gewinnen. Unter der unmissverständlich neoabsolutistischen Ausrichtung des politischen und gesellschaftlichen Systems der Monarchie war die Reform auch ein Symbol des Kampfes des Vormärz gegen jene Errungenschaften der Revolution, die sie aus der Sicht der alten Machtelite verkörperte. Die Reform ließ sich als Legitimation der Revolution verstehen, da sie symbolisierte, dass sie nicht umsonst gewesen war. Die Anerkennung von Leo Thun-Hohensteins Reformkonzept, und damit die Anerkennung, dass es Umstände gegeben haben könnte, die zur Rechtfertigung der Revolution zwingen müssten, war aus Sicht von Bürokraten, die das *System Metternich* nicht nur erlebt, sondern in diesem in der Regel auch ihre Karriere begründet haben, nicht hinnehmbar. Dies mag zum Teil die Heftigkeit erklären, in der die Auseinandersetzung um die Reform, für Lentze ein *„Kind der Märzrevolution"*, geführt wurde[732]. Dass Thun, dessen Loyalität zur Monarchie stets außerhalb jedes Zweifels stand dieses *„Kind der Revolution aufgezogen"* hat ist einerseits als Ausdruck seiner Überzeugung der Notwendigkeit grundlegender Reformen im Unterrichtswesen, anderseits als Zeichen seiner unbedingten Loyalität zum Kaisertum zu verstehen. Dass gerade der Reichsrat heftig gegen die Reform aufgetreten und sich damit als Verfechter des Neoabsolutismus gebärden würde, ist aus den konkreten Umständen des Jahres 1851 nachvollziehbar. Das Organ hatte seit diesem Jahr den Kaiser in allen Fragen der Gesetzgebung zu beraten und wegen seiner Nähe zum Kaiser eine starke Stellung im Machtgefüge der Monarchie[733]. Kübeck erklärte im Zuge der Reichsratssitzung vom 1. August 1850, dass eine „unbefangene" Überprüfung der Reform wünschenswert sei. Der Kaiser folgte dieser Anregung und erließ mit A.H. Handschreiben vom 26. August 1850 den Befehl, die Reformen von Leo Thun-Hohenstein einer

731 Lentze (1962), Die Universitätsreform des Ministers Graf Leo Thun-Hohenstein., S. 148.

732 Lentze (1962), aaO., S. 148

733 Brauneder (2009), Verfassungsgeschichte, S. 127.

erneuten Begutachtung zu unterziehen, die vom Reichstag vorgenommen werden solle. Als Referent wurde Reichsrat *Boul-Schauenstein* bestimmt, der schon am 15. September 1850 sein Gutachten vorlegte und zunächst ausführlich den aktuellen Sachstand der Umsetzung der Reform erläuterte. *Boul-Schauenstein*, der von 1852 bis 1859 das Amt des Außenministers bekleiden sollte und wegen seiner als unglücklich empfundenen Entscheidung, ein Ultimatum an Sardinien zu richten, 1859 zurücktreten musste,[734] konstatiert Mängel des Studiensystems des Vormärz und bedauert, dass die damaligen, vor der Revolution bestehenden Reformvorschläge nicht umgesetzt worden seien. Die nunmehrige Reform habe aber an den österreichischen Unterrichtsanstalten insgesamt, vor allem aber den Universitäten, zu „*Verwirrung*" geführt, da aus dem Prinzip der Lehr-und Lernfreiheit die „*absolute Freyheit nicht zu lernen und zu lernen*" geworden sei. Buol-Schauenstein führte aus, dass sich bei den Studenten um junge, „*sittlich nicht gefestigte*" Personen handele, die der plötzlich gewährten Freiheit nicht gewachsen wären[735]. *Lentze* weist darauf hin, dass *Thun* und *Boul-Schauenstein* von einem unterschiedlichen Typus des Studenten ausgegangen seien. Thun habe seine Reform für den geistig begabten, regen und selbstbewussten Studenten nach deutschem Vorbild konzipiert, während Boul-Schauenstein von durchschnittlich fleißigen und motivierten Studenten ausgegangen sei, denen es tatsächlich besser täte *an die Hand genommen und mit Zwang durch das Studium geleitet* zu werden[736]. Auf das Schlussgutachten Kübecks vom 31. Oktober 1851, das allerdings nicht den von *Boul-Schauenstein*, sondern einen von *Purkhardt* in inhaltlich vergleichbarer Form erarbeiteten Fragenkatalog erhielt, dessen Beantwortung der Kaiser dem Innenminister auferlegen möge, so dass in weiterer Folge der Reichsrat über die Antworten des Ministeriums beraten können verfügte der Kaiser mit A.H. Entschließung vom 13. Juli 1852, dass der Minister über die vom Reichsrat formulierten Fragen ein Gutachten erstellen solle. Die im Zusammenhang mit der Reform des Hochschulstudiums entscheidenden Fragen richteten sich auf den bisher beobachteten Effekt der Lehr- und Freiheit, nach den Grundsätzen für Berufungen insbesondere aus dem Ausland; und auch zum Erfolg der neuen Staatsprüfungen sollte Thun Stellung beziehen.

---

734 Lentze (1962), Die Universitätsreform des Ministers Graf Leo Thun-Hohenstein, S. 152 ff.

735 Lentze (1962), aaO., S. 152 ff.

736 Lentze (1962), aaO., S. 152 ff.

6.3.2. Die Antworten Thuns auf den Fragekatalog des Reichsrats

Leo Thun-Hohenstein geriet aber nicht nur durch die Kaiserliche Entschließung wie den Kampf des Reichsrats gegen die Reform unter Zugzwang, sondern auch deshalb, da diese in der Öffentlichkeit überwiegend negativ rezipiert wurde. Der Freiburger Professor *Buss* tat sich mit Polemiken gegen die Reform besonders hervor; Thun-Hohenstein reagierte mit einer Reihe von Artikeln, die der Aufklärung der Öffentlichkeit über das durch die Reform geschaffene Studiensystem gewidmet waren, und von Kübeck postwendend als Propaganda diffamiert wurden[737]. Die Fragen Kübecks beantwortete Thun-Hohenstein mit Hilfe des Innsbrucker Philologen *Flir*, einem entschiedenen Kritiker des Unterrichtssystems des Vormärz. Eine wesentliche Rolle spielte auch *Jarcke*, der 1852 eine Denkschrift verfasst hatte, in der in scharfer Analyse die wissenschaftliche Qualifikation der Professoren des Vormärz in Frage gestellt und diesen teils ausdrücklich die Fähigkeit zur Wissensvermittlung an einer juristischen Fakultät, auf die *Jarcke* sich konzentriert hatte, abgesprochen wurde. An einigen Stellen zitierte Thuns Denkschrift aus dem Jahr 1853 ausdrücklich die Ausführungen *Jarckes* aus dem Vorjahr. Zum besonders kontrovers diskutierten Punkt der Lehr- und Lernfreiheit stelle Thun klar, dass, entgegen oft aufgestellter Behauptungen, in Österreich keine uneingeschränkte Lehr- und Lernfreiheit bestehe; Grenzen fände diese insbesondere dort, wo ein Widerspruch zur *christlichen Offenbarung* bestehe. Anders als die Lernfreiheit, wie die Revolutionäre sie verstanden hätten, sei diese nicht ein Privileg des Müßiggangs, sondern der Förderung der geistigen Selbstständigkeit der Studierenden. Es könne, so Thun, festgestellt werden, dass anfänglich womöglich vorhandene Missstände weitgehend abgestellt seien, wozu insbesondere ein ministerialer Erlass vom 5. Juli 1851 geführt habe, der den Universitäten *„strengste Überwachung"* vorschreibe[738]. Eine in unmittelbarem zeitlichen Zusammenhang mit der Verfassung der Denkschrift erlassene Anordnung vom 31. August 1853 schreibe zudem vor, dass das Professorenkollegium zumindest einmal im Monat zusammentrete, um über den Vorlesungsbesuch zu befinden; besonders beobachtet werden sollten Studenten der ersten beiden Semester sowie „Wiederholungstäter"[739]. Auch seien die Professoren durch ständige Aufforderungen an die Studierenden bemüht, diese zum Besuch von Kolloquien und anderen Lehrveranstaltungen wie auch zur Anfertigung schriftlicher

737 Lentze (1962), Die Universitätsreform des Ministers Graf Leo Thun-Hohenstein, S. 156 ff.

738 Lentze (1962), aaO., S. 203 ff.

739 Lentze (1962), aaO., S. 206.

Arbeiten anzuhalten[740]. Thun weist in seinen Antworten auch darauf hin, dass Schwierigkeiten mit der Frequenz des Vorlesungsbesuchs insbesondere an der juristischen Fakultät bestünden; bei den Medizinern seine solche hingegen kaum auszumachen. Thun räumte auch ein, dass *Semestralprüfungen*, die vor allem öffentlich vehement gefordert worden waren um die Kontrolle über die Studierenden zu verbessern, womöglich das Problem der geringen Motivation mancher Studierender lösen könnten, und spricht sich dennoch dagegen aus, da das bisherige und insbesondere das künftige geplante neue Prüfungssystem ausreichen würde, um den Studienfortschritt festzustellen und die Studierenden zum angemessenen Besuch der Lehrveranstaltungen anzuhalten.

Insgesamt räumte Thun eine Vielzahl von Mängeln der Reform und Schwierigkeiten in deren Umsetzung ein, mildert die Wirkung dieses Eingeständnisses und damit die Angreifbarkeit der Reform aber durch Mitteilung einer langen Reihe von Maßnahmen zur Behebung der identifizierten Missstände. Ausdrücklich festgestellt hatte der Minister auch, dass eine Vielzahl der Probleme an der juristischen Fakultät, die er nicht abstreiten wollte, vor allem durch die hohe Zahl der Studierenden bedingt sei. Auf dieses Problem hatte Jarcke bereits mehrfach hingewiesen[741]. Dies Überfüllung der Fakultäten habe wiederum ihre Ursache darin, dass der Staat für eine Vielzahl von Funktionen die juristischen Studien als Qualifikation vorschreibe, so dass zahlreiche Studierende zwar Interesse an einer Position im Staatsdienst hätten, wo sie auch benötigt würden, aber kaum an den juristische Studien selbst interessiert seien. Dies führe notwendig dazu, dass die Qualität der Lehre an der Fakultät gesenkt werde. Insbesondere Studienanfänger und Stipendiaten sollten aber künftig enger überwacht werden, auch durch den *obligaten* Besuch von Veranstaltungen. Konziliant zeigte sich der Minister in Bezug auf Pflichtfächer, die bei den Medizinern, aber auch den Juristen durch eine neue Studienordnung festgeschrieben werden sollten. Dass das gerade angewandte Prüfungssystem unzweckmäßig sei und deshalb der Veränderung bedürfe hat die Denkschrift Thuns offen eingeräumt[742].

6.3.3. Vorschläge zur Reform der juristischen Prüfungsordnung

Thun hat in seiner Denkschrift konzediert, was nicht abzustreiten war, Besserung gelobt, wo er selbst Verbesserungsbedarf wahrgenommen hatte oder auch,

740 Lentze (1962), Die Universitätsreform des Ministers Graf Leo Thun-Hohenstein, S. 205.

741 Lentze (1962), aaO. S. 152 ff.

742 Lentze (1962), aaO. S. 152 ff.

wo die Gegenseite befriedigt werden musste. *Simon* stellt zu Recht fest, dass Thun-Hohenstein nun bereit war *„den Reformaspekt der Lernfreiheit zu opfern um die anderen Teile seiner Studienreform zu retten“*[743]. Ebenfalls in seiner Denkschrift hatte Thun-Hohenstein dementsprechend eine Reform der Studienordnung vorgeschlagen, die weiterhin von einer vierjährigen Studiendauer ausging, aber bereits eine Festschreibung bestimmter Termine zur Absolvierung der einzelnen Fächer und damit eine spürbare Einschränkung der Lernfreiheit vorsah und wie folgt gestaltet sein sollte[744]:

- **Erstes Studienjahr**: Juristische Enzyklopädie und Methodologie, Geschichte des Römischen Rechtes und Institutionen, österreichische Geschichte im Wintersemester; im Sommersemester Geschichte des Römischen Rechtes und Institutionen, österreichische Geschichte, deutsche Reichs- und Rechtsgeschichte.
- **Zweites Studienjahr**: Pandekten, Kirchenrecht, deutsche Reichs- und Rechtsgeschichte, politische Ökonomie im Wintersemester; im Sommersemester Pandekten, Kirchenrecht, allgemeine Statistik, politische Ökonomie.
- **Drittes Studienjahr**: Österreichisches Zivilrecht, Strafrecht und Strafprozess, spezielle österreichische Statistik im Wintersemester; im Sommersemester: österreichisches Zivilrecht, Strafrecht und Strafprozess, gemeiner und österreichischer Zivilprozess.
- **Viertes Studienjahr**: Gemeiner und österreichischer Zivilprozess, Rechtsphilosophie im Wintersemester: im Sommersemester Handels- und Wechselrecht, politische Gesetzkunde, Völkerrecht.

Seine Gegner, unter denen sich zwischenzeitlich Finanzminister *Krauss* inzwischen besonders profiliert hatte, denen aber auch der Physiker und Akademiedirektor *Baumgartner* zuzurechnen war, konnte Thun-Hohenstein nicht überzeugen; die Forderungen nach weiter reichender Abschaffung der Lernfreiheit und Vorschreibung sämtliche Lehrveranstaltungen als verbindlich blieb aufrecht; zudem wurde der von Thun vorgelegte Studienplan wegen seiner zu starken Betonung des römischen Rechts auch inhaltlich abgelehnt. *Krauss* erstattete einen Gegenentwurf, der nach Lentze *„die Handschrift Hyes trug“*[745] und zwar

---

743 Simon (2007), Die Thun-Hohensteinsche Universitätsreform und die Neuordnung der juristischen Studien- und Prüfungsordnung in Österreich S. 14.

744 Zit. nach Lentze (1962), Die Universitätsreform des Ministers Graf Leo Thun-Hohenstein, S. 214.

745 Vgl. Lentze (1962), Die Universitätsreform des Ministers Graf Leo Thun-Hohenstein, S. 220.

Konzessionen an die von Thun geforderte stärkere Berücksichtigung des römischen Rechts vorsah, sich aber vom Studienplanvorschlag des Ministers deutlich unterschied. Krauss deklarierte seinen Entwurf als „Diskussionsgrundlage" die noch der Stellungnahme von Fachexperten bedürfe, so dass er im Reichsrat nicht im Detail erörtert wurde. Lentze geht jedoch davon aus, dass der Plan im Reichsrat von einer Mehrheit der Mitglieder gegenüber Thun-Hohensteins Konzept bevorzugt wurde. Krauss' Plan sah neben verschiedenen Wahlfächern vom Bergrecht bis zur Gerichtsmedizin folgende Studienstruktur vor:

- **Erster Jahrgang**: Juristische Enzyklopädie und Methodologie, Rechtsphilosophie, Völkerrecht, Römisches Recht sowie Deutsche Reichs- und Rechtsgeschichte
- **Zweiter Jahrgang**: Kirchenrecht, Strafrecht und Strafprozess, Innere Politik und österreichische Rechtsgeschichte;
- **Dritter Jahrgang**: Österreichisches Zivilrecht, Lehen-, Handels- und Wechselrecht sowie politische Gesetzkunde;
- **Vierter Jahrgang**: Österreichischer Zivilprozess und Verfahren außer Streitsachen, allgemeine und österreichische Statistik und Finanzgesetzkunde.

6.3.4. Die endgültige Entscheidung des Kaisers

Der Ministerrat unterstützte das Reformvorhaben des Unterrichtsministers mindestens im Grundsatz, forderte aber einige Anpassungen. Diskutiert wurde vor allem auf Anregung von *Baumgartner* und *Krauss* beispielsweise, ob die Strukturen der Universitätsverfassung durch Einrichtung staatlicher Kontrollorgane verändert werden sollten. Geeignet dazu sei ein Kontrollorgan mit renommierten Wissenschaftlern, dessen Einsetzung Thun aber schon mit dem Hinweis darauf abweisen konnte, dass fähige Wissenschaftler an den Lehrstühlen benötigt würden und nicht in einem weiteren Kontrollorgan[746]. Immer wiederkehrendes Thema war auch die *Besetzungspolitik*, zu der sich extreme Forderungen wie ausschließlich Katholiken zu bestellen und Thuns grundsätzlicher Haltung, *wo es möglich war* Katholiken zu bestellen, aber vor allem auf die Geeignetheit als wichtigstes Kriterium zu achten gegenüberstanden[747]. Dem schloss sich auch der Ministerrat an und erklärte, dass Katholiken bei bestehender Eignung der Vorzug vor gleichermaßen qualifizierten, aber nicht katholischen Bewerbern gege-

---

746 Vgl. Lentze (1962), Die Universitätsreform des Ministers Graf Leo Thun-Hohenstein, S. 220.

747 Vgl. Lentze (1962), aaO., S. 221.

ben werden solle[748]. *Baumgartner* wurde vom Ministerrat schließlich beauftragt, ein Gutachten zu Thuns Denkschrift zu erstellen, das er bereits am 12. März 1854 fertig gestellt hatte. Auch dieses beschäftigt sich ausführlich mit den einzelnen Erscheinungsformen der Lern- wie auch Lehrfreiheit, die „*vieldeutig und vage*" seien[749]. Empfohlen werde die Einrichtung eines Gremiums, das als *konstantes Organ* die Überwachung der Professoren sicherstelle. Ebenfalls von der Ministerkonferenz befürwortet wurde die Einführung eines obligaten Vorbereitungslehrgangs für Mediziner und Juristen, um die Studienfähigkeit der Studierenden zu erhöhen. Offen gelassen wurde aber, ob dieses Vorbereitungsjahr in die Studien einberechnet werden oder sie verlängern solle. Abgelehnt wurde von der Ministerkonferenz der von Thun-Hohenstein vorgelegte Lehrplan für die juristischen Studien und dem Entwurf von *Krauss* der Vorzug gegeben. Insgesamt konnte Buol-Schauenstein dem Kaiser am 24. März 1854 berichten, dass der Ministerrat eine umfassende Dokumentation des Entscheidungsfindungsprozesse vorlege, aus dem der Kaiser die richtigen Schlüsse ziehen würde[750].

Diese Schlüsse zog der Kaiser mit A.H. Entschließung vom 27. August 1854 und genehmigte Thuns Antrag, eine provisorische Studienordnung für die juristischen Studien zu erlassen, nachdem der Minister am 15. August in einem Vortrag an den Kaiser noch einmal auf die aus seiner Sicht gegebene Schädlichkeit des Naturrechts für die weitere Entwicklung des österreichischen Rechts hingewiesen hatte, wie er es bereits in seiner berühmten „Schmährede" anlässlich der Sub-Auspiciis- Promotion des Dr. Fierlinger am 11.05.1852 getan hatte.

6.3.5. Thuns Einsatz für das Pandektenrecht

Diese Rede Thuns hatte unter den Honoratioren des Kaiserreichs Entsetzen ausgelöst, war aber offensichtlich nicht geeignet den Kaiser von seiner Entscheidung für Thuns provisorische Studienordnung abzubringen. Thun hatte in der in seinem Nachlaß erhaltenen Rede erklärt[751]:

> *„Das ABGB, dieses mit Abstand berühmteste Rechtskompendium der neueren ist gleichwohl wie jedes menschliche Werk nicht frei von Mängeln. Es ist hervorgewachsen aus dem Boden einer philosophischen Schule, die damals allgemein herrschte, über die aber seitdem die Wissenschaft hinweg geschritten ist; aus einer Schule, die das bürgerliche Recht nicht*

748 Vgl. Lentze (1962), aaO., S. 221.
749 Vgl. Lentze (1962), aaO., S. 222.
750 Vgl. Lentze (1962), aaO., S. 224.
751 Thun (1852), Rede zur Sub-Auspiciis-Promotion des Dr. Julius Fierlinger vom 11.Mai 1852, Thun-Nachlass D 165.

sowohl als die auf sittliche Gesetze gegründete Ordnung geschichtlich gegebener tatsächlicher Verhältnisse, sondern viel mehr als das Produkt der Spekulation des menschlichen Verstandes betrachtete. Diese Auffassung hat die österreichische Jurisprudenz losgerissen von ihren historischen Grundlagen. Nicht nur hat das ABGB sich selbst den Anschein gegeben als ob es jede Rücksicht auf die Rechtsgeschichte beiseite setzte, indem es sogar als Subsidiarquelle der richterlichen Entscheidung nicht jene Rechtssysteme anerkennt, aus denen der Inhalt seiner Paragraphen entnommen ist, sondern gleichzeitig ist auch das Rechtsstudium in Österreich nur auf die positiven Gesetze und auf das trügerische Nebelbild des so genannten Naturrechts beschränkt worden. Das römische Recht, diese unerschöpfliche Fundgrube juristischen Scharfsinns, der die wichtigsten Begriffe des österreichischen Rechts entlehnt sind wurde in den österreichischen Studienplan in kümmerlichem Ausmaße nur einstweilen noch geduldet (...). Das germanische Recht, eine andere wichtige Grundlage der österreichischen Gesetzgebung, wurde gänzlich beseitigt (...) Von den einheimischen Elementen, die das ABGB in sich aufnahm, wurde keine Spur bewahrt. Diese Missgriffe konnten nicht ohne Nachteil für die Rechtswissenschaft in Österreich bleiben Statt es kritisch zu beleuchten, seine Genesis und seine Wirkungen auf die heimischen Rechtszustände zu studieren und so das begonnene Werk österreichische Gesetzgebung wissenschaftlich weiter zu fördern haben wir uns vor dem ABGB wie vor einem Götzen in stummer Verehrung niedergeworfen und eine Generation nach der anderen in ihrer juristischen Bildung beschränkt und auf die 1500 §§ und die „natürlichen Rechtsbegriffe" die der Verstand jedes einzelnen nach seinem Belieben gestaltet".

Als ob er der Generation österreichische Juristen, die mit dem ABGB groß geworden waren nicht genug zugemutet hätte hat Thun in dieser Rede auch den Vergleich zur deutschen Rechtsentwicklung angestellt und die Rechtswissenschaften in Österreich und damit ihre Protagonisten im Vergleich zu Deutschland als in unreflektierter Tradition verhaftetes System beschrieben, das mit dazu geführt habe, dass es zur Revolution von 1848 habe kommen können[752]. Thun hat in einer späteren Rede die Quelle seiner Beurteilung über das deutsche und österreichische Recht ausdrücklich als so vertraulich genannt, dass er sie nicht nennen könne, sie aber einer „*Reihe sachverständiger Professoren*" zugeordnet[753]. In seiner Rede vom 11.Mai 1852 hatte er für die damalige Rechtsentwicklung in Deutschland Worte gefunden, die auf den ersten Blick dafür zu sprechen scheinen, dass Thun die deutsche Rechtsentwicklung ohne Abstriche als Gegenstand gegen österreichischen Rechts nachvollziehen wollte. Durch ausdrückliche lobende Erwähnung von Savigny musste er den anwesenden Professoren der Wiener juristischen Fakultät den Eindruck der fachlichen Geringschätzung

752 Thun (1852) Rede zur Sub-Auspiciis-Promotion des Dr. Julius Fierlinger vom 11.Mai 1852, Thun-Nachlass D 165.

753 Thun (1855) Vortrag von Thun an den Kaiser vom 29.Juni 1855, V.A. Ministerium für Unterricht und Cultus Nr. 1099/1855.

vermitteln, was ganz offensichtlich auch gelungen ist[754]. Thun hatte zum deutschen Recht und zu Savigny ausgeführt:

> *„Während in Deutschland durch den großen Rechtslehrer Savigny und andere eine mächtige Schule gegründet, und Rechtsgelehrsamkeit wahrhaft gefördert wurde, während diese Schule auch in Frankreich eine tiefere Bearbeitung des dortigen Rechtes hervorrief, musste die juridische Literatur Österreichs bedauerlicherweise zurückbleiben (...) Wir sind aufgewachsen in blinder Anbetung des ABGB, wir lernten es nicht betrachten als das was es ist, und allein sein konnte, ein vortreffliches Kompendium, ein sehr gelungener Anfang zu einer gemeinsamen österreichischen Rechtsentwicklung, sondern als ein juridisches Evangelium (...) Aus diesem Zustand des juridischen Schlafes hat uns das verhängnisvolle Jahr 1848 aufgerüttelt, nachdem es uns tatsächlich bewiesen hat, wie nahe die Gefahr liegt, durch die Berufung auf hohle Phrasen des so genannten Naturrechts zu den größten Ungerechtigkeiten verleitet zu werden haben sich aus jener Zeit allgemeiner Verwirrung Ereignisse entwickelt, die auch unserer Jurisprudenz notwendig neue Richtungen geben müssen (...)*[755]*“*

Kaum bestreitbar ist, dass Thun mit seiner Berufungspolitik, die im Hinblick auf die Einführung des Pandektenrechts meist mit der Berufung von *Leopold Unger* illustriert wird[756] die Weichen für die Öffnung der österreichischen Rechtswissenschaften für das Pandektenrecht stellte. Ogris geht davon aus, dass Thun, der einen „bewundernswerten Blick für junge Talente“ bewiesen habe in Unger den geeigneten Rechtsgelehrten fand, „*der seine wissenschaftlichen Pläne in die wissenschaftliche Tat umsetzte*“[757]. Damit sei Thun gelungen, den Widerstand der Vertreter der aus damaliger Sicht traditionellen österreichischen Rechtswissenschaft zu brechen; spätestens seit Mitte der 1860er Jahre sei die österreichische Zivilistik „*ganz im Banne der historischen Schule*“ gestanden, was beispielsweise die in dieser Zeit als „Jünger“ Ungers zu verstehenden Rechtswissenschaftler Exner, Randa, Hasenöhrl oder Pfaff verdeutlichten[758]. Dennoch erscheint es zweifelhaft mit Ogris davon auszugehen, dass Thun, pointiert ausgedrückt, im Alleingang die Pandektenwissenschaften in das österreichische Rechtssystem integriert habe. Ogris führt dazu aus:

---

754 Ogris (1974), Die Wissenschaft des gemeinen österreichischen Rechts und das österreichischen Allgemeinen Bürgerliche Gesetzbuch, S. 164.

755 Thun (1852) Rede zur Sub-Auspiciis-Promotion des Dr. Julius Fierlinger vom 11.Mai 1852, Thun-Nachlass D 165.

756 Ogris (1974), aaO.

757 Ogris (1974), aaO.

758 Ogris (1974), Die Wissenschaft des gemeinen österreichischen Rechts und das österreichischen Allgemeinen Bürgerliche Gesetzbuch, S. 164.

„Die Eingliederung der österreichischen Zivilistik in die deutsche historische Schule beruht also auf dem politischen Gestaltungswillen eines Ministers, der die neue Lehre der heimischen Rechtswissenschaft praktisch aufzwang; sie geschah hingegen nicht aus eigenem Antrieb der österreichischen Jurisprudenz, die dem neuen Programm vielmehr ablehnend gegenüber stand und anerkannten Rechtskultur festzuhalten strebte[759]*“*

Bemerkenswert an diesem Bild erscheint zunächst, dass es davon ausgeht, dass sich *„die österreichische Zivilistik“* in die deutsche Rechtswissenschaft eingegliedert habe und nicht etwa umgekehrt die in Deutschland in dieser Phase dominierende Pandektenwissenschaft in das bestehende österreichische Rechtssystem. Brauneder[760] weist demgegenüber darauf hin, dass zwar in der zweiten Hälfte des 19. Jahrhunderts tatsächlich eine Romanisierung des österreichischen Privatrechts erfolgt sei, was jedoch nicht auf einer überwiegend angenommen schlichten Rezeption der deutschen Rechtsentwicklung beruhe. Dieses *„schlicht falsche“* Bild lasse schon außer Betracht, dass es kein einheitliches Gebilde des deutschen Rechts gegeben habe, in das sich österreichisches Recht integrieren hätte können, sondern auch im „ausserösterreichischen Deutschland“[761], das zu großen Teilen bis 1866 mit Österreich im Deutschen Bund organisiert war eine Vielzahl unterschiedlicher Rechtsentwicklungen abgelaufen sei, die sich etwa in den vom Code Napoléon beeinflussten vor allem linksrheinischen Gebieten ganz anders darstelle als etwa in Preussen oder auch in Bayern[762]. Diese in ihrer rechtswissenschaftlichen Entwicklung so heterogenen Staaten hätten demnach kein *„unifiziertes Ganzes“* gebildet, dem man sich hätte anschließen können. Der historisch-systematische Ansatz, der vor allem mit dem Namen Savigny verbunden wird sei daher nur einer von mehreren Ansätzen der im 19. Jahrhundert ablaufenden deutschen Rechtsentwicklung gewesen. Zu diesen Ansätzen hätte auch die durchaus unterschiedliche Konzeptionen im österreichischen Kaiserreich gezählt, die sich in Ungarn und Italien anders dargestellt hätte als in den deutschsprachigen Teilen des Kaiserreichs[763]. Auch in Bayern und der Schweiz hätten sich beispielsweise zum damaligen Zeitpunkt von den preußischen Ansätzen deutlich unterschiedene Rechtsentwicklungen feststellen lassen. So ist es nach Brauneder beispielsweise *„absurd“* das damalige bayerische Zivilrecht, wie es etwa von Paul von Roth vertreten worden sei als Ausdruck der Ideen von

759 Ogris (1974) aaO., S. 173.

760 Brauneder (1987) Zum weiteren Horizont der Rechtsgeschichte, S. 17 ff.

761 Brauneder (1987), aaO.

762 Brauneder (1987), Zum weiteren Horizont der Rechtsgeschichte, S. 17 ff.

763 Brauneder (1987), aaO.

Savigny oder Puchta zu verstehen[764]. Da somit einerseits Österreich wie andere Staaten auch Mitglied des Deutschen Bundes gewesen sei, andererseits in diesen Staaten und sogar innerhalb einzelner Staaten, was besonders für Österreich gelte, unterschiedliche Rechtsentwicklungen abgelaufen seien könne nicht davon gesprochen werden, dass sich das österreichische Bürgerliche Recht Österreich in die „deutsche Zivilistik" integriert habe.

Gerade der von Brauneder angesprochene bayerische Zivilrechtlicher *Paul von Roth* verdeutlicht die Vielfältigkeit der im Gebiet der Staaten des Deutschen Bundes herrschenden Rechtsentwicklung in der Mitte des 19. Jahrhunderts. *Von Roth* las, wie *von Bernhard* und *Bolgiano*, an der Universität München französisches Zivilrecht; erst ab 1870 wurden in München keine Vorlesungen zum französischen Zivilrecht mehr abgehalten[765]. In der Mitte des 18. Jahrhunderts wurde aber auch deutsches Privatrecht und germanisches Recht gelehrt, so das davon auszugehen ist, dass beispielsweise Bayern zumindest soweit von der Integration in die deutsche Zivilistik entfernt war wie Österreich. In gleicher Weise lässt sich die österreichische Rechtsentwicklung als sukzessiver Prozess verstehen, der im Austausch der verschiedenen Lehren der Epoche schließlich dazu führte, dass die historisch-systematische Schule sich allmählich durchsetzte, was aber eben auch für andere Gebiete des damaligen Deutschen Bundes bzw. späteren Deutschen Reiches, das erst 29 Jahre nach seiner Gründung ein einheitliches bürgerliches Recht erhielt gilt. Eine entsprechende Entwicklung zeigt sich darüber hinaus auch in der deutschsprachigen Schweiz[766]. Auch dort hat sich in einem allmählichen Prozess eine Annäherung an die historisch-systematische Schule durchgesetzt, ohne dass von einer plötzlichen oder vollständigen Rezeption eines in dieser Form in der Epoche nicht einheitlich feststellbaren „deutschen Rechts" unter ebenso jäher Aufgabe bisherigen Schweizer Rechts die Rede sein kann. In diesem Licht betrachtet kann auch Thuns heftige Kritik am ABGB in seiner Rede vom 11. Mai 1852 als Appell zur Öffnung des bei genauer Betrachtung *deutsch - österreichischen* Rechts für andere Einflüsse, wie sie sich in einzelnen Gebieten des deutschen Bundes in der Epoche durchzusetzen begannen verstanden werden. Kern der Kritik ist insofern die mangelnde Öffnung der österreichischen Zivilrechtswissenschaften und nicht die fehlende Übernahme einer anderen Rechtsordnung, so dass auch nicht davon ausgegangen werden

764 Brauneder (1987), aaO.

765 Haferkamp (2005) Die Lehre des französischen Rechts an deutschen Universitäten im 19. Jahrhundert, S. 65.

766 Brauneder (1987), Zum weiteren Horizont der Rechtsgeschichte, S. 17 ff.

kann, das Thun, wie es etwa Ogris vertritt[767], gleichsam durch einen Kraftakt alleine die Implementierung preußischen Rechts in Österreich bewirkt hätte.

Thun hat vielmehr die vor allem in Preußen zum damaligen Zeitpunkt ablaufende Entwicklung herausgestellt und damit, mehr noch durch seine Berufungspolitik, wohl durchaus entscheidend dazu beigetragen, dass sich die von Savigny vertretenden Ansätze allmählich auch in Österreich durchgesetzt haben. Auch die Berufung Ungers als Anhänger der Pandektenwissenschaften ist als deutlicher Hinweis darauf zu verstehen, dass der von Jarcke beratene Thun die in einzelnen Staaten Deutschlands zum damaligen Zeitpunkt bereits dominierenden Pandektenwissenschaften in die Fortentwicklung des österreichischen Rechts einbeziehen wollte. In Hinblick auf den Adaptionsprozess unterscheidet sich Österreich aber nicht von anderen Gebieten des deutschen Bundes wie etwa Bayern, in denen ebenfalls ein langfristiger Adaptionsprozess an die historisch systematische Schule abgelaufen ist, bis diese sich schließlich weitgehend durchsetzen konnte. Brauneder weist im Übrigen auch daraufhin, dass Ungers „*System des österreichischen Privatrechts*", das ab 1856 erschien unvollständig blieb, die erste vollständige Systematik erschien erst 1884, verfasst von Till in polnischer Sprache[768].

6.3.6. Der Ministererlass vom 13. September 1854

Einen Antrag die Rechtsphilosophie aus dem Fächerkanon der theoretischen Staatsprüfung auszuschließen hatte der Kaiser bereits genehmigt. Ein Ministererlass vom 13. September 1854 verfügte, dass die Rechtsphilosophie aus den Gegenständen der juristischen Staatsprüfung ausgeschieden werden solle und wies die Studierenden an, in Hinblick auf die absehbare Neuordnung der juristischen Studien ihr Studium mit den historischen Fächern zu beginnen[769]. In der Folge erteilte der Kaiser Thun die Vollmacht eine juristische Prüfungsordnung sowie eine *Ordnung zur Studium des Rechts* nach seinem eigenen Ermessen auszuarbeiten, ohne ihm die Einberufung einer Kommission aufzuerlegen. Eine weitere Stellungnahme des Reichsrats hatte der Kaiser nicht mehr abgewartet. Mit A.H. Entschließung vom 24. Februar 1855 traf der Kaiser seine Entscheidungen über die Hochschulreform auch formal und verwarf gleichzeitig einen von *Kübeck* ausgearbeiteten Entschließungsentwurf. Der nunmehr genehmigte

767 Ogris (1974), Die Wissenschaft des gemeinen österreichischen Rechts und das österreichischen Allgemeinen Bürgerliche Gesetzbuch, S. 164.

768 Brauneder (1987), Zum weiteren Horizont der Rechtsgeschichte, S. 17 ff.

769 Lentze (1962), Die Universitätsreform des Ministers Graf Leo Thun-Hohenstein, S. 233.

Entwurf bezog sich auf die Aufstellung von Studienplänen und Prüfungsordnungen sowie eine Neuordnung der Rigorosen in allen Fächern, wobei für das Fach Theologie des Einvernehmen mit den Bischöfen herzustellen war[770].

Lentze weist darauf hin, dass mit dem Kaiser ein 24 jähriger Mann über eine Materie zu entscheiden hatte, in er über Jahre die ausgewiesenen Kapazitäten des Kaiserreichs unterschiedlicher Auffassung waren und ihn mit einer Vielzahl verschiedener Eingaben, Denkschriften und Gutachten versucht haben von ihrer jeweiligen Sicht zu überzeugen. Lentze sieht einen wesentlichen Grund dafür, dass letztlich Thun den Kaiser überzeugen konnte in *Jarckes* eindringliche Warnungen *„vor dem bösen Naturrecht“*, das die österreichischen Juristen *„so verdorben und revolutionär verseucht“* habe, dass *„nur eine neue Studienordnung und die Ausstoßung des Naturrechts einen besseren Juristenstand schaffen könne“*[771]. In Bezug auf die Studienorganisation hatte Thun die *Lernfreiheit* soweit eingeschränkt, dass gegen diesen Leitbegriff der Revolution kaum noch wirksam polemisiert werden konnte.

6.3.7. Die Studienordnung 1855

Nach einem weiteren persönlichen Bericht Thuns an den Kaiser verfügte dieser schließlich mit A.H. Entschließung vom 25. September 1855 die Neuregelung der rechts- und staatswissenschaftlichen Studien an den österreichischen Universitäten[772]. Das Studium sollte auch nach der neuen Studienordnung vier Jahre dauern. Die Reihenfolge der Vorlesungen war genau vorgegeben. Ausdrücklich berücksichtigt war eine Reihe von Freifächern, die regelmäßig gelesen werden sollten und den Studierenden ermöglichen, ihre geistigen Interessen wie auch Schwerpunkte auf Fächer außerhalb der unbedingt notwendigen Studieninhalte zu richten[773]. Der Studienplan sah vier Studienjahre vor und war wie folgt strukturiert:

- ***Erstes Studienjahr***: Deutsche Reichs- und Rechtsgeschichte und Römisches Recht, einschließlich dessen Geschichte über das ganze Jahr;
- ***Zweites Studienjahr***: Im Wintersemester gemeines deutsches Privatrecht; im Sommersemester Rechtsphilosophie sowie Enzyklopädie der

770 Lentze (1962), aaO., S. 234.

771 Lentze (1962), Die Universitätsreform des Ministers Graf Leo Thun-Hohenstein, S. 233.

772 RGBl 172/1855.

773 o.V. (1856) Ueber die neueste Regelung der rechts- und staatswissenschaftlichen Studien, S. 39 ff.

Rechtswissenschaften; des Weiteren im Sommer- oder Wintersemester oder über das ganze Jahr kanonisches Recht;

- ***Drittes Studienjahr***: Während beider Semester österreichisches bürgerliches Recht und politische Wissenschaften, im Wintersemester österreichisches Strafrecht und im Sommersemester Strafprozessrecht;
- ***Viertes Studienjahr***: Im Winter- und im Sommersemester österreichisches Zivilprozessrecht und dem Verfahren außer Streitsachen, im Wintersemester österreichisches Handels- und Wechselrecht und politische Wissenschaften383 sowie im Sommersemester österreichische Statistik.

Weiters regelmäßig gelesen werden sollten nach der neuen Studienordnung im Sinne von Wahlfächern folgende Fächer:

- Völkerrecht und Deutsches Bundesrecht;
- Bergrecht;
- Österreichische Verwaltungs- und Finanzgesetzkunde;
- Praktika aus dem österreichischen Zivil- und Strafrecht;
- Österreichisches Lehensrecht und das Recht oder die Geschichte einzelner österreichischer Länder;
- Statistik der europäischen Staaten;
- Gerichtliche Medizin;
- Staatsrechnungswissenschaften.

In einer Erörterung der neuen Studienordnung aus dem Jahr 1856 wird die Beschränkung auf einen engen Fächerkanon als wesentlicher Umstand dafür gesehen, dass *„das geistige Leben an den Universitäten niedergehalten"* wurde, weswegen die neu geschaffenen zahlreichen Freifächer besonders gewürdigt werden[774]. Das weitgehende *Ende der Lernfreiheit* zeigte sich hingegen darin, dass die grundsätzlich iSd Prüfungsordnung vom 1850 strukturierten Prüfungen in einer bestimmten Reihenfolge abgehalten werden mussten, wobei die spätestens im Verlauf des fünften Semesters zu absolvierende rechtshistorische Staatsprüfung die Funktion einer *Zwischenprüfung* erhielt, die auch für Studierende obligatorisch war die beabsichtigen das Doktorat abzulegen. Dieses setzte hingegen nicht die Pflicht voraus, auch die beiden weiteren Staatsexamensprüfungen abzulegen. Seinen Wunsch auch nach einer Änderung des juristischen Doktorats konnte Thun nicht durchsetzen; der Entwurf einer Rigorosenordnung laut Erlass vom 2. Oktober 1855 wurde nicht in Kraft gesetzt. Nach ausdrücklicher Anordnung in

774 o.V. (1856) Ueber die neueste Regelung der rechts- und staatswissenschaftlichen Studien, S. 39 ff.

§ 39 der Ministerialverordnung vom 16. April 1856 sollte das nach den Regeln von 1810 erworbene Doktorat die gleichen Wirkungen entfalten wie die vollständig abgelegte theoretische Staatsprüfung, so dass auch den juristischen Doktoren der Weg in den Staatsdienst oder andere entsprechende juristische Berufe freistand. Eine Änderung erfolgte erst im Jahr 1872.

6.4. Der inhaltliche Wandel des unterrichteten Rechts

6.4.1. Die Österreichische Rechtswissenschaft im 19. Jahrhundert

6.4.1.1. Die Wiederannäherung österreichischen Rechts an das römische Recht

In den ersten Jahrzehnten des 19. Jahrhunderts erstarrte in Österreich dem reaktionären Gesellschaftssystem entsprechend das intellektuelle Leben insbesondere auch an den Universitäten weitgehend. Dazu, dass das reaktionäre Habsburgerreich von revolutionären Ideen in dieser Epoche wenig behelligt wurde, sorgte das oben angesprochene weitgehende Verbot des Auslandsstudiums. Ziel dieser Restriktion war zu verhindern, dass österreichische Studenten infiziert mit liberalen deutschen Ideen in das Habsburgerreich zurückkehren und diese dort weiterverbreiten würden[775]. Damit entfiel auch an den juristischen Fakultäten der Gedankenaustausch mit deutschen Lernenden und Lehrenden weitgehend, so dass das römische Recht in Österreich, anders als, wie dargestellt in Deutschland, nur wenig Aufmerksamkeit fand. Ab etwa 1835 und somit lange vor Thuns Einsatz für das Pandektenrecht setzte dennoch eine kritische Diskussion mit dem ABGB insbesondere im Vergleich zu den deutschen Entwicklungen, vor allem der Pandektenwissenschaft, ein.

In der Folge zeigten sich erste Einflüsse des Pandekterechts in Österreich dadurch, dass die österreichischen Lehrbücher, wie auch deutsche Werke, einen für die Pandektenlehre charakteristische *Allgemeinen Teil* enthielten. In das ABGB wurde dieser jedoch trotz entsprechender Bestrebungen nicht aufgenommen. In der zweiten Hälfte des 19. Jahrhunderts wurde zunehmend Kritik an der von Teilen der Rechtswissenschaft angenommenen fehlenden Flexibilität des ABGB geäußert. Wie oben erörtert entsprach damit der Entwicklungsprozess in anderen Staaten des Deutschen Bundes, so dass die deutsch-österreichische Rechtswissenschaft im Kontext mit der allgemeinen

775 Ausführlich Stachel, (1999), Das österreichische Bildungssystem zwischen 1749 und 1918, S. 115 ff.

Entwicklung zur Übernahme der historisch -systematischen Rechtswissenschaft der Epoche zu verstehen ist.

Laufs weist darauf hin, dass die mit dem Namen Thun-Hohenstein verbundenen Reformen, die zumindest zu einem „Aufblühen" der Pandektenwissenschaft in Österreich geführt hätten nicht den Blick dafür verdeckten dürfen, dass Zeillers ABGB sich als geeignete Grundlage dafür erwiesen hat, durch die „*würdige Behandlung durch die Rechtswissenschaften*" unverändert die österreichische Zivilrechtswissenschaft zu prägen[776]. Stärker als Preussen habe sich Österreich um die Fortentwicklung seines Rechts bemüht und durch wissenschaftliche Durchdringung eine spezifische Grundlage österreichischen Zivilrechts geformt[777]. Auch diese Sicht spricht dafür, dass in Österreich keine „blinde Rezeption" sondern eine Aufarbeitung in anderen Teilen des Deutschen Bunds eingetretener Entwicklungen und deren Integration in die bestehende österreichische Rechtsordnung erfolgt ist.

Dafür spricht aber auch, dass es nicht nur im Gebiet des Deutschen Bundes außerhalb von-Deutsch Österreich keine einheitliche Rechtsentwicklung gab, sondern auch die Pandektenwissenschaften sich keineswegs einheitlich entwickelt haben. Laufs weist darauf hin, dass die Pandektenwissenschaften sich vor allem als „Professorenrecht" entwickelt und bei Rechtspraktikern teils auf heftigen Widerstand gestoßen sind[778]. So zitiert Laufs etwa den Berliner Staatsanwalt von Kirchmann mit einer dem Jahr 1848 zugeschrieben Äußerung, dass „*drei berichtigende Worte des Gesetzgebers (...) ganze Bibliotheken zur Makulatur*" werden ließen, woraus sich die „*Wertlosigkeit der Jurisprudenz als Wissenschaft*" ergebe[779]. Auch die Tatsache, dass sich die Pandektenwissenschaft auch in den Teilen des Deutschen Bundes, in denen sie in 1850er Jahren bereits Anhänger gefunden hatte noch keineswegs etabliert hatten und auf Widerstand stießen spricht dagegen, dass Thun und seine Ratgeber die unveränderte Übernahme eines „deutschen Modells" der Rechtswissenschaften in Österreich beabsichtigt hätten und dafür, dass vor allem eine *Öffnung* gegenüber den Ansätzen von Savigny und seiner Schüler bezweckt wurde, was in der Folge durch den sukzessiven Adaptionsprozess auch geschehen ist.

776 Laufs (1986) Rechtsentwicklungen in Deutschland, 191.
777 Laufs (1986), aaO.
778 Laufs (1986), aaO.
779 Laufs (1986), aaO.

6.4.1.2. *Die Kodifikation „deutschen Rechts" im österreichischen Recht*

Unger, der von Thun zunächst nach Prag und bald darauf nach Wien geholte frühe Vertreter der Pandektenwissenschaft in Österreich veröffentlichte im Jahr 1904 einen Artikel „*Zur Revision des allgemeinen bürgerlichen Gesetzbuches*"[780], der zu Revisionsarbeiten am ABGB führte, die einowegen des beginnenden Ersten Weltkriegs nicht mehr abgeschlossen werden konnten. In den ersten Kriegsjahren 1914-1916 wurden jedoch drei Teilnovellen des ABGB erarbeitet, die etwa Vorschriften über das Familienrecht, den Bestandvertrag, den Dienst- und Werkvertrag, das Schadenersatz- und Gewährleistungsrecht sowie die Verjährungsnormen, die auch heute noch weitgehend unverändert Teil der österreichischen Rechtsordnung sind einführten[781]. Maßgebliche Anleihen nahm die Reform am zu diesem Zeitpunkt bereits 16 Jahre etablierten deutschen BGB[782] und integrierte somit dogmatisch Elemente der Pandektisitik in das ABGB. Aus rechtshistorischer Sicht war die Novellierung eine notwendige Adaption des Gesetzes an die geänderten sozialen und ökonomischen Verhältnisse; und eine teilweise Rückkehr zu Grundsätzen des römischen Rechts auch für die österreichische Rechtsordnung[783].

Bemerkenswert erscheint, dass zu dem Zeitpunkt, zu dem in Österreich Rechtsgedanken des BGB in das ABGB integriert wurden um diesem die Adaption an die geänderten gesellschaftlichen Verhältnisse zu ermöglichen in Deutschland selbst des BGB gerade aufgrund der ihm vorgeworfenen fehlenden Flexibilität gegenüber sozialen Veränderungen immer noch in der Kritik stand, die bereits vor seinem Inkrafttreten eingesetzt und danach umso heftiger formuliert worden war. Diese Missachtung der sozialen Realität war denn auch einer der Hauptkritikpunkte am BGB, die schon während dessen Beratungsprozess teils vehement artikuliert wurden. Mit Blick auf die Pandektistik als wesentliches dogmatisches Element des BGB und später auch des novellierten ABGB wird der Widerspruch zwischen dem Anspruch eines allgemein anwendbaren Gesetzbuches und den Erfordernissen einer Stärkung des Rechts der Schwächeren, wie es Recht in dieser Phase der Industrialisierung konzeptionell bezwecken sollte offensichtlich[784]: Vertragsrecht, wie es in abstrahierter Form das BGB

780 Unger (1904) Zur Revision des allgemeinen bürgerlichen Gesetzbuches.

781 Dölemeyer (1977) Die Revision des ABGB durch die drei Teilnovellen von 1914, 1915 und 1916, Ius commune VI (1977) 274.

782 Dölemeyer (1986) Die Teilnovellen zum ABGB.

783 Dölemeyer (1986) aaO.

784 Schulte - Nölke, Die schwere Geburt des Bürgerlichen Gesetzbuchs, NJW 1996, 1705 ff.

und nach dessen späterer partieller Integration in das ABGB auch dieses prägt, basiert auf der Annahme zweier gleich starker Vertragspartner, wie sie sich in zahlreichen Rechtsverhältnissen wie etwa dem Arbeitsverhältnis zumindest in dieser Epoche in der Regel gerade nicht gegenüberstanden[785]. Das BGB war daher Kodifikation des bürgerlichen Rechts einer wirtschaftsliberalen Gesellschaft, die in der Realität bei seinem Inkrafttreten nicht mehr bestand. Anderseits wurde gerade dem als lebensfremd bewerteten strengen Formalismus der Pandektenwissenschaft auch ein Anteil an der in den Jahren nach Inkrafttreten des BGB positiven wirtschaftlichen Entwicklung im Gebiet des Deutschen Reichs zugeschrieben[786]. *Menger* hatte dennoch die „ausbeuterische Grundhaltung" des BGB scharf kritisiert. Sein Traktat *„Das bürgerliche Recht und die besitzlosen Volksklassen"* geißelte schon 1890 die *„nur scheinbare Neutralität des Bürgerlichen Rechts"*, da nicht für *„arm und reich dieselben Rechtsregeln"* gelten könnten[787]. Das BGB zementiere daher die Rechtlosigkeit der Arbeiter, da diese *faktisch* sei und ihnen auf Dauer verunmögliche, sich des Rechts so zu bedienen wie die Besitzenden[788]. Die vom BGB vorausgesetzte Privatautonomie bestehe nur auf dem Papier, nicht aber in der Gesellschaft[789]. *Gierke* kritisiert den Entwurf in seiner Schrift *„Der Entwurf eines bürgerlichen Gesetzbuches und das Deutsche Reich"* im Ergebnis als weit entfernt von der sozialen Wirklichkeit; er ziele auf eine *„Stärkung des Starken gegen den Schwachen"*[790]. Während in Deutschland die Schwachstellen der Pandektisitik als angewandtes Gesetzesrecht in einer zunehmend inhomogeneren Gesellschaft diskutiert wurden diente sie als Österreich der Kodifikation von Vorschriften, die diesem Wandel begegnen sollten, sich aber im Laufe der weiteren Rechtsanwendung als dazu ebenso geeignet erwiesen als das zunächst von Teilen des Schrifttums wenig geschätzte BGB, das sich im Laufe des 20. Jahrhundert doch als Jahrhundertwerk und gerade in Bezug auf seine Flexibilität gegenüber gesellschaftlichem Wandel als Meisterwerk der Rechtsetzung erwiesen hat[791].

---

785 Dass sie dies auch heute oft nicht tun ist im gegebenen Zusammenhang nicht weiter zu thematisieren.

786 Kroeschell (1992), Rechtsgeschichte Deutschlands, S. 20.

787 Menger (1908) Das Bürgerliche Recht und die besitzlosen Volksklassen, S. 15ff.

788 Gierke (1889), Der Entwurf eines BGB, S. 59.

789 Menger (1908) aaO.

790 Gierke (1889), aaO.

791 Schulte-Nölke, aaO., S, 1705 ff.

6.4.2. Thuns Haltung zum Streit der Rechtsschulen

Wie oben angesprochen[792] stand Leo Thun-Hohenstein unter dem Einfluss vor allem von *Jarcke* und *Phillips*, die seine Haltung gegenüber der Ausrichtung der Rechtswissenschaft entscheidend prägten[793]. Dies mag vor allem dazu beigetragen haben, dass Thun nach *Lentze* zunächst die Absicht hatte, *ausschließlich* die römisch-rechtliche Pandektenschule, die sich in Deutschland um die Mitte des 19. Jahrhunderts bereits hoher Beliebtheit erfreute[794] und sowohl *Jarcke* als auch *Phillips* entscheidend beeinflusst hatte, in Österreich zu übernehmen, da er davon ausging, dass diese in der Rechtswirklichkeit stärkere Bedeutung haben würde als das vom Naturrecht geprägte „österreichische Recht"[795]. In einem undatierten, mit „*Über die Aufgaben der Wissenschaft des Gemeinen deutschen Privatrechts*" betitelten *Promemoria*[796], das dem Jahr 1852 zugeordnet werden kann, wandte sich Phillips vehement gegen eine Verschiebung der Einführung deutschrechtliche Lehrstühle und begründete lehrbuchhaft die Begriffsjurisprudenz der Pandektistik, ebenso den nachteiligen Einfluss, den das Naturrecht auf das österreichische Recht genommen habe, da dieses letztlich reine Kasuistik bewirkt habe ohne eine systematische Aufarbeitung des Rechts vorzunehmen. Unter teils wörtlicher Bezugnahme auf Phillips Promemoria begründete Thun-Hohenstein die Auffassung im Rahmen der oben bereits ausführlich erörterten Rede zur Promotionsfeier von Fierlinger an der Universität Wien am 11. Mai 1852, bei der er eine Rede zur Zukunft des Zivilrechts hielt, die teils als „*Schmährede*" gegen das ABGB" verstanden wurde[797]. Thun stellte fest, wie erörtert, dass das ABGB nicht frei von Mängeln sei, da es nicht die „*auf höhere sittliche Gesetze gegründete Ordnung geschichtlich gegebener tatsächlicher Verhältnisse*" beachtet und dadurch „*die österreichische Jurisprudenz von ihren Grundlagen losgerissen*" habe[798]. Grundlage des österreichischen Rechts sei vielmehr das „*trügerische Nebelbild des sogenannten Naturrechts*", weswegen die österreichische Rechtswissenschaft „*verdorrt*", während sie in Deutschland in Blüte erwachsen sei. Die Kritik Thuns richtete sich damit unmittelbar gegen das unter Österreichs

792 Vgl. Kapitel 5.1.2.
793 Lentze (1962) Die Universitätsreform des Ministers Graf Leo Thun-Hohenstein, S. 76 ff.
794 Vgl. dazu oben Kapitel 4.1.3.
795 Lentze (1962), aaO., S. 106.
796 Nachlass Thun D 639, abgedruckt bei Lentze (1962).
797 Reiter-Zatloukal (2007), JuristInnenausbildung an der Universität Wien S. 17.
798 Zit. nach Lentze (1962), aaO., S. 109.

Juristen verehrte ABGB, dem er vorwarf dafür verantwortlich zu sein, dass in Österreich Gesetzeskenntnis, nicht aber wie in Deutschland Rechtswissenschaft entscheidend sei[799]. Thun schlug, wie erörtert, auch den Bogen zur Revolution des Jahres 1848, in deren Ausbruch sich die *„Gefahr der Berufung auf die hohlen Phrasen des sogenannten Naturrechts“* zeige[800]. Damit war Thun auch eine „Retourkutsche“ für die ständigen Anwürfe, er belohne die Revolutionäre mit Umsetzung ihrer Forderungen gelungen. Die Protagonisten der österreichischen Rechtswissenschaften des Vormärz bekamen vom Minister attestiert, selbst eine Mitschuld an der Revolution zu tragen.

Die „Bestürzung“ die Thuns Rede bei den juristischen Protagonisten des Vormärz hervorgerufen hat war daher erheblich; auch da sie als Aufgabe der juristischen Errungenschaften der theresianischen und vor allem josefinischen Zeit verstanden wurde und damit einer eigenständigen österreichischen Rechtswissenschaft[801]. Ob die „juristische Kränkung“, die Thun den in der Universität versammelten Honoratioren des Kaiserreichs zugefügt hat, oder stärker noch die darüber hinaus reichende Schmach, von einem katholischen österreichischen Aristokraten ausgerichtet zu bekommen, dass Österreich in einen wesentlichen Teil der geistigen Entwicklung des letzten halben Jahrhunderts dem ewigen Rivalen Deutschland hoffnungslos unterlegen sei, die heftigen Angriffe auf Thun in Reaktion auf seine Rede ausgelöst hat, mag dahinstehen. Spätestens zu diesem Zeitpunkt waren die Fronten zwischen den Befürwortern der Reformen und deren Gegner weiter verhärtet; auch wenn Thun bei genauer Betrachtung zwar eine desaströse Diagnose stellte, aber gerade dadurch, dass er dies im Rahmen einer universitären Feier und damit vor einem Plenum überwiegend dem Vormärz anhängender Juristen tat diesen doch auch signalisierte, dass die Aussicht auf Steigerung der Bedeutung der österreichischen Rechtswissenschaft durch die Orientierung an der deutschen Rechtsentwicklung bestehe. Mit *Leopold Unger* fand Thun zudem einem zum Zeitpunkt seiner Berufung nach Prag im Jahr 1853 erst fünfundzwanzigjährigen Juristen österreichischer Abstammung, der zum Protagonisten der Pandektenwissenschaft in Österreich werden sollte und, nach seiner Berufung nach Wien im Jahr 1856 mitverantwortlich dafür war, dass der Widerstand der juristischen Elite des Vormärz gegen die Übernahme

---

799 Lentze (1962) Die Universitätsreform des Ministers Graf Leo Thun-Hohenstein, Quellenteil, S. 305.

800 Zit. nach Lentze (1962), aaO., S. 109.

801 Luig (1974) Die Theorie der Gestaltung eines neuen Privatrechtsystems aus römisch-deutschem Rechtsstoff, S. 162.

wesentlicher Elemente des deutschen Rechts erlahmte[802]. Mitte der 1860er Jahre dominierten auch in Österreich, vertreten etwa durch *Randa, Exner* oder *Hasenöhrl* die Vertreter der historischen Schule[803]. *Simon* weist zu Recht darauf hin, dass Thuns entschiedener Widerstand gegen das spezifisch österreichische Recht widersprüchlich erscheinen kann, da er gerade mit dem Anspruch angetreten war das Niveau des von ihm im Vergleich zu Preußen als rückständig beurteilten österreichischen Bildungssystem zu heben, sich andererseits aber der christlich-katholischen Restauration verpflichtet fühlte[804]. Dieser Widerspruch war insbesondere in der Diskussion um Berufungen deutscher Wissenschaftler nach Wien, die schon ein Gegenstand von Kübecks Fragenkatalog aus dem Oktober 1851 gewesen war und die Auseinandersetzungen um die Hochschulreform insgesamt immer wieder dominiert hatte präsent. Diese „kaum auflösbare Spannungslage“[805] zwischen einer nur an wissenschaftlichen Kriterien orientierten und damit *voraussetzungslosen* Auswahl der Professoren und der insbesondere von den Kreisen um Kübeck vehement geforderten Berufung nur katholischer Wissenschaftler zwang Thun zu Kompromissen, wenn auch er selbst im Grundsatz bestrebt war, das angestrebte, Preussen ebenbürtige, Niveau der Wissenschaft nicht durch Import meist protestantischer preußischer Professoren zu erreichen, sondern durch Aufbau einer katholischen Universität mit einem dem deutschen Vorbild vergleichbaren wissenschaftlichen Anspruch und Ausbildung österreichsicher Rechtswissenschaftler, die geeignet sein sollten die Einflüsse der Pandektenwissenschaft in das österreichische Recht zu integrieren.[806] Thun hat jedoch auch mehrfach erklärt, dass Wissenschaft in Deutschland und Österreich *„personalpolitisch als Einheit“* betrachtet werden müsse[807], und so großdeutsche Wissenschaftspolitik propagiert. Wie engagiert und letztlich oft auch erfolgreich Leo Thun bei der Rekrutierung geeigneter ausländischer Wissenschaftler war, zeigt die oben geschilderte Rolle seines Bruder als „Headhunter“, der Professoren von renommierten und katholischen Universität in München abwarb und so etwa Philipps über Innsbruck nach Wien holen konnte. Die Rekrutierung von Wissenschaftlern, die ihm geeignet erschienen, sein Reformwerk fortzuführen

802 Luig (1974), Die Theorie der Gestaltung eines neuen Privatrechtsystems aus römisch-deutschem Rechtsstoff, S. 162.
803 Luig (1974), aaO.
804 Simon (2007), Die Thun-Hohensteinsche Universitätsreform und die Neuordnung der juristischen Studien- und Prüfungsordnung in Österreich, S. 27.
805 Simon (2007), aaO., S. 33.
806 Simon (2007), aaO., S. 33.
807 Simon (2007), aaO., S. 33.

und insbesondere die Implementierung des deutschen Rechts in Österreich abzusichern, war die wesentliche Aufgabe, um die sich Leo von Thun-Hohenstein nach Abschluss der Universitätsreform noch widmen konnte. Thun musste aber zur Kenntnis nehmen, dass sein Ziel, eine der protestantischen Elite Preußens ebenbürtige katholische Elite Österreichs zu schaffen, trotz aller Erfolge im Ergebnis am Widerstand des konservativen Katholizismus scheiterte[808]. Weder konnte er in seinen letzten Jahren als Unterrichtsminister die Berufung von Protestanten an die Universität Wien verhindern, soweit er dies überhaupt wollte, noch gelang es ihm, unter den Studierenden genügend katholische Intellektuelle für seine Ziele zu gewinnen[809]. Pointiert ausgedrückt agierte Thun in einem kurzen historischen Zeitfenster, das er wohl so gut wie möglich nutzte; der *Liberalismus*, der wenige Jahre später zur herrschenden gesellschaftlichen Strömung wurde, war mit seinen Vorstellung des Studiums nicht vereinbar. Dabei hat er wohl zu dessen Verbreitung an der Universität Wien beigetragen: Die deutsche Rechtsgeschichte wurde zur „*Modewissenschaft des Liberalismus*“[810]. Als am 20. Oktober 1860 das Kultus- und Unterrichtsministerium aufgelöst wurde, demissionierte Leo von Thun-Hohenstein; seine Aufgabe war erfüllt, soweit er sie erfüllen konnte. Durch seine Besetzungspolitik hatte er sich eine so starke Machtbasis an der Universität geschaffen, dass seine Reformen bis 1867 de facto unangetastet blieben, wenn sich auch die Studienschwerpunkte rasch änderten: Vor allem die Staatsrechtswissenschaften wurden populär. *Reiter-Zatloukal* beschreibt die 1860er Jahre als *Blütezeit der Universität*[811]. Eine gewisse Ironie der Geschichte des Grafen Leo Thun-Hohenstein ist nach Lenze mit dessen Rücktritt im Oktober 1860 verbunden: Da sich bis zu diesem Zeitpunkt der Minister selbst in einer „*ministeriellen Diktatur*“ um alle Angelegenheiten der Universität gekümmert hatte, war deren theoretisch vorhandener Autonomie in der Praxis nur wenig Bedeutung zugekommen. Innerhalb kurzer Zeit mussten die Universitäten nun lernen, mit der ihnen schon im provisorischen Gesetz über die Organisation der akademischen Behörden aus dem Jahr 1849 zugestandenen Autonomie auch umzugehen[812].

---

808 Ogris (1986) 200 Jahre Rechtswissenschaft an der Universität Wien, S. 225.

809 Reiter-Zatloukal, (2007), JuristInnenausbildung an der Universität Wien, S. 17.

810 Reiter-Zatloukal, (2007), aaO.

811 Reiter-Zatloukal, (2007), aaO.

812 Lentze (1962), Die Universitätsreform des Ministers Graf Leo Thun-Hohenstein S. 275.

7. Zusammenfassung und Fazit

> *„Diese Entscheidung ist verheerend für Wissenschaft und Bildung. Nein, sie ist sogar schäbig, armselig und dumm"*[813]

Diese kräftigen Worte beziehen sich nicht auf Leo Thun-Hohenstein und stammen nicht von seinem erbitterten Widersacher *Kübeck* oder einem anderen der zahlreichen zeitgenössischen Gegner Thuns aus der Zeit der Umsetzung der Hochschulreform in den Jahren 1849-1855, sondern aus dem Jahr 2013. *Renée Schröder*, einer renommierten österreichischen Molekularbiologin fielen sie als Kommentar auf die Entscheidung der im Dezember 2013 ins Amt gelangten neuen österreichischen Bundesregierung ein, das Wissenschaftsministerium mit dem Wirtschaftsministerium zu vereinigen. Auch Hochschulrektoren stehen dieser Maßnahme verständnislos bis ablehnend gegenüber. Der Rektor der Innsbrucker Universität versteht die Entscheidung als *„nach innen wie auch international gesehen"* negatives Signal; der Rektor der Medizinischen Universität Wien befürchtet, dass in der Folge die Bedeutung von Wissenschaft in Österreich weiter zurückgehen wird, ebenso wie die dafür zur Verfügung gestellten Mittel. Studenten, die wie andere Angehörige der Universitäten zuvor allerdings auch nicht als besondere Freunde der Politik des samt Amt scheidenden Wirtschaftsministers aufgefallen sind protestierten mit Trillerpfeifen[814]. Wie sehr dies die Bundesregierung beeindruckt hat kann nicht beurteilt werden.

Feststellen lässt sich mit einem Blick auf die hochschulpolitischen Entwicklungen der letzten Jahrzehnte aber, dass die jeweils Regierenden trotz in ihren unmittelbaren Auswirkungen auf Studierende weit einschneidender spürbaren Veränderungen der Studienbedingungen von den Studierenden nicht viel mehr zu erwarten haben als Trillerpfeifen. Hochschulen sind heute nicht einmal ihrem eigenen Anspruch nach nur die *„Alma Mater"* des auch für den Studenten fruchtbaren wissenschaftlichen Diskurses zwischen Studenten und Hochschullehrern, sondern auch *Marktteilnehmer*, die um die besten Lehrer, die besten Studenten und insbesondere auch Forschungsmittel in einem globalen Wettbewerb stehen. Durch den womöglich zu Recht oft geschmähten „Bologna-Prozess" werden Studien- und Forschungsleistungen zumindest der Konzeption des Prozesses nach vergleichbar, was zur Konkurrenzsituation

813 Profil Online vom 26.12.2013 unter http://www.profil.at/articles/1351/980/370996/die-abschaffung-wissenschaftsministeriums-empoerung (18.01.2013).

814 Profil Online, aaO.

zwischen Hochschulen führt. Drittmittel, Uni-Marketing und Projektkooperationen mit Wirtschaftsunternehmen sind als beispielhaft für eine Entwicklung zu verstehen, bei der sich Universitäten immer mehr wie Marktteilnehmer verhalten, wobei das Konkurrenzverhältnis alle Ebenen betrifft: Universitäten in staatlicher wie privater Trägerschaft konkurrieren zunehmend um die Studierenden, Universitäten konkurrieren etwa im Rahmen von Exzellenzinitiativen national und international miteinander; innerhalb der Fakultäten konkurrieren die Mitarbeiter um halbe und viertel Stellen[815]; und Studierende konkurrieren zunächst um Studienplätze und in der Folge um Plätze in Prüfungen, Ausbildungseinheiten und oft auch im Hörsaal. Der Rektor oder Präsident wird so sukzessive zum Vorstandsvorsitzenden; die Zeiten, in denen ein altgedienter, angesehener Professor zum Ende seiner aktiven Laufbahn noch Rektor wurde, sind weitgehend vorbei[816]. Drittmittel und Stiftungsprofessuren werden zu einem unverzichtbaren Element des Wissenschaftssystems, was notwendig einen zunehmenden Einfluss von Wirtschaftsunternehmen auf Hochschulen bedingt. Bekannte Professoren werden zum „Markenartikel"; Universitäten schmücken sich zunehmend mit sogenannten „Starwissenschaftlern"[817]. Uni-Marketing und *Corporate Design* machen die Universität zum Label und vergessen womöglich die Bedürfnisse des Studierenden, soweit er nicht eine spezielle Rolle im System spielt. Dies betrifft etwa Doktoranten, die häufig in buchstäblich prekären Verhältnissen[818] leben und arbeiten, um dem jeweiligen Lehrstuhlinhaber zuzuarbeiten und damit Ruf, Ansehen und so im Ergebnis den Wert der Hochschule zu steigern[819]. Studierende stehen unter den skizzierten Umständen meistens unter dem Zwang, ihr wirtschaftliches Überleben zu sichern und die Universität auch als Basis für ihr späteres postuniversitäres wirtschaftliches Fortkommen zu nutzen. Ein Praktikum mehr oder weniger mag in manchen Studienfächern über die späteren Berufsaussichten entscheiden; in manchen Fächern bewirkt dies auch die benötigte Studienzeit. Die schon 1848 und in den Folgejahren geführten Diskussionen über akademische Freiheit und Verschulung, die heutigen

815 Ausführlich Bultmann (2008), Hochschulentwicklung im Spannungsfeld von »Exzellenz«, »Elite«, Unterfinanzierung und Niedrigstlohn.

816 Münch (2009) Globale Eliten, lokale Autoritäten. Bildung und Wissenschaft unter dem Regime von PISA, S. 93ff

817 Münch (2009), aaO., S. 105 ff.

818 Prekär ist ein Arbeitsverhältnis, wenn der Arbeitnehmer nicht sozial, arbeits- und tarifrechtlich abgesichert ist und eine stabile Beschäftigung nicht absehbar ist. Ob der Betroffene selbst diese Lebensbedingungen als prekär einstuft ist jedoch eine ganz andere Frage; vgl. dazu Bultmann (2008), aaO.

819 Bultmann, aaO.

Studien nach den „Bologna-Vorgaben" oft attestiert wird, werden unverändert geführt, aber unter dem völlig anderen Aspekt der *ökonomischen* Nützlichkeit der Studienbedingungen für Studierende. Leo Thun-Hohenstein ist auch angetreten, um die nach dem josefinischen System als bloße Ausbildungsanstalten zur Befriedigung des staatlichen Personalbedarfs konzipierten Universitäten zu Stätten der Wissenschaft zu machen. Insofern ist er *in grosso modo* aus heutiger Sicht gescheitert: Universitäten sind aus den skizzierten Gründen zu einem Gutteil wieder Ausbildungseinrichtungen, um Personalbedarf, wenn auch zwischenzeitlich weitgehend den der Wirtschaft, zu decken und orientieren sich unter dem modern und „servicegerecht" anmutenden Schlagwort der *Praxisnähe* an deren Anforderungen. Den ökonomischen Interessen der Studierenden mag dies dienen; mit Wissenschaft oder der Hinführung zu wissenschaftlichem Denken und Arbeiten hat zumindest ein Bachelorstudium wohl wenig zu tun. Streben nach geistiger Freiheit und Unabhängigkeit sind keine auf dem Arbeitsmarkt eintauschbaren Werte.

Ein Rückblick auf die in dieser Arbeit ausführlich erörterten revolutionären Unruhen des Jahres 1848 und die schnellen, oft konzeptlos, reaktiv und auch widersprüchlich erscheinenden Reaktionen der kaiserlichen Bildungspolitiker erinnert daran, dass der Versuch, die nach Jahrzehnten der Repression des Vormärz aufgebrachten, von einigen Hochschullehrern unterstützten Studenten zu befrieden und eine ständige Eskalation der Unruhen auf den Straßen zu verhindern wesentliches Motiv für die bereits im März 1848 eingeleiteten Hochschulreform war. In diesem Zusammenhang erscheint es als Ironie der Geschichte, dass ein konservativer, katholischer und trotz aller Kritik in der Sache gegenüber dem Kaiserhaus unverbrüchlich loyaler böhmischer Adliger mit der Aufgabe betreut wurde, die durch eine Revolution motivierte Studienreform umzusetzen und diese Aufgabe gegen den erbitterten Widerstand derjenigen politischen und religiösen Kräfte vollbringen musste, die ihm selbst nahestanden. Die Reformen, die im März 1848 versprochen worden waren und nahezu gleichzeitig Gegenstand erster Umsetzung wurden, waren Teil einer raschen, unüberlegten und alleine auf Befriedigung einer Studentenschaft auf den Barrikaden gezielten Strategie des kaiserlichen Hofes, der jeden Preis zumindest zu versprechen bereit war dafür, dass eine Revolution verhindert oder zumindest abgeschwächt werden konnte, die das Potenzial hatte, die Monarchie in ihrem Bestand zu erschüttern. *Wie hoch* der Preis war, der in den Anfangswirren der Revolution gezahlt wurde, zeigt der unverzügliche Abschied, den *Metternich*, das Leitbild der repressiven österreichischen Staatlichkeit des Vormärz, am ersten Tag der Revolution nehmen musste. Wie hoch das Verdienst Leo Thun-Hohensteins, die

Bildungsreform auch nach dem Ende der Revolution zur Zeit des Neoabsolutismus durchgesetzt zu haben zu bewerten ist zeigt das Schicksal der Konstitution, der zweite zentralen Forderung der Revolutionäre des Jahres 1848. Ein erster Entwurf, ausgearbeitet vom kaiserlichen Innenminister, war schon Wochen nach Ausbruch der Revolution fertiggestellt; ein in hitzigen Debatten vom auf Grundlage des ersten Verfassungsentwurfs einberufener Reichstag erarbeitete zweiter, aus damaliger Sicht fortschrittlicher Verfassungsentwurf wurde nach dem Ende der Revolution nicht umgesetzt; die oktroyierte Verfassung aus dem März 1849 entfaltete kaum die von den Revolutionären mit der Konstitution verbundenen Erwartungen und wurde nach kurzer Zeit vom Kaiser aufgehoben. Anders als der Konstitutionalismus überlebte aber die Bildungsreform als andere zentrale Forderung zumindest der studentischen Revolutionäre dank des Einsatzes von Leo Thun-Hohenstein[820]. Zu Recht wird immer wieder betont, dass er alleine die Reformen weder bewerkstelligen hätte können noch bewerkstelligt hat; die Namen beispielsweise von *Exner, Bonitz, Jarcke* und *Philipps* sind mit der Reform ebenso verbunden wie der Name Leo Thun-Hohenstein; und doch ist es berechtigt, ihn als deren wesentlichen Akteur zu verstehen. Ohne Schmälerung der Verdienste seiner Ratgeber und ausführenden Organe, die im Ergebnis weit mehr waren und die Reformen ebenso zu ihrer Sache gemacht haben wie Thun-Hohenstein zeigen die politischen Umstände der *Durchsetzung* der Reformvorhaben, dass die Durchsetzungskraft des böhmischen Grafen entscheidenden Anteil an der zumindest weitgehenden Umsetzung seiner Reformvorhaben hatte. Dies mag zumindest für die ersten Jahre der Reform gelten; später zeigte sich, dass ihm seine geschickte Besetzungspolitik eine erhebliche Hausmacht insbesondere in der juristischen Fakultät gesichert hatte, die noch einige Jahre den Bestand vor allem der wesentlichen *inhaltlichen* Elemente der Reformen sicherte. Gegen den mit dem Ende des Neoabsolutismus aufkommenden Liberalismus konnten aber weder der Graf noch seine Protegés etwas ausrichten. In heutiger Diktion bewirkte die gesellschaftliche Entwicklung, dass der plötzlich an die Hochschulen gelangende Liberalismus bei den Studierenden „cool" und der von Leo Thun-Hohenstein vertretene Konservativismus „uncool" war und damit von der gesell-

---

820 Ein anderes Relikt der revolutionären Phase, die Aufhebung der Grunduntertänigkeit war wohl insbesondere der raschen Einsicht des Kaisers zu verdanken, dass die Maßnahme ihm zumindest ebenso nutzte, da sie die ländliche Bevölkerung vermutlich von der Revolution fernhalten und in ihrer Loyalität zum Kaiser bestärken würde. Aus heutiger Sicht gilt diese Errungenschaft als zumindest ebenso selbstverständlich wie die Grundstrukturen des Hochschulwesens, die auf Thun-Hohenstein zurückgehen.

schaftlichen Entwicklung überholt wurde. Aus heutiger Sicht lassen sich daher auch wegen der skizzierten vollkommen veränderten gesellschaftlichen, politischen und ökonomischen Rahmenbedingungen des Studiums inhaltlich aus den Reformen des Grafen Leo Thun-Hohenstein kaum Schlussfolgerungen für die gegebene Studiensituation gewinnen; auch der Kampf um das „richtige Recht" wird allenfalls in Bezug auf das Verhältnis zwischen nationalem und supranationalem Recht geführt. Dessen Einfluss auf alle nationalen Rechtsordnungen der Mitgliedstaaten der Europäischen Union hat auch zur Folge, dass ein „Kampf" zwischen BGB und ABGB eher sinnlos wäre, da sich beide Rechtsordnungen über die Vorgaben des supranationalen Gesetzgebers angleichen müssen und in vielen Regelungsmaterien bereits angeglichen haben. Leo Thun-Hohenstein musste sich als Katholik vor allem gegen Katholiken durchsetzen; er musste als loyaler Anhänger des Kaiserreichs die Reform umsetzen, die auf eine Revolution zurückging, die ihm zumindest in ihrer radikalen Form zutiefst zuwider sein musste. Vor allem musste er, der Jurist, der seine eigene juristische Ausbildung als *dürftig* empfand, wofür er die in seinen Augen noch dürftigere Bildungspolitik des Vormärz verantwortlich machte, wenngleich sachkundig beraten eine auch inhaltliche Reform der juristischen Studien durchsetzen, die eine Abkehr vom bisherigen österreichischen Recht bedeutete, womit er sich die meisten Vertreter der „alten" österreichischen Rechtswissenschaften" endgültig zu Feinden machte. Lernen lässt sich aus dem Kampf des Grafen Leo Thun-Hohenstein um eine Hochschulreform daher vermutlich, dass eine mutig geführte Auseinandersetzung um einen für richtig gehaltenen Weg auch gegen übermächtig scheinende Gegner gewonnen werden kann. Ob im Bereich der Wissenschaftspolitik der Rückzug des Wissenschaftsministers, der den Kampf um die Belange der Hochschulen und aller ihrer Angehörigen qua Amt zu führen hätte ein sinnvoller Weg ist mag im gegebenen Zusammenhang jedoch dahinstehen.

Literaturverzeichnis

Adolphs, Lotte (1979) Kinderarbeit, Lehrerverhalten, Schulrevision im 19. Jahrhundert, Berlin 1979.

Bach, Maximilian (1998) Geschichte der Wiener Revolution im Jahre 1848, Wien 1898.

Barton, Peter (Hrsg.) (1981) Im Zeichen der Toleranz. Aufsätze zur Toleranzgesetzgebung des 18. Jahrhunderts Institut für protestantische Kirchengeschichte, Wien 1981.

Beer, Adolf (1875) Österreich und Russland in den Jahren 1804 und 1805, AÖG 53, 1875, S. 122 - 244.

Bein, Werner (1994) Schlesien in der habsburgischen Politik. Ein Beitrag zur Entstehung des Dualismus im Alten Reich, Sigmaringen 1994.

Berger Waldenegg, Christoph (2001) Die Wiener akademische Legion während der Revolution von 1848 aus Sicht des Ministerrates, Stuttgart 2001.

Bibl, Viktor (1911) Die niederösterreichischen Stände im Vormärz, Wien 1811.

Binder von Krieglstein, Karl (1907) Der Krieg Napoleons gegen Österreich 1809, Wien 1907.

Bleek, Wilhelm (1972), Von der Kameralausbildung zum Juristenprivileg, Berlin 1972.

Boehm, Ludwig (1972) Wissenschaft-Wissenschaften-Universitätsreform. In: Berichte zur Wissenschaftsgeschichte 1 (1972) S. 7 - 36, Göttingen 1972.

Borowsky, Peter (2005) Studenten in der deutschen Revolution 1848 aus Borowsky Schlaglichter historischer Forschung Studien zur deutschen Geschichte im 19. und 20. Jahrhundert Aus dem Nachlass herausgegeben von Rainer Hering und Rainer Nicolaysen, Hamburg 2005.

Bos, Ellen (2004) Verfassungswechsel und Systemgebung, Wiesbaden 2004.

Brandt, Harm-Hinrich (1974) Der österreichische Neoabsolutismus Staatsfinanzen u. Politik 1848 - 1860, Göttingen 1974.

Brandt, Peter (2011) Liberalismus in Österreich (2011), in Langewiesche (Hrsg.) Liberalismus im 19. Jahrhundert Göttingen 2011 S. 136 ff.

Braubach, Max (1934) Die kirchliche Aufklärung im katholischen Deutschland im Spiegel des Journals von und Für Deutschland (1784-1792) Historisches Jahrbuch 54 1934.

Brauneder, Wilhelm (1985) Die Pragmatische Sanktion – das Grundgesetz der Monarchia Austriaca. In: Karl Gutkas. (Hrsg.), Prinz Eugen und das barocke Österreich, Salzburg 1985, S. 141–150.

Brauneder, Wilhelm (2000) Die Verfassungsentwicklung in Österreich 1848 bis 1918. In: Rumpler Helmut/Urbanitsch, Peter (Hg.): Die Habsburgermonarchie 1848-1918. Bd. 7, Verfassung und Parlamentarismus, Wien, ÖAW 2000, S. 69-237.

Brauneder, Wilhelm (2009) Österreichische Verfassungsgeschichte 11. Auflage, Wien 2009.

Bridge, Francis 1989) Österreich (-Ungarn) unter den Großmächten. In: Wandruszka, Adam/Urbanitsch, Peter (Hg.): Die Habsburgermonarchie 1848-1918. Bd. VI/1: Die Habsburgermonarchie im System der internationalen Beziehungen, Wien, ÖAW 1989 S. 196-373.

Bruckmüller, Ernst / Häusler, Wolfgang (1999) (Hrsg.) 1848. Revolution in Österreich, Wien 1999.

Bertrand, Michael (2002) Hof - Regierung - Stadtverwaltung Schriftenreihe des Instituts für Österreichkunde, Wien 2002.

Brusatti, Alois / Matis, Herbert / Bachinger, Karl / Koller, Hildegard (1979) Betrachtungen zur Wirtschafts- und Sozialgeschichte, Berlin 1979.

Buchmann, Bertrand (2002) Hof - Regierung - Stadtverwaltung Schriftenreihe des Instituts für Österreichkunde, Wien 2002.

Bultmann, Torsten (2008) Hochschulentwicklung im Spannungsfeld von »Exzellenz«, »Elite«, Unterfinanzierung und Niedrigstlohn in Bultmann (Hrsg.), Pragmatisierung der Wissenschaft, Berlin 2008.

Burg, Peter (1984) Der Wiener Kongreß, München 1984.

Büsch, Otto (1992) Handbuch der preußischen Geschichte. Band II, Berlin 1992.

Büssem, Eberhard (1974) Die Karlsbader Beschlüsse von 1819. Die endgültige Stabilisierung der restaurativen Politik im Deutschen Bund nach dem Wiener Kongreß von 1814/15, Hildesheim 1974.

Butterwege, Christoph / Lösch, Bettina / Ptak, Ralf (2007) Kritik des Neoliberalismus, Wiesbaden 2007.

Charmatz, Richard (1910) Adolf Fischhof - Das Lebensbild eines österreichischen Politikers, Stuttgart 1910.

Czech, Peter (2010) Der Kaiser ist ein Lump und Spitzbube. Majestätsbeleidigung unter Kaiser Franz Joseph, Wien 2010.

Dahlmann, Friedrich Christoph (1835) Die Politik, auf den Grund und das Maaß der gegebenen Zustände zurückgeführt. Bd. 1: Staatsverfassung, Göttingen 1835.

Deák, István (1989) Die rechtmäßige Revolution. Lajos Kossuth und die Ungarn 1848-1849, Wien 1989.

Deinet, Klaus (2001) Die narzisstische Revolution in Deinet (Hrsg.) Die mimetische Revolution mimetische Revolution, Stuttgart 2001.

Dölemeyer, Barbara (1977) Die Revision des ABGB durch die drei Teilnovellen von 1914, 1915 und 1916, in: Ius commune VI (1977) 274.

Dölemeyer, Barbara (1986) Die Teilnovellen zum ABGB in Hofmeister (Hrsg.) Kodifikation als Mittel der Politik, Wien 1986.

Dowe, Dieter / Haupt, Heinz-Gerhard / Langewiesche, Dieter (1998) (Hrsg.) Europa 1848. Revolution und Reform, Bonn 1998.

Ebel, Friedrich (1998) Der papierne Wisch Die Bedeutung der Märzrevolution 1848 für die preußische Verfassungsgeschichte, Berlin 1998.

Ebert, Karl (1969) Die Grazer Juristenfakultät im Vormärz, Graz 1969.

Ebert, Ina (1995) Die Normierung der juristischen Staatsexamina und des juristischen Vorbereitungsdienstes in Preussen, Berlin 1995.

Ebert, Kurt (1969) Die Grazer Juristenfakultät im Vormärz, Graz 1969.

Eisenhardt, Ulrich (2013), Deutsche Rechtsgeschichte, 8. Auflage, München 2013.

Elemér Mályusz (1937) Kaunitz über die Kulturpolitik der Habsburgermonarchie, In: Südostdeutsche Forschungen 2, 1937, S. 1–16.

Emmermann, Friedrich (1819) Die Staatspolizei in Beziehung auf den Zweck des Staates und seine Behörden, S. 7, Berlin 1819.

Engelbrecht, Helmut (1984) Geschichte des österreichischen Bildungswesens. Bd. 3: Von der frühen Aufklärung bis zum Vormärz, Wien 1984.

Enne, Peter (2011) Ein Dokument der Todesangst - Latours Rücktrittsangebot vom 6. Oktober 1848 in Viribus Unitis Jahresbericht 2010 des Heeresgeschichtlichen Museums, Wien 2011, S. 92-99.

Feig, Johannes (1931) Stichwort Gewerbeaufsicht In: Internationales Handwörterbuch des Gewerkschaftswesens / hrsg. von Ludwig Heyde, Band 1 (1931), S. 630 - 638, Berlin 1931.

Fehlbaum, Rolf Peter (1970) Vom Laissez Faire zur Wirtschaftsplanung, Tübingen 1970.

Ferz, Sascha (2000) Ewige Universitätsreform, Frankfurt/Main, 2000.

Fesser, Gerd (1998); Umbruch im Schatten Napoleons, Jena 1998.

Ficker, Adolf (1873), Bericht über österreichisches Unterrichtswesen. Bericht über österreichisches Unterrichtswesen. Aus Anlass der Weltausstellung 1873 herausgegeben von der Commission für die Collectiv-Ausstellung des österreichischen Unterrichts-Ministeriums. 2 Bände, Wien 1873.

Fischer, Sandra (2012), Juristen in Westfalen im 19. Jahrhundert, Frankfurt/ Main 2012.

Floßmann, Ursula (2005) Österreichische Privatrechtsgeschichte, Wien 2005.

Frankfurter, Salomon (1893) Leo Graf Thun-Hohenstein, Franz Exner und Hermann Bonitz, Wien, 1893 (Reprint 2013, Originalausgabe 1893).

Frie, Anton (2001) Friedrich August Ludwig von der Marwitz 1777-1837. Biographien eines Preußen, Paderborn 2001.

Friedjung, Heinrich (1908/1912) Österreich von 1848-1860 (2 Bände), Stuttgart 1908/ Stuttgart 1912.

Frotscher Werner / Pieroth, Bodo (2005) Verfassungsgeschichte (=Grundrisse des Rechts), 5. Auflage, München 2005.

Frotscher, Werner (2008), Die kurhessische Verfassung von 1831 im konstitutionellen System des Deutschen Bundes, ZNR 2008.

Geisthövel, Alexa (2008) Restauration und Vormärz 1815-1847, Paderborn 2008.

Gerber, Hans (1956) Der Wandel der Rechtsgestalt der Albert-Ludwigs- Universität zu Freiburg im Breisgau, Bd. I, Freiburg 1956.

Gilles, Peter / Fischer, Nikolai (2003), Juristenausbildung 2003 - Anmerkung zur neuesten Ausbildungsreform NJW 2003, S. 707.

Goldschmidt. Levin (1887) Rechtsstudium und Prüfungsordnung, Stuttgart 1887.

Gottsmann, Andreas (1995) Der Reichstag von Kremsier und die Regierung Schwarzenberg. Die Verfassungsdiskussion des Jahres 1848 im Spannungsfeld zwischen Reaktion und nationaler Frage, Wien 1995.

Gottsmann, Andreas (2000) Der Reichstag 1848/49 und der Reichsrat 1861 bis 1865. In: Rumpler Helmut/Urbanitsch, Peter (Hg.): Die Habsburgermonarchie 1848-1918. Bd. 7: Verfassung und Parlamentarismus, Wien, ÖAW 2000, S. 569-665.

Graetz, Michael (2001) Adolf Fischhof – ein jüdischer Akademiker an der Spitze der Revolution von 1848 in Kohnle/ Engehausen: Zwischen Wissenschaft und Politik. Studien zur deutschen Universitätsgeschichte. Festschrift für Eike Wolgast zum 65. Geburtstag, Stuttgart 2001.

Grimm, Dieter (1987) Die Entwicklung der Grundrechtstheorie in der deutschen Staatsrechtslehre des 19. Jahrhunderts, Göttingen 1987, S. 308 ff.

Grimm, Gerald (1987) Die Schulreform Maria Theresias 1747 bis 1775, Frankfurt/Main 1987.

Guddat, Martin (1992) Kanoniere Bombardiere Pontoniere. Die Artillerie Friedrich des Großen, Bonn 1992.

Gusy, Christoph (2006), Die Weimarer Reichsverfassung 2. Auflage, Tübingen 2006.

Haaß, Rainer (1969) Die geistige Haltung der katholischen Universitäten im 18. Jahrhundert, Freiburg 1952.

Haferkamp, Hans-Peter (2005) Die Lehre des französischen Rechts an Deutschen Fakultäten im 19. Jahrhundert, in: Schubert / Schmoeckel (Hrsg.) 200 Jahre Code Civil. Die napoleonische Kodifikation in Deutschland und Europa (=Rechtsgeschichtliche Schriften 21), Köln, Weimar, Wien 2005, S. 47-71.

Hanslik, Rudolf (1951), Das österreichische humanistische Gymnasium in seinem Werden und gegenwärtigen Sein, Wien 1951.

Hardenberg, Karl August (1807) Über die Reorganisation des Preußischen Staats, verfasst auf höchsten Befehl Sr. Majestät des Königs, veröffentlicht bei Winter (1931) Die Reorganisation des preußischen Staates unter Stein und Hardenberg, Berlin 1931.

Von Hardenberg, Karl August (1808) Braunsberger Denkschrift nach Hassel: Geschichte der Preußischen Politik 1807-1815. Erster Theil. (1807,1808) (Publicationen aus den K. preußischen Staatsarchiven Band 6), S. 568-575, Leipzig 1881.

Harras von Harrasowsky, Philipp (1883/1884) Der Codex Theresianus und seine Umarbeitungen, Wien 1883 / 1884.

Hartel, Wilhelm (1893) Festrede zur Enthüllung des Thun-Exner-Bonitz Denkmals, Wien 1893.

Hausherr, Hans (1938), Karl August von Hardenberg HZ 157 (1938), S. 27.

Häusler, Wolfgang (1979) Von der Massenarmut zur Arbeiterbewegung. Demokratie und soziale Frage in der Wiener Revolution von 1848, Wien 1979.

Heckelmann, Dieter (1984), Begrüßungsansprache zum Schleiermacher-Kongreß, Berlin 1984.

Heintl, Karl (1848) Mitteilungen aus den Universitäts-Acten Wien vom 12. März bis 22. Juli 1848, Wien 1848.

Helfert, Alexander (1892) Graf Leo Thun im kaiserlichen Justiz- und Verwaltungsdienst 1840-1845 Sonderdruck aus: Österreichisches Jahrbuch für das Jahr 1892, Wien 1892.

Hellbling, Ernst (1974), Österreichische Verfassungs- und Verwaltungsgeschichte, Wien 1974.

Herrmann, Robert (1848), Die Revolution zweier Hauptstädte Wien und Pest in Österreichisches Staatsarchiv, Revolution 1848, Ausstellungskatalog, Wien 1998.

Herwegh, Georg (2012),Im Frühling - Lieder eines Lebendigen (Nachdruck des 1849 entstandenen Liedes), Wien 2012.

Heun, Werner (2006) (Hrsg.), Deutsche Verfassungsdokumente 1806 -1849, Teil I, Heidelberg 2006.

Höbelt, Lothar (1998), Österreich und die deutsche Revolution, Wien 1998.

Höflechner, Walter (2008) „Reader zur allgemeinen Wissenschaftsgeschichte", Teil 2, Graz 2008.

Hoffrogge, Ralf (2011) Sozialismus und Arbeiterbewegung in Deutschland, Stuttgart 2011.

Hollerbach, Alexander (2007) Jurisprudenz in Freiburg. Beiträge zur Geschichte der Rechtswissenschaftlichen Fakultät der Albert-Ludwigs-Universität, Tübingen 2007.

Horn, Erich (1905). Akademische Freiheit. Historisch-kritische Untersuchung und freimütige Betrachtung nebst einem Anhange über studentische Ausschüsse, Berlin 1905.

Huber, Ernst-Rudolf (1961) Dokumente zur deutschen Verfassungsgeschichte, Bd. 1, Stuttgart 1961.

Hye, Hans-Peter (2007) 1848/1849 - Die Wende in der Habsburgermonarchie in: Brandes / Dušan / Kováč / Pešek (Hrsg.) Wendepunkte in den Beziehungen zwischen Deutschen, Tschechen und Slowaken 1848-1989, S. 37-84, Essen 2007.

Isensee, Josef / Kirchhof, Paul (2007) Handbuch des Staatsrechts für die Bundesrepublik Deutschland Band III 3. Auflage, Heidelberg 2007 (zit. Bearbeiter in Isensee).

Jäger, Georg (1979) Zur literarischen Gymnasialbildung in Österreich von der Aufklärung bis zum Vormärz. In: Zeman, Herbert (Hrsg.): Die österreichische Literatur. Ihr Profil an der Wende vom 18. zum 19. Jahrhundert (1750-1830), Bd. 1, Graz 1979.

Jeschek, Hans-Heinrich (1939), Die juristische Ausbildung in Preußen und im Bereich Berlin, Berlin 1939.

Joseph II (1782) Resolution zum Vortrag der Studienhofkomm. v. 25.11.1782. Zit. n. Wangermann, Ernst: Aufklärung und staatsbürgerliche Erziehung. Gottfried van Swieten als Reformator des österreichischen Unterrichtswesens 1781-1791. Wien: Verl. f. Gesch. u. Pol. 1978 (Schriftenreihe des Instituts für Österreichkunde), S. 25f.

Kant, Immanuel (1798) Der Streit der Fakultäten, Königsberg 1798.

Kelsen, Hans (1928) Die philosophischen Grundlagen der Naturrechtslehre und des Rechtspositivismus, Wien 1928.

Kink, Rudolph (1853) Die Rechtslehre an der Wiener Universität, Wien 1853.

Kink, Rudolph (1854) Geschichte der Kaiserlichen Universität zu Wien, Wien 1854.

Kiszling, Rudolf (1948) Die Revolution im Kaisertum Österreich 1848 - 1849. 2 Bände, Wien 1948.

Klang, Heinrich (1948) Klangs Kommentar zum ABGB 2. Auflage, Wien 1948 (zit. Bearbeiter in Klangs Kommentar zum ABGB).

Klein, Ernst (1965) Von der Reform Zur Restauration: Finanzpolitik und Reformgesetzgebung, Berlin 1965.

Klein-Bruckenschwaiger, Franz (1950). K.A. v. Martini in der Zeit des späten Naturrechts, Wien 1950.

Kletecka, Thomas (1996) Die Protokolle des österreichischen Ministerrates 1848 - 1867, Abteilung I: Die Ministerien des Revolutionsjahres 1848, Wien 1996.

Klingenstein, Grete (1976) Despotismus und Wissenschaft. In Formen der europäischen Aufklärung, Wien 1976.

Klingenstein, Grete (1979) Bildungskrise. Gymnasien u. Universitäten im Spannungsfeld theresianischer Aufklärung, Salzburg 1979.

Kocher, Gernot (1979) Höchstgerichtsbarkeit und Privatrechtskodifikationen, Wien 1979.

Kocher, Gernot (1983), Rechtsreformen und Rechtsverständnis im aufgeklärten Absolutismus Österreichs, Wien 1983.

Kopetz, Hedwig (2002), Forschung und Lehre, Wien 2002.

Kotulla, Michael (1993) Die konstitutionellen Grundrechte in der Rechtssprechung des Preußischen Oberverwaltungsgerichts bis 1918 in Mohnhaupt/ Simon (Hrsg.) Vorträge zur Justizforschung Band. 2, Frankfurt/Main 1993.

Kovács, Elisabeth (1979) Katholische Aufklärung und Josephinismus, Freiburg 1979.

Kraft, Johann (1927) Die Finanzreform des Grafen Wallis und der Staatsbankrott von 1811, Graz 1927.

Krasa-Florian, Selma (2007) Die Allegorie der Austria, Wien 2007.

Kroeschell, Karl (2001) Deutsche Rechtsgeschichte Band 3 (seit 1650), Wiesbaden 2001.

Kuczynski Jürgen (1956) Über das Problem der nationalen Verschiedenheit des Verhältnisses von Lohn, Arbeitsleistung, organischer Zusammensetzung des Kapitals und Profitrate in der Geschichte des Kapitalismus. In: Wirtschaftswissenschaft, 4 (1956), S. 378–383, Berlin 1956.

Kühn, Ulrich (2000) Die Reform des Rechtsstudiums zwischen 1848 und 1933 in Bayern und Preußen, Berlin 2000.

Kühne, Jörg-Detlev (1985), Die Reichsverfassung der Paulskirche Frankfurt/Main, 1985.

Kühne, Jörg-Detlev (2000) Revolution und Rechtskultur. Die Bedeutung der Revolutionen von 1848 für die Rechtsentwicklung in Europa. In: Die Revolutionen von 1848 in der euro- päischen Geschichte. Historische Zeitschrift 2000 (Beiheft 29) S. 57-72.

Kunisch, Johannes (1975). Der Ausgang des Siebenjährigen Krieges. Ein Beitrag zum Verhältnis von Kabinettspolitik und Kriegführung im Zeitalter des Absolutismus Zeitschrift für historische Forschung Band 2,, S. 173-222, Berlin 1975.

Landauer, Karl (1933) Die Einverleibung Salzburgs durch Österreich MGSL 73 (1933), 1 ff.

Langewiesche Dieter (Hrsg.): (1983) Die deutsche Revolution von 1848/49. (Wege der Forschung; 164), Darmstadt 1983.

Lentze, Hans (1962) Die Universitätsreform des Ministers Graf Leo Thun-Hohenstein, Wien 1962.

Lentze, Hans (1964) Die pragmatische Sanktion und das Werden des österreichischen Staates, Wien 1964.

Lhotsky, Anton (1966) Ein Bericht über die Universität Göttingen für den Staatskanzler Fürsten Kaunitz-Rietberg (1772). In: Nachrichten d. Akad. d. Wissenschaften i. Göttingen. Phil.-Hist. Klasse, Göttingen 1966 H. 3, 42 - 68.

Loschelder, Michael (1978) Die österreichische Allgemeine Gerichtsordnung von 1781: Grundlagen- und Kodifikationsgeschichte, Berlin, 1978.

Luig, Klaus (1974) Die Theorie der Gestaltung eines neuen Privatrechtsystems aus römisch-deutschem Rechtsstoff in Wissenschaft und Kodifikation des Privatrechts im 19. Jahrhundert, Frankfurt/Main 1974.

Mager, Ute (2008) Erfahrungen mit der Juristenausbildungsreform von 2002, in: Baldus/Finkenauer/Rüfner (Hrsg.), Juristenausbildung in Europa zwischen Tradition und Reform, Tübingen 2008, S. 321 - 330.

Maisel, Thomas (1998) Alma Mater auf den Barrikaden. Die Universität Wien im Revolutionsjahr 1848, Wien 1998.

Mályusz, Elemer (1937) Kaunitz über die Kulturpolitik der Habsburgermonarchie Südostdeutsche Forschungen, Leipzig 1937.

Mayer-Maly, Theodor (1991), Ausgewählte Schriften zum Arbeitsrecht, Wien 1991.

Mayer-Maly, Theodor (1991), Die Arbeitsgerichtsbarkeit im Nationalsozialismus Archiv für Sozialgeschichte S. 137ff, Wien 1991.

Mayerhoffer von Vedropolje, Eberhard (1905) Der Krieg der dritten Koalition gegen Napoleon, Wien 1905.

Mazohl, Brigitte: Universitätsreform und Bildungspolitik. Die Ära des Ministers Thun-Hohenstein (1849-1860), in Müller-Salget, Klaus / Scheichl, Sigurd Paul (Hg.): Nachklänge der Aufklärung im 19. und 20. Jahrhundert. Innsbruck: IUP 2008. (Innsbrucker Beiträge zur Kulturwissenschaft: Germanistische Reihe 73), S. 129-149.

Mehring, Reinhard (2009) Carl Schmitt: Aufstieg und Fall, München 2009.

Meinert, Ruth (1958) Die Entwicklung der Arbeitszeit in der deutschen Industrie 1820 bis 1956, Münster 1958.

Meister, Richard (1950) Feuchterslebens Anteil an der Unterrichtsreform 1848 und an der Akademie der Wissenschaften". *Anzeiger der Österreichischen Akademie der Wissenschaften,* philosophisch-historische Klasse, 87 (1950), S. 214-237.

Meister, Richard (1958), Die Geschichte des Doktorats der Philosophie an der Universität Wien, Wien 1958.

Meister, Richard (1963) *Entwicklung und Reformen des österreichischen Studienwesens.* Sitzungsberichte der Österreichischen Akademie der Wissenschaften, philosophisch-historische Klasse, 239. Band 1, Wien 1963.

Menger, Anton (1908) Das Bürgerliche Recht und die besitzlosen Volksklassen, Tübingen 1908.

Merten, Detlev / Papier, Hans-Jürgen (2004) Handbuch der Grundrechte in Deutschland und Europa, Band 1, Heidelberg 2004 (zitiert: Bearbeiter in Merten/Papier).

Mieck, Ilja (1965) Preussische Gewerbepolitik in Berlin 1806 - 1844: Staatshilfe und Privatinitiative zwischen Merkantilismus und Liberalismus, Berlin 1965.

Mikoletzky, Juliane (1998) „... um der Rettung der Freiheit willen!" Das Jahr 1848 und die Folgen am k. k. polytechnischen Institut in Wien, Wien 1998).

Mill, James (1808) Commerce defended, London 1808.

Mozart, Josef (1856) Das provisorische Prüfungsgesetz für die Candidaten des Gymnasial-Lehramtes Zeitschrift für die österreichischen Gymnasien 7 (1856), S. 673 ff.

Müller, Jürgen (2013) Der Deutsche Bund (1848–1866), in: Handbuch der europäischen Verfassungsgeschichte im 19. Jahrhundert, Teil 3: 1848–1870. Hrsg. v. Werner Daum und Arthur Schlegelmilch, Frankfurt/Main 2013.

Müller, Jürgen (2011) Der Deutsche Bund in der nationalen Herausforderung 1859–1862. in: Historische Kommission bei der Bayerischen Akademie der Wissenschaften. Jahresbericht 2010. München 2011, S. 31–48.

Münch, Richard (2009) Globale Eliten, lokale Autoritäten. Bildung und Wissenschaft unter dem Regime von PISA, McKinsey & Co, Frankfurt am Main: 2009.

Müssig, Ulrike (2008) Die europäische Verfassungsdiskussion des 18. Jahrhunderts, Tübingen 2008.

Nagel, Anne (2000) Die Philipps-Universität im Nationalsozialismus, Marburg 2000.

Nehring, Karl (1977) Flugblätter und Flugschriften der ungarischen Revolution von 1848/49, München 1977.

Niederhauser, Emil (1990) 1848. Sturm im Habsburgerreich, Wien 1990.

Nipperdey, Thomas (1998) Deutsche Geschichte 1800 - 1866, München 1998.

Nolte, Jakob (2000) Die Perspektive von innen: Anschauungen von Kontinuität und Wandel in den preußischen Reformen, in: European Studies Jg. 9, 2010, S. 155-163.

Nolte, Jakob (2006), Die Institutionalisierung der Politischen Polizei in Preussen im Kontext der Demagogenverfolgung zwischen 1809 und 1840. Policey Working Papers. Working Papers des Arbeitskreises Policey/Polizei in der Vormoderne 11, Wien 2006.

Novak, Manfred (2014) Universitäten zwischen Freiheit und Verantwortung, Wien 2014.

o.V. (1856) Ueber die neueste Regelung der rechts- und staatswissenschaftlichen Studien, Wien 1856.

Obenaus, Herbert (1984) Anfänge des Parlamentarismus in Preußen bis 1848, Düsseldorf 1984.

Ogris, Werner (1974), Die Wissenschaft des gemeinen österreichischen Rechts und das österreichischen Allgemeinen Bürgerliche Gesetzbuch, Wien 1974.

Ogris, Werner (1986) 200 Jahre Rechtswissenschaft an der Universität Wien. In: Deutschmann, Wilhelm (Hrsg.), 200 Jahre Rechtsleben in Wien: Advokaten, Richter, Rechtsgelehrte, Sonderausstellung 21. November 1985 bis 9. Februar 1986. Wien, Historisches Museum der Stadt Wien, 1986, S 221 - 230.

Ogris, Werner (1999) Die Universitätsreformen des Grafen Leo Thun-Hohenstein, Wien 1999.

Ogris, Werner (2003), Elemente europäischer Rechtskultur, Rechtshistorische Aufsätze aus den Jahren 1961-2003 (Hrsg. Thomas Olechowski), Wien 2003.

Oncken, August (1886), Die Maxime Laissez faire et laissez passer, ihr Ursprung, ihr werden. Ein Beitrag zur Geschichte der Freihandelslehre. Bern 1886.

Otto, Gunter (1974) Didaktik der Ästhetischen Erziehung, Braunschweig 1974.

Pauly, Walter (1993) Der Methodenwandel in deutschen Spätkonstituionalismus, Tübingen 1993.

Paletschek, Silvia (2002) Die Erfindung der Humboldt'schen Universität, Freiburg/Breisgau 2002.

Perkmann, Rochus (1865), Zur Geschichte der Wiener Universität, Leipzig 1865.

Plischnack, Alfred (2000) Napoleon vor Wien, Wien 2000.

Preuss, Hugo (1921), Deutschlands republikanische Reichsverfassung, Berlin 1921.

Prinz, Hubert (1995), Epochen der österreichischen Bildungsgeschichte unter Berücksichtigung gesellschaftlicher Zusammenhänge Wien 1995.

Quandt, Siegfried (Hrsg.), Kinderarbeit und Kinderschutz in Deutschland 1783 – 1976, Paderborn 1976.

Rassow, Peter (1960) Das Wesen der deutschen Universität, Köln 1960.

Reiter-Zatloukal, Ilse (2007), JuristInnenausbildung an der Universität Wien unter http://homepage.univie.ac.at/ilse.reiter-zatloukal/RWStud_online_relaunch.pdf (20.01.2014).

Rest, Johann (1941) Die Universitätsbibliothek Freiburg und ihre Aufgaben im oberrheinischen Raum. In: Oberrheinische Heimat 28 (1941) 302.

Rettenwander, Matthias (2008) Nachwirkungen des. Josephinismus in: Reinalter (Hrsg.) Josephinismus als aufgeklärter Absolutismus, Wien 2008.

Rückert, Joachim (1994) 3. Landrechtsvorlesung 1824, Halbband 1, S. XXXI, Köln 1994.

Rüdegger, Erika (1964) Die philosophischen Studien an der Wiener Universität 1800 bis 1848, Wien 1964.

Rumpler, Helmut (1990) (Hrsg.) Deutscher Bund und Deutsche Frage 1815 - 1866, Wien 1990.

Rumpler, Helmut (2000) Einleitung. Grenzen der Demokratie im Vielvölkerstaat. In: Rumpler /Peter Urbanitsch (Hg.), Die Habsburgermonarchie 1848–1918, Bd. 7: Verfassung und Parlamentarismus, Teil 1, Wien 2000.

Rumpler, Helmut / Malfèr, Stefan (2010) Hrsg. Die Protokolle des österreichischen Ministerrats 1848 - 1867, Wien 2010.

Saage, Richard (2005) Demokratietheorien: Historischer Prozess - Theoretische Entwicklung - Soziotechnische Bedingungen, Mannheim 2005.

Sander, Otto (1903) Bonitz, Hermann. In: Allgemeine Deutsche Biographie (ADB). Band 47, Leipzig 1903.

Satzinger, Franz (2006) Vöcklabruck - Stadtgeschichte - Von den Anfängen bis 1850, Vöcklabruck 2006.

Sauer, Werner (1982) Österreichische Philosophie zwischen Aufklärung und Restauration. Beiträge zur Geschichte des Frühkantianismus in der Donaumonarchie, Amsterdam 1982.

Savigny, Friedrich Carl (1814), Vom Beruf unser Zeit, Berlin 1814.

Scharold, Hans (1955) „Bonitz, Hermann" in: Neue Deutsche Biographie 2 (1955), S. 447, München 1955.

Scheichl, Sigurd / Brix, Emil (1999) „Dürfen's denn das?" Die fortdauernde Frage zum Jahr 1848, Wien 1999.

Scheidgen, Hermann-Josef (2008) Der deutsche Katholizismus in der Revolution von 1848/49, Wien 2008.

Schels, Johann Baptist (1837), Kaiser Leopold II. Geschichte Oestreichs unter seiner Regierung, 1790-1792.

Scheuner, Ulrich (1973) Die rechtliche Tragweite der Grundrechte in der Verfassungsgeschichte des 19. Jahrhunderts in FS für Ernst Rudolf Huber, S. 129ff., Göttingen 1973.

Schleiermacher, Friedrich (1808) Gelegentliche Gedanken über Universitäten im deutschen Sinn, zit. nach Gründungstexte, Festgabe zum 200-jährigen Jubiläum der Humboldt-Universität zu Berlin,S. 219, Berlin 1808.

Scheuner, Ulrich (1978) Die neuere Entwicklung des Rechtsstaats in Deutschland, in Scheuner, Staatstheorie und Staatsrecht, Berlin 1978.

Schmale, Jürgen (1996) Das Heilige Römische Reich und die Herrschaft des Rechts — Ein Problemaufriss, in: Ronald G. Asch/Heinz Duchhardt (Hg.), Der Absolutismus — ein Mythos?, Köln 1996.

Schmitz, Christian (2010) Die Vorschläge und Entwürfe zur Realisierung des preußischen Verfassungsversprechens 1806-1819, Göttingen 2010.

Schönebaum, Herbert (1961) Felbiger, Johann Ignaz von. In: Neue Deutsche Biographie (NDB). Band 5, Berlin 1961.

Schnabel, Georg (1827), Geschichte der juridischen Fakultät zu Prag; Prag 1827.

Schneider, Alfred (1936) (Hrsg.) Briefe österreichischer Gelehrter aus den Jahren 1849-186, Band 113 Wien 1936.

Schreiter, Charlotte / Pyritz, Albrecht (2007) (Hrsg.): Berliner Eisen. Die Königliche Eisengießerei Berlins Hannover 2007.

Schubring, Gert (1991) (Hrsg.) „Einsamkeit und Freiheit" neu besichtigt. Universitätsreformen und Disziplinenbildung in Preussen als Modell für Wissenschaftspolitik im Europa des 19. Jahrhunderts. Stuttgart: Steiner 1991.

Schulte-Nölke, Hans (1996) Die schwere Geburt des Bürgerlichen Gesetzbuchs, NJW 1996, 1705.

Schumpeter, Joseph Alois (1965), Geschichte der ökonomischen Analyse, Bd. 1 (Nachdruck) Göttingen 2009.

Schwarz, Karl (1981) Vom Nutzen einer christlichen Toleranz für den Staat in Barton (Hrsg.) S. 76 ff. Linz 1981.

Seidl, Johannes (2009), Eduard Suess und die Vermittlung der Erdwissenschaften Göttingen 1848.

Seiffert, Eckhart (1973), Paul Josef Riegger, Berlin 1973.

Sieg, Ulrich (2005) Humboldts Erbe in Sieg (Hrsg.) Die Idee der Universität heute München 2005.

Siemann, Wolfram (1985) Die Mainzer Zentraluntersuchungskommission 1819–1828, in: Siemann, Deutschlands Ruhe, Sicherheit und Ordnung, Die Anfänge der politischen Polizei 1806–1866 (Texte und Studien zur Sozialgeschichte der Literatur, 14), Tübingen 1985, S. 76–86.

Siemann, Wolfram (2013) Metternich, München 2013.

Simon, Karl (1934) Wilhelm v. Humboldts Verhältnis zur bildenden Kunst. In: Jahrbuch des Freien Deutschen Hochstifts, Berlin 1934.

Simon, Thomas (2007) Die Thun-Hohensteinsche Universitätsreform und die Neuordnung der juristischen Studien- und Prüfungsordnung in Österreich. In: Pokrovac, Zoran (Hg.): Juristenausbildung in Osteuropa bis zum Ersten Weltkrieg. Frankfurt am Main 2007.

Smend, Rudolf (1928) Verfassung und Verfassungsrecht (1928), in: Rudolf Smend, Staatsrechtliche Abhandlungen, 2. A., (Neuausgabe), S. 119-276, Berlin 1968.

Smith, Adam (1776) An Inquiry into the Nature and Causes of the Wealth of Nations (1776) Neue Edition, Oxford 2008.

Sowell, Thomas (1972) Say's Law. Princeton, New Jersey: Princeton University Press, 1972.

Spenkuch (2010) Die Politik des Kultusministeriums gegenüber den Wissenschaften und den Hochschulen, in Neugebauer (Hrsg.) Preussen als Kulturstaat Abteilung I Das preußische Kultusministerium als Staatsbehörde und gesellschaftliche Agentur (1817 - 1934) Band 2.1 Das Kultusministerium auf seinen Wirkungsfeldern Schule, Wissenschaft, Kirchen, Künste und Medizinalwesen, Berlin 2010.

Spranger, Eduard (1913) Wandlungen im Wesen der Universität seit hundert Jahren Leipzig 1913.

Stachel, Peter (1999), Das österreichische Bildungssystem zwischen 1749 und 1918 in Acham Geschichte der österreichischen Humanwissenschaften. Bd.1: Historischer Kontext, wissenschaftssoziologische Befunde und methodologische Voraussetzungen, Wien 1999.

Stahl, Julius (1878) Die Philosophie des Rechts, Band 2, Tübingen 1878.

Stark-von der Haar, Elke / von der Haar, Heinrich (1980) Kinderarbeit in der Bundesrepublik und im Deutschen Reich, Berlin 1980.

Stolleis, Michael (1992), Geschichte des öffentlichen Rechts in Deutschland, Band 2, München 1992.

Stolleis, Michael (2003) Geschichte des Sozialrechts in Deutschland. Ein Grundriss, Stuttgart 2003.

Stuke, Horst / Forstmann, Wilfried (1979) (Hrsg.) Die europäischen Revolutionen von 1848, Königstein/Taunus 1979.

Swoboda, Ernst (1931), Franz von Zeiller, Graz 1931.

Teuteberg, Hans-Jürgen (1967) Zum Problem von Staat und Wirtschaft in Preussen am Beginn der Industrialisierung Jahrbücher für Nationalökonomie und Statistik, Vol. 181.1967, S. 151-160.

Thibaut, Anton (1814) Ueber die Notwendigkeit eines allgemeinen bürgerlichen Rechts für Deutschland, Tübingen 1814.

Thielbeer, Heide (1983) Universität und Politik in der Deutschen Revolution von 1848. Bonn 1983.

Thun-Hohenstein, Leo (1842) Über den gegenwärtigen Stand der böhmischen Literatur und ihre Bedeutung, Prag 1842.

Thun-Hohenstein, Leo (1843) Die Stellung der Slowaken in Ungarn, Prag 1843.

Unger, Josef (1904) Zur Revision des allgemeinen bürgerlichen Gesetzbuches, Wien 1904.

Unger, Wilhelm (1840) Systematische Darstellung der Gesetze über die höheren Studien in den gesammten deutsch-italienischen Provinzen der österreichischen Monarchie Band III, Wien 1840.

Valjavec, Fritz (1961) Geschichte der abendländischen Aufklärung Wien 1961.

Van Dülmen, Richard (1969) Antijesuitismus und katholische Aufklärung in Deutschland. In: HJb 89 (1969).

Van Suntum, Ulrich (2013) Die unsichtbare Hand. 5. Auflage, Berlin 2013.

Veit, Valentin (1931) Geschichte der deutschen Revolution 1848-1849 2 Bände, Weinheim-Berlin 1931.

Violand, Ernst (1984), Die soziale Geschichte der Revolution in Österreich 1848, Wien 1984.

Virchow, Rudolf (1893) Die Gründung der Berliner Universität, Berlin 1893.

Vocelka, Karl (2007), Geschichte Österreichs, München 2007.

Vogel, Barbara (2011) Allgemeine Gewerbefreiheit (2011), 3. Auflage, Göttingen 2011.

Vom Bruch, Rüdiger (1983) Humboldt-Universität zu Berlin, Berlin 1983.

Vom Bruch (1999) Langsamer Abschied von Humboldt? in Ash/Mitchell Mythos Humboldt, Wien 1999.

Vom Bruch, Rüdiger (2004) Am Anfang war keine Elite sondern eine Idee, Forschung und Lehre 3/2004, S. 136ff.

Vom Bruch, Rüdiger (2005) Universitätsreform als Antwort auf die Krise - Wilhelm von Humboldt und die Folgen, Berlin 2005.

Vom Bruch, Rüdiger (2010), Editorische Notiz zur Festgabe zum 200-jährigen Jubiläum der Humboldt-Universität zu Berlin, Berlin 2010.

Von Archenholz, Johann Wilhelm (1828; Reprint 2000) Geschichte des Siebenjährigen Krieges, Leipzig 2000.

Von Brinz, Alois (1884) Lehrbuch der Pandekten; 3. Auflage, Erlangen 1884.

Von Eggers, Christian (1808) Nachrichten von der Verbesserung des öffentlichen Unterrichtswesens in den österreichischen Staaten mit authentischen Belegen, Tübingen 1808.

Von Gierke, Otto (1889), Die soziale Aufgabe des Privatrechts. Vortrag gehalten am 5. April 1889 in der juristischen Gesellschaft zu Wien, Berlin 1889.

Von Habdank- Hankiewicz, Hilary (1868) Gesetze und Verordnungen für die k. k. österreichischen Universitäten, Wien 1868.

Von Hayek Friedrich (1945), The Use of Knowledge in Society American Economic Review. XXXV, No. 4, S. 519-530.

Von Hayek, Friedrich (1944) Auf dem Weg zur Knechtschaft Neuausgabe, München 2003.

Von Humboldt, Wilhelm (1808) Brief an Caroline Humboldt vom 16.11.1808, abgedruckt bei von Sydow, Anna (Hrsg), Wilhelm und Caroline Humboldt in ihren Briefen. Briefe aus der Brautzeit 1787 - 1791. 4. Auflage, Berlin 1903.

Von Humboldt, Wilhelm (1809/1810) Über die innere und äußere Organisation der höheren wissenschaftlichen Anstalten in Berlin, zit. nach Gründungstexte, Festgabe zum 200-jährigen Jubiläum der Humboldt-Universität zu Berlin S. 230 f., Berlin 2010.

Von Kwiatkowski, Ernest (1903) Die Constitutio Criminalis Theresiana, Wien 1903.

Von Mises, Ludwig (1905) Zur Geschichte der Österreichischen Fabrikgesetzgebung, Wien 1905.

Von Mitrofanow, Pavel (1910), Joseph II, Wien 1910.

Von Münch, Ingo (1997), Flut und Ebbe der Juristenausbildungsreform, NJW 1997, 2576.

Von Rantzau, Albrecht (1946) Rückblick auf die „Heilige Allianz" Die Zeit vom 4.4.1946 Nr. 7.

Von Savigny, Friedrich Karl (1814) Vom Beruf unserer Zeit für Gesetzgebung und Rechtswissenschaft (Pandektenrecht; Bd. 54), Goldbach 1997 (Nachdruck der 1814 in Heidelberg erschienen Ausgabe).

Von Wretschko, Alfred (1904) - Die Geschichte der juristischen Fakultät an der Universität Innsbruck 1671-1904 In: Beiträge zur Rechtsgeschichte Tirols. Festschrift S. 101-177, Innsbruck 1904.

Von Wurzbach, Constantin (1863) Biographisches Lexikon des Kaiserthums Oesterreich, Wien 1863.

Von Wurzbach, Constantin (1863) Jenull, Sebastian. In: Biographisches Lexikon des Kaiserthums Oesterreich. Band 10 Wien 1863, S. 166.

Wahlberg, Emil (1875) Die Reform der Rechtslehre an der Universität Wien seit deren Umwandlung zu einer Staatsanstalt Band 1, Wien 1875.

Walf, Knut (1974) Kirchliche Aufklärung. In: Seibt, Ferdinand (Hg.): Bohemia Sacra. Das Christentum in Böhmen 973-1973. Düsseldorf: Schwann 1974.

Walter, Friedrich (1938) Die österreichische Zentralverwaltung Bd.1. 2.Halbband. Die Geschichte der österreichischen Zentralverwaltung 1780-1848. Teil 1. Die Zeit Josephs II. und Leopold II. (1780-1792), Wien 1950.

Walter, Friedrich (1960) Aus dem Nachlaß des Freiherrn Carl Friedrich Freiherr Kübeck zu Kübau, Wien 1960.

Walter, Friedrich (1970), Die Geschichte der Ministerien. Durchbruch des Absolutismus bis zum Ausgleich mit Ungarn, Wien 1970.

Walter, Friedrich (1972) Österreichische Verfassungs- und Verwaltungsgeschichte von 1500–1955, Wien 1972.

Walter, Gero (1980) Der Zusammenbruch des Heiligen römischen Reiches Deutscher Nation und die Problematik seiner Restauration in den Jahren 1814/1815, Heidelberg 1980.

Wangermann, Ernst (1978a) Zum Funktionswandel der politischen Literatur Wien 1978.

Wangermann, Ernst (1978b) Aufklärung und staatsbürgerliche Erziehung. Gottfried van Swieten als Reformator des österreichischen Unterrichtswesens 1781-179, Wien 1978.

Wangermann, Ernst (2004) Die Waffen der Publizität. Zum Funktionswandel der politischen Literatur unter Joseph II., Wien 2004.

Wehler, Hans-Ulrich (1990) Deutsche Gesellschaftsgeschichte 1815-1845/1849, München 2008.

Weitensfelder, Hubert (1996) Studium und Staat, Wien 1996.

Wenski, Jan (1974) Franz Seraphin Exner. Österreichischer Philosoph und Schulorganisator. Eine geschichtlich- pädagogische Studie. Dissertation. Universität, Wien 1974.

Werron, Tobias (2010) Direkte Konflikte, indirekte Konkurrenzen, in Zeitschrift für Soziologie. H. 4, 2010, S. 302ff.

Wesel, Uwe (2006) Geschichte des Rechts 3. Auflage, München 2006.

Wesener, Gunter (2006) Zum juridisch-politischen Studium an österreichischen Lyzeen und Universitäten in der Zeit von 1782 bis 1848 – Studienordnung und Lehrämter, Wien 2006.

Wieacker, Franz (1967) Privatrechtsgeschichte der Neuzeit unter besonderer Berücksichtigung der deutschen Entwicklung. 2. Auflage, Göttingen 1967.

Winkler, Heinrich (1985) Von der Revolution zur Stabilisierung. Arbeiter und Arbeiterbewegung in der Weimarer Republik 1918 bis 1924, Berlin 1985.

Wischermann, Clemens / Nieberding, Anne (2004) Die institutionelle Revolution, Stuttgart 2004.

Wolf, Adam (1880) Das Unterrichtswesen in Österreich unter Kaiser Josef II.: Nach einer Darstellung von Jos. v. Sonnenfels, Wien 1880.

Wollschläger, Christian (1994), Savignys Landrechtsvorlesung in: von Savigny, 3. Landrechtsvorlesung 1824, Halbband. 1, Frankfurt/Main 1994.

Wurbs, Gerhard (1981) Die deutsche Sprachinsel Bielitz-Biala, Eckartschriften-Heft 79, Wien 1981.

Zeeden, Ernst Wilhelm (1957) Die Freiburger philosophische Fakultät im Umbruch des 18. Jahrhunderts. In: Beiträge zur Geschichte der Freiburger Philosophischen Fakultät. Hrsg. v. C. Bauer u.a. (= Beiträge zur Freiburger Wissenschafts- u. Universitätsgeschichte; 17) Freiburg 1957.

Ziolkowski, Theodore (2002), Berlin - Aufstieg einer Kulturmetropole um 1810, Stuttgart 2002.

Zitelmann, Ernst (1900) Zur Begrüßung des neuen Gesetzbuches Deutsche Juristen-Zeitung 5 (1900).

Zöllner, Erich (1990) Geschichte Österreichs von den Anfängen bis zur Gegenwart, München 1990.

www.ingramcontent.com/pod-product-compliance
Ingram Content Group UK Ltd.
Pitfield, Milton Keynes, MK11 3LW, UK
UKHW021907290926
8980IPUK00015B/1118

9 783631 669808